국제주의 전통 자료집

VIII. 사회주의적 전략·전술

알렉스 캘리니코스, 크리스 하먼 외 지음

이정구 엮음

국립중앙도서관 출판예정도서목록(CIP)

사회주의적 전략·전술 / 지은이: 알렉스 캘리니코스, 크리스 하먼 외 ; 엮은이: 이정구. -- 서울 : 책갈피, 2018
    p. ;   cm. -- (국제주의 전통 자료집 ; 8)

원저자명: Alex Callinicos, Chris Harman
ISBN 978-89-7966-154-5 04300 : ₩11000
ISBN 978-89-7966-155-2 (세트) 04300

노동자 계급[勞動者階級]
사회 주의[社會主義]

332.64-KDC6
305.5620941-DDC23   CIP2018026235

국제주의 전통 자료집

Ⅷ. 사회주의적 전략·전술

알렉스 캘리니코스, 크리스 하먼 외 지음
이정구 엮음

책갈피

차례

엮은이 머리말   6

제1부 전략과 전술
마르크스주의와 테러리즘   9
마르크스주의와 폭력   17
신디컬리즘의 성과와 한계   23
지역사회 운동의 근원적 한계   31
"수영할 수 있을 때까지는 물 속에 들어가려 하지 않는
    스콜라 철학자들" — 선전주의 비판   37
파업은 낡은 무기인가?   46
비판적 지지란 무엇인가?   55
볼셰비키는 어떻게 의회를 활용했는가?   77
볼셰비키는 의회에 대해 어떤 태도를 취했는가?   94
사회운동과 비정부기구들(NGO)   113
정당과 사회운동   118
반자본주의 운동의 조직 문제   131
정당과 사회운동   138
왜 국제주의인가?   148
진정한 대중파업은 어떻게 가능한가?   152

제2부 인민전선 비판

인민전선이란 무엇인가	161
인민전선의 역사는 계급 협력의 위험성을 경고한다	169
재앙으로 끝난 1936년 프랑스의 계급연합	177
스페인에서 노동자 혁명의 목을 졸라 버린 인민전선	185
중국의 '국공합작'이 인민전선의 성공을 보여 줬는가?	193
해방 직후 좌우합작과 민족통일전선론의 비극	202

제3부 혁명적 당

왜 혁명적 당이 필요한가?	211
우리가 건설해야 할 당	232
어떠한 당이 필요한가?	237
위기는 어떻게 아래로부터의 혁명으로 발전할 수 있는가	243
혁명의 성공은 조직에 달려 있다	247
모든 투쟁의 중심에 있어야 할 혁명적 네트워크	252
민주집중제에 관한 메모	257
조직자 〈소셜리스트 워커〉	262
왜 혁명적 조직이 필요한가	269
혁명적 조직과 혁명적 신문	273
민주집중제란 무엇이고, 왜 필요한가	277
사회 변혁 조직은 어떻게 운영돼야 하는가	281
혁명적 신문 - 차티스트 운동의 신문 〈북극성〉	286
혁명적 신문 - 러시아 볼셰비키 정당의 신문 〈프라우다〉	290
혁명적 신문 - 로자 룩셈부르크의 〈적기〉	294
혁명적 신문 - 안토니오 그람시의 〈신질서〉	298

엮은이 머리말

이 자료집에 실린 글들은 노동자연대와 그 유관단체들이 발간한 신문과 잡지 등에서 일반성이 비교적 높은 글들을 추려 내어 주제별로 묶은 것이다.

자료집이 지닌 장점은 시간이 흘러도 그 진가가 사라지지 않을 좋은 글들을 선별하여 묶어 놓았다는 것인데, 이 자료집에 실린 글들도 그런 것이기를 바란다. 독자들은 이 자료집을 참고 자료나 교육 자료 등으로 유용하게 활용할 수 있을 것이다.

이 자료집은 이런 장점 외에, 독자들이 염두에 둬야 할 약점도 있다. 첫째, 자료집에 실린 글들이 발표된 때의 맥락을 설명하지 못했다. 물론 글을 읽어 보면 글이 작성된 취지를 대체로 파악하거나 짐작할 수 있을 것이다.

둘째, 많은 글들을 자료집으로 묶다 보니 용어의 통일, 맞춤법, 띄어쓰기 등에서 오류가 많을 수도 있다. 예를 들어, 예전에는 동성애자라는 표현을 많이 사용했지만 지금은 동성애자보다는 성소수자라는 용어를 쓴다. 특정 시기에 사용된 용어는 그 나름의 역사성을 지니고 있으므로 이 자료집에서는 오늘날 사용하는 용어로 일괄적으로 바꾸지 않았다. 또, 맞춤법이나 띄어쓰기도 세월이 지나면서 바뀌었다. 그래서 현재의 것으로 교정돼야 할 어구들이 많다. 그러나 바로잡지 못하고 놓친 부분이 많을 것이다. 독자들의 너그러운 양해를 부탁드린다.

셋째, 같은 주제의 글들을 모았기 때문에 여러 글의 내용이 중복되는 경우도 적지 않다. 이런 중복의 문제에 대해서는 엥겔스의 방식을 따랐다. 엥겔스는 마르크스의 초고를 모아 《자본론》 3권으로 편집하면서 이렇게 밝혔다. "반복도 주제를 다른 각도에서 파악하든지 다른 방법으로 표현한 경우에는 그 반복을 버리지 않았다."(《자본론》 3권 개역판 서문)

넷째, 혁명가들이 혹심한 탄압을 받던 시기에 작성된 글 중에서 필자를 확인하지 못해 필자를 명시하지 못한 경우가 있다. 이것은 엮은이가 의도한 것이 결코 아니라는 점을 밝혀 둔다.

그 외에도 다른 오류들이 편집 과정에서 있을 수 있는데, 이것들은 엮은이의 잘못이다.

이 자료집이 나오기까지 몇몇 동지들이 도움을 줬다. 인쇄된 문서를 타이핑해 파일로 만들어 준 박충범 동지와 책을 디자인해 준 장한빛 동지에게 감사드린다. 방대한 양의 원고를 나와 함께 검토해 준 책갈피 출판사 편집부에도 감사드린다.

2018년 7월 10일
엮은이 이정구

제1부
전략과 전술

마르크스주의와 테러리즘

체제의 폭력이 테러리즘을 낳지만, 혁명가들은 사뭇 다른 투쟁 형태를 위해 싸운다.

우파들은 항상 지난 3월 11일 스페인 마드리드 테러 같은 사건들과 혁명을 연관시키려 해 왔다. 그러나 진정한 사회주의자들은 모두 그런 [투쟁] 방법에 항상 반대해 왔다.

우리가 원하는 사회는 폭력이 없는 사회, 지금 우리가 겪는 억압과 차별이 과거지사가 돼 버린 사회다. 그러나 마르크스주의자들은 이 새 사회를 건설하기 위한 투쟁에서 폭력을 일절 거부하는 것은 아니다. 그렇게[폭력을 일절 거부한다고] 주장하면서도 전쟁·핵무기·군대·감옥 따위를 지지하는 부르주아 정치인들은 순전한 위선자들이며, 마르크스주의자들은 특정 상황 — 민족 해방 전쟁이나 대중의 혁명적

존 몰리뉴. 격주간 〈다함께〉 34호, 2004년 6월 26일. https://wspaper.org/article/1352.

투쟁 — 에서 폭력이 불가피하다는 점을 인정한다.

그러나 계급 투쟁과 무관하게 소수가 저지르는 관공서나 민간시설 폭파, 항공기 납치, 암살 등의 테러는 받아들일 수 없다고 항상 생각했다. 그 이유는 테러가 마르크스주의의 가장 기본적인 원칙에 어긋나기 때문이다.

마르크스는 착취·억압·폭정·전쟁의 근본 원인이 사악한 지배자 개인이나 악독한 정부가 아니라 사회가 계급으로 분열돼 있으며 다수의 노동 덕에 먹고 사는 소수 계급이 생산수단을 지배하기 때문임을 보여 주었다.

지배계급 타도와 그들이 의존하는 경제 체제 타도는 수많은 개인들을 살해하거나 협박함으로써 달성할 수 있는 것이 아니라 오직 새로운 경제 체제의 주역인 새 계급의 투쟁으로만 가능하다.

이를 현대 자본주의 사회에 적용해 보면, 자본가 계급을 패배시킬 수 있는 힘은 오직 노동계급 대중의 조직된 투쟁뿐이라는 것이다. 마르크스의 말을 빌자면, "노동계급의 해방은 노동계급 스스로 쟁취해야 한다."는 것이다.

노동계급의 자기 해방을 이렇게 강조하는 것은 자본주의 타도뿐 아니라 그 목표, 즉 사회주의 사회 건설을 달성하기 위해서도 결정적으로 중요하다. 위로부터의 혁명, 심지어 노동계급을 대리해서 행동한다고 자처하는 세력들이 추진하는 위로부터의 혁명조차도 한 무리의 착취자들·억압자들을 다른 착취자들·억압자들로 교체하는 결과만을 낳을 뿐이다.(그 혁명가들의 의도가 아무리 좋을지라도 말이다.) 이 점은 역사에서 거듭거듭 입증됐지만, 특히 동유럽·중국 등지에서 스탈린주의 군대의 정권 장악에서 가장 분명하게 드러났다. 그런 곳에서는 사유 자본주의를 국가 자본주의가 대체했을 뿐이다.

사회주의자들의 투쟁 방법 — 리플릿 배포, 서명 운동, 노조와 정당을 통한 대중 시위, 선거 운동과 대중 파업 — 은 모두 노동자들의 의식·자신감·조직하기를 발전시켜 그들 자신의 행동을 진전시키기 위한 조처들이다.

테러 방법은 이런 전반적 전망과 모순된다. 마드리드에서 그랬듯이, 흔히 테러리스트들은 지배자들이나 억압자들이 아니라 평범한 노동 대중을 공격하는 등 완전히 잘못된 표적을 겨냥한다. 이것은 특정 민족이나 인종 집단 지배자들의 행위를 그 집단 전체의 책임으로 돌리는 '잘못' — 더 나아가 '범죄' — 을 되풀이하는 것이다. 그런데 이 잘못은 우파가 흔히 범하는 것이기도 하다.

흔히 이것은 좌파가 극복해야 할 과제인 인종적·민족적·종교적 분열을 강화시켜 노동계급의 투쟁을 약화시키는 효과를 낳는다. 심지어 더 신중하게 표적을 선정한 경우, 예컨대 폭군 개인이라든가 억압 국가의 고위 관리 등을 공격할 경우에도 의도치 않게 무고한 사람들에게 해를 입히는 잘못을 저지를 위험 부담은 여전히 남게 되고, 그 정치적 결과는 다르지 않다.

테러리즘의 공통된 결과 또 하나는 테러로 무너뜨리려 하는 바로 그 국가의 억압 기구를 강화하고 정당화한다는 것이다. [테러] 공격을 받은 정권은 오히려 시민적 자유에 대한 공격, '용의자들'에 대한 무차별 검거 선풍으로 대응한다. 물론 항상 그렇다고 말할 수는 없다. 스페인의 최근 사건 — 스페인 국민의 훌륭한 대응 때문이다 — 은 놀라운 예외다. 그러나 그럴[억압 기구의 강화] 가능성이 훨씬 높다.

납치와 살인

마찬가지로, 테러 행위는 완전히 경멸 받던 정치인이나 기업인을 모종의 순교자나 국민적 영웅으로 만들어 주는 역효과를 초래할 수 있다. 1978년에 붉은여단이 전 이탈리아 총리 알도 모로를 납치·살해했을 때 그런 일이 일어났다.

그러나 최선의 경우에조차 — 테러의 표적이 누구나 인정하는 폭군이고 무고한 사상자 한 명 없이 완벽하게 그를 처형했을 때조차 — 테러 활동은 마르크스주의적 원칙에 어긋난다. 레온 트로츠키가 말했듯이, "목적 달성을 위해 권총 무장만으로도 충분하다면 도대체 왜 계급 투쟁을 위해 노력하겠는가? … 엄청난 폭발로 고위 인사들을 위협하는 것만으로 충분하다면 도대체 왜 당이 필요하겠는가? 집회, 대중 선동, 선거가 왜 필요하겠는가? … 우리가 개인 테러를 받아들일 수 없는 이유는 그런 테러가 의식 고양에서 대중이 하는 역할을 하찮게 만들고 대중 스스로 무기력함에 체념하게 만들고 대중으로 하여금 언젠가 위대한 복수자나 해방자가 나타나 임무를 완수할 때까지 기다리도록 하기 때문이다."

이렇게 트로츠키를 인용하는 것이 적절한 이유는 두 가지다. 첫째, 트로츠키는 테러리즘과 관련해서 마르크스주의의 주장을 탁월하게 요약한 일련의 글을 쓴 바 있고, 이 글들을 모아놓은 것이 지금도 구할 수 있는 팸플릿 《마르크스주의와 테러리즘》이다. 둘째, 그 글들은 19세기 말과 20세기 초 러시아 테러리즘이라는 역사적 경험에서 비롯한 것이기 때문이다.

나로드니키, 즉 민중주의자들, 그 가운데 특히 나로드나야 볼랴(민중의 의지)라는 조직이 수행한 테러는 역사상 가장 위대한 테러 활동 가운데 하나였고 아마도 체계적인 정치 전략으로 명확하게 정식화된 최초의 경우였을 것이다. 나로드니키는 심각하게 억압받던 러시아 농민에 기대를 건 지식인들이었고, 그들의 목표는 차르와 그 각료들에 대한 체계적 공격으로 차르 체제를 타도하는 것이었다. 게오르기 플레하노프가 지도한 러시아 마르크스주의 운동은 민중주의에 반대하며 등장했고, 따라서 테러리즘을 둘러싸고 격렬한 논쟁을 벌였으며 그 과정에서 마르크스주의의 입장이 분명하게 정립됐다.

테러 위협

러시아 마르크스주의자들은 테러리즘에 대한 태도와 테러리스트들에 대한 태도를 구분했다. 테러리즘은 비타협적으로 거부했지만 테러리스트들에 대해서는 늘 공감을 표시하며 그들의 개인적 용기를 항상 칭송했다.

지배계급 정치인들과 그들의 언론은 테러리스트들을 '겁쟁이', '악마', '비인간적'이라고 끊임없이 비난한다. 러시아 마르크스주의자들은 그런 생각을 결코 받아들이지 않았으며, '테러 위협'을 핑계로 차르 체제에 대한 자신들의 비판을 누그러뜨리려 하지도 않았으며, 테러리스트들에 반대해 차르 체제 편에 서지도 않았다. 그들이 테러리즘을 비판한 요지는 진정한 혁명 투쟁과 비교했을 때 테러리즘은 비효과적이며 오히려 역효과를 초래한다는 것이었다. 그리고 물론 역사는 그들이 옳았음을 입증했다. 결국 차르 체제와 러시아 부르주아지 둘 다 무너뜨린 것은 폭탄 테러가 아니라 노동계급의 대중 행동이었다. 19세기 말~20세기 초에 정식화된, 테러리즘에 대한 마르크스주의의 태도는 시간의 검증을 견뎌 냈고, 몇 십 년 동안 하나의 행동 지침이 돼 주었다. 그러나 지난 몇 십 년 사이에 다양하고 강력한 테러 활동들이 벌어졌고, 이를 보면 몇 가지를 분명하게 말할 수 있다.

먼저, 우익과 파시스트들의 테러리즘이 상당히 존재함이 분명하다. 북아일랜드의 오렌지[개신교 정치 단체] 준(準)군사조직, 이탈리아의 볼로냐 폭파 사건, 미국의 오클라호마 연방청사 폭파 사건, 데이빗 코플런드[영국의 나치]의 소호[런던 중앙부 옥스퍼드 거리의 외국인이 경영하는 식당가] 폭파 사건, 컴뱃 18[영국의 나치] 등이 그런 예다. 분명히 이런 것들은 좌파에게 어떤 이론적 문제도 되지 않는다. 왜냐하면 우리는 그런 것들을 모두 반대하기 때문이다.

다른 형태의 테러리즘은 크게 두 부류로 나뉜다. 하나는 주로 1970년대에 극좌파와 학생 반란에서 갈라져 나온 다양한 단체들로, 미국의 웨더맨, 영국의 앵그리 브리게이드, 독일의 바더 — 마인호프 그룹, 이탈리아의 붉은여단 등이다. 대체로 이런 단체들은 그들을 배출한 대중 운동이 쇠퇴하는 것에 절망하고 이에 조급하게 대응한 결과다. 부분적으로 붉은여단을 제외하면, 그들은 대중 기반도 없었고 지배계급에 심각한 타격을 가할 수 있는 능력도 거의 없었다. 그들의 주요 효과는 좌파를 와해시키고 혼란에 빠뜨린 것이었다. 혁명적 사회주의자들의 과제가 그런 분위기의 확산을 저지하기 위해 최선을 다하는 것임은 분명하다. 그러나 [물리적 행동이 아니라 — 다함께 편집자] 주장을 통해서, 그리고 대중 투쟁의 적극적 계기를 확보함으로써 그렇게 해야 한다.

훨씬 더 중요한 것은 피억압 민족을 대변하려 애쓰는 다양한 민족주의 테러 단체들, 즉 아일랜드 공화국군(IRA), 조국과 자유(ETA), 다양한 팔레스타인 단체들 등이 계속 존재한다는 점이다. 대체로 이런 조직들은 상당한, 그러나 주로 수동적인 사회적 기반을 확보하고 있고 — 비록 그 규모는 소수인 경우도 있고 상당히 다수인 경우도 있는 등 다양하지만 말이다 — 결정적으로 그들은 대체로 민족 부르주아지의 일부에 기반을 두고 있다. 근본적으로, 그들은 재래식 전쟁(또는 적어도 게릴라전)을 수행할 수 있기를 바라는 정치적 결사체들이지만, 압도적으로 우세한 억압 민족의 군사력 때문에 그렇게 할 수 없는 처지다. 그들의 계급 기반과 그들의 정치적 관점 때문에 그들은 노동계급을 대안으로 여기지 못한다. 따라서 그들은 테러리즘에 의존하게 된다.

팔레스타인 인티파다가 가장 잘 보여 주듯이, 때때로 테러 전술이 대중 저항과 거의 결합되고, 이것이 분명히 우리 비판의 언어와 논조에 영향을 미치거나 미쳐야 한다. 내가 말하고 싶은 것은 좌파인 우리가 팔레스타인의 자살 폭탄 공격이나 이라크 저항 세력의 공격을 '비난해서는' 안 된다는 것이다. 그럼에도 마르크스주의적 비판의 일반적 설득력은 여전히 남아 있다. 따라서 우리 자신의 제국주의 부르주아지에 대한 비타협적 반대라는 맥락 속에서 마르크스주의자들이 계속 주장해야 하는 것은 궁극적으로 제국주의의 패배와 자본주의 타도는 서로 연관된 과제들이며 이 과제들을 완수할 수 있는 세력은 국제 노동계급뿐이라는 것이다.

마르크스주의와 폭력

전용철·홍덕표 농민이 사망한 농민대회, 부산 아펙 반대 시위, 마침내 홍콩 반WTO 시위에 이르기까지 매스컴은 시위대 일부의 물리적 항의만을 보도하느라 여념이 없었다. 왜 사람들이 항의에 나섰는지 또는 그들의 요구들은 무엇인지 따위는 안중에도 없었다.

그 많은 사람들이 살을 에는 듯이 추운 날 또는 멀리 해외까지 원정 가서 함성을 지르며 절규했던 염원은 깡그리 무시됐다.

단지 전경·의경의 안전과 그 부모들의 안타까움만 보도됐다. 물론, 그 다수가 노동계급과 피억압 사회집단의 성원인 전경·의경의 안전과 그 부모들의 안타까움을 진정한 마르크스주의자라면 공감할 것이다.

그러나 비폭력적 언행을 국가보안법으로 처벌하려 하고, 시위와

최일붕. 격주간 〈다함께〉 71호, 2006년 1월 12일. https://wspaper.org/article/2798.

파업을 탄압하기 위해 야만적인 경찰 폭력을 고무하고, 첨단무기 구매를 위해 천문학적인 액수의 돈을 쓰고, 이윤을 위해 하루에도 8명씩 산업재해로 노동자들을 죽이는 자들이 사소한 폭력을 비난하는 것은 정말로 메스껍다.

한편, 낭만주의적 좌파는 진정한 대중 동원과 효과적인 요구사항 표현에는 무관심한 채 비효과적인 소수 실력행사나 개별 폭력을 찬양하곤 한다.

이러한 급진주의는 억압적 체제에 대한 건강한 반발이자 전투성과 투쟁정신의 발로이긴 하다. 그러나 그들의 행동이 효과적일수록 대중의 요구와 염원은 그들의 행동에 가려진다는 모순이 있다.

비폭력은 마르크스주의도 공유하는 이상

고전적 마르크스주의자들은 노동자 권력과, 강제력에 의한 자본주의 전복의 필요성을 분명하게 주장해 왔다. 그들은 국제 노동계급이 자신을 억압하는 지배계급들에 맞서 혁명과 내전을 준비해야 한다고 명확하게 주장해 왔다.

그러나, 그들은 자신들의 목표가 인간이 인간을 억압하고 착취하는 일이 없는 사회라는 점 또한 분명히 해왔다.

개량주의자들은 이 때문에 그들을 이상주의자, '공상가', '몽상가' 따위로 여긴다. 사회와 개인들 사이의, 그리고 개인과 개인 사이의 관계를 조정하는 데 더는 폭력이 영구적으로 필요하지 않게 되도록 사회를 근본적으로 변혁하고자 하는 염원은 이처럼 개량주의자들의 비웃음을 사 왔다.

비폭력적 사회라는 비전을 수용하는 데서 마르크스주의는 어떤 비폭력 평화주의보다 더 멀리 나아갔다. 왜냐하면 마르크스주의는 폭력의 근원을 밝혀냈는데 반해 비폭력 평화주의는 그렇지 못했기 때문이다.

더구나 마르크스주의는 폭력의 근원을 공격한다. 단지 인간의 사상과 감정으로부터 폭력을 근절하려 한 것이 아니라 사회 생활의 물질적 토대로부터 폭력을 근절하고자 한다. 마르크스주의는 폭력이 사회의 계급 적대에서 자양분을 얻고 있음을 강조해 왔다.

자비, 이웃 사랑, 비폭력, 평화 등을 설교해 온 도덕가들은 폭력을 조금치도 감소시키지 못했다. 그 이유는 결코 폭력의 뿌리를 파헤치지 않았고 공격하지 않았기 때문이다. 계급 사회가 존속함으로써, 그리고 비폭력 평화주의 설교가 단지 폭력의 표면만을 공격함으로써 비폭력 평화주의는 쓸모 없을 수밖에 없었다.

마르크스주의도 비폭력과 평화를 꿈꿔 왔다. 이 점이 의심스럽다면 레닌의 《국가와 혁명》을 한 번 읽어 보라. 또한, 1917년 페트로그라드의 10월 봉기는 당시 러시아 주재 서방측 대사들의 적대적인 증언에 따르더라도 희생자는 모두 합쳐 열 명밖에 안 되었다.

이 봉기를 지도한 레닌과 트로츠키(당시 페트로그라드 군사혁명위원회 위원장)는 불필요한 인명살상이 없도록 최대한 주의하라고 적위대원들에게 신신당부했다. 정부청사 공격에 앞서 트로츠키는 수도방위사령부 사병들에게 선동 연설을 먼저 한다.

러시아 혁명은 총이 아니라 말로, 주장과 설득으로 승리했던 것이다. 말은 매우 과격했고 격렬했다. 하지만 이것은 실제 폭력에 — 더구나 거의 1천 만의 인명을 앗아가고 있던 제1차세계대전에 — 맞선 감정의 '폭력', 언어의 '폭력'이었을 뿐이다. 1천만 명 대 열 명 — 실로 새 발의 피였다.

휴머니즘은 마르크스주의와 러시아 혁명의 본질적인 요소였다. 소위 '폭력 혁명'은 비폭력 사회라는 이상을 실현하기 위한 현실적 수단이었다. 반대편에서 피억압자들을 향해 비폭력을 설교했던 케렌스키 임시정부는 전선에서 전투를 거부하는 병사들에게 사형을 선고했다.

마르크스주의의 변질과 폭력

혁명 후 러시아에는 내전이 도래했다. 폭력 사용이 증대했다. 하지만 이 때조차도 볼셰비키는 폭력보다 주장·설득에 의존하려 애썼다. 트로츠키가 이끄는 적군은 훨씬 우세한 화력을 가진 영국·프랑스·미국 등 14개 외국 군대와 이들의 지원을 받는 백군에 맞서 병사들의 의식에 호소했다. 트로츠키의 선동 연설을 들은 오데사 주둔 프랑스 해군 병사들은 볼셰비키에 맞서 싸우기를 거부했다. 폭력을 예방한 비폭력의 승리였다.

서구, 특히 독일 혁명의 패배(1923년 10월)로 러시아 혁명이 고립되자 러시아인들은 주장·설득과 폭력 사이에서 점점 균형을 잃어갔다. 스탈린주의 관료는 고전적 마르크스주의로부터 휴머니즘적·해방적 요소들을 제거하기 시작했다.

노동자 국가(사회주의 사회로 나아가기 위한 과도 국가)는 점점 제 구실을 못하고 '시들어' 마침내 없어지게 된다는 고전적 마르크스주의의 점진적 국가소멸론을 스탈린이 배격하고 혁명 후 국가는 오히려 강화된다는 이론으로 대체한 것은 결코 우연이 아니다.

스탈린주의는 자신의 폭력을 정당화하기 위해 마르크스주의적 비폭력이 집약돼 있는 고전적 마르크스주의의 점진적 국가소멸론을 억압해야 했다. 이제 마르크스나 레닌 또는 노동계급의 이름으로, 그리고 마르크스주의의 언어로 폭력 남용이 정당화됐다.

마르크스주의는 다수 노동계급이 소수 지배계급을 억압하는 것이 혁명이기 때문에 폭력 사용이 최소한에 그칠 것이고 매우 제한될 것이라고 주장해 왔다.

그러나, 서방 열강들과 자본 축적 경쟁에 돌입한 스탈린주의는 국내 노동자·농민의 피와 땀을 쥐어짜고, 외국 공산당들을 이를 방어하는 소련 국경 수비대로 만들기 위해 비폭력적 사회에 대한 고전 마르크스주의의 이상을 폐기해 버렸다.

그래서 오늘날 스탈린주의자들은 사회주의의 이름으로 북한에서 자행되는 온갖 끔찍한 국가 폭력(예컨대 사소한 범죄자들에 대한 가혹한 형벌과 심지어 사형, 동성애자 박해, 민주적 권리 억압 등)을 역시 사회주의의 이름으로 정당화하고 있다.

마르크스주의자들은 자신들이 불가피하게 폭력을 사용해야만 하는 경우에 그것이 필요악임을 명심해야 한다. 이 때 강조는 '필요'와 '악' 모두에 놓인다. 혁명에 폭력이 필요한 것은 물론이지만 그렇다고 해서 '필요성'을 미덕으로 격상시켜서는 안 된다.

게다가 혁명가들이 폭력 활동에 나섬으로써 혁명이 시작되는 것은 아니다. 계급투쟁이 비등하고 계급 적대가 더할 나위 없이 첨예해져 결국 고비점을 넘을 때 비로소 혁명이 일어나는 것이다.

이 때 노동계급이 필요한 폭력 사용을 주저한다면 지배계급은 비할 데 없이 야만적이고 끔찍한 폭력을 피억압 계급들에게 대거, 주저 없이 사용할 것이다.

이런 일을 막기 위해 우리는 결정적일 때 노동자 대중에게 폭력 사용을 호소할 태세가 돼 있어야 한다. 그것을 미덕으로 격상시키지 않고서 말이다.

신디컬리즘의 성과와 한계

노동계급 편에 서기를 거부하고 명망을 쌓으려 드는 [영국]노동당, 파업을 배신하고 기업주들과 사회적 합의를 도모하는 노동조합 지도자. 어디서 많이 들은 말 아닌가? 이런 일은 예전에도 있었다.

20세기 초 갓 태어난 노동당은 집권 자유당의 응원 부대에 지나지 않았다. 파업을 조직해도 노조 지도부를 기소하지 않기로 규정한 법이 통과되자 노조 지도자들은 정부와 잘 지내려고 했다.

그러나 여기에는 한계가 있었다. 당시 영국은 미국에, 그리고 나중에는 독일에 경제적으로 추월 당하고 있었다. 기업주들은 이윤을 늘리고자 노동자들을 압박했다.

크리스 뱀버리. 〈레프트21〉 102호, 2013년 4월 13일. https://wspaper.org/article/12870. 노동운동의 위기에 대한 대안으로 현장의 전투성을 강조하며 단결된 투쟁을 벌이자고 말하는 활동가들이 있다. 이런 태도는 개혁주의와 대립되는 정치세력화를 말하며 종파적 분열로 향하는 일각의 태도보다 분명 나은 점이 있다. 하지만 전투적 노동조합주의의 한계도 봐야 한다. 그 점에서 20세기 초 영국에서 등장했던 신디컬리즘의 장점과 한계를 다룬 이 글이 도움이 될 것이다.

1900~10년 실질임금이 10퍼센트 떨어졌다. 식료품 가격이 상승했고, 기술이 발전해 제조업 등에 종사하는 숙련 노동자들이 해고 위협을 받았다.

한 세대의 노동계급 활동가들이 이에 맞서, 그리고 '파업이 아니라 의회로 사회주의를 쟁취할 수 있다'는 노동당의 노선에 맞서 싸웠다.

그들은 "노동계급의 해방은 노동계급 스스로의 행동으로 가능하다"는 카를 마르크스의 말을 떠올렸다.

그들은 자신의 힘으로 사회를 혁명적으로 바꾸고자 했고, 노동조합을 그 수단이라고 봤다. 그들은 스스로를 '신디컬리스트'라고 불렀다.

파업

1910~14년 임금 삭감에 분노해 후일 '대반란'이라고 알려진 파업 물결이 영국을 휩쓸었다. 파업이 확산하면서, 톰 만 같은 신디컬리스트 지도자들이 대중적 지지를 얻었다.

1910년 만은 《승리로 가는 길》이라는 소책자를 써서 사회주의는 노동조합 운동으로만 이룰 수 있고 의회 민주주의는 태생적으로 썩었다고 주장했다.

영국에서 만은 기존 노조에서 활동하는 노동자들을 하나의 거대 노조로 통합하려고 '산업신디컬리즘교육연맹'(ISEL)을 창설했다. 미국, 스페인, 이탈리아의 신디컬리스트들은 직접 행동을 중시하는 독립 노조를 만들었다.

1911년 영국 리버풀 항만과 철도 노동자들의 파업이 리버풀의 운수 부문 전체 파업으로 번졌다. 만은 비공인 파업위원회의 위원장을 맡았고 수천 명이 참가한 대중 집회에서 연설했다.

자유당 정권은 [리버풀 근처] 머지 강에 전함을 파견했다. 정권은 8만 명이 운집한 대중 집회를 박살내려고 무장한 군부대를 파견했다. 군대는 파업 노동자 두 명을 사살한 끝에 파업을 파괴할 수 있었다.

1년 후 군대는 전국적 광원 파업을 파괴하는 데 투입됐다. 거기서 그들은 "쏘지 마시오"라는 표제를 단 신디컬리스트의 유인물을 발견했다. 만과 다른 한 명의 신디칼리스트는 "항명을 조장했다"는 이유로 6개월 형을 선고받았다.

ISEL의 기관지 〈신디컬리스트〉의 판매량은 1912년에 2만 부로 치솟았고, 〈신디컬리스트〉가 두 차례 조직한 노조 대표들의 대회는 약 10만 명의 노동자를 대표한다고 표방했다.

신디컬리스트들은 행동에 집중했기 때문에 파업이 성장할 때는 기막히게 훌륭했다. 신디컬리스트 지도자들은 기존 노조나 노동당의 지도부에 도전하기도 했다. 그러나 파업 물결이 시들해지면서 신디컬리스트의 힘도 약해졌다.

톰 만과 글래스고의 윌리 갈라처 같은 사람들은 좌파 정당의 당원이면서도 '낮에는 노조 활동을 하고 밤에는 선전 모임에서 사회주의의 필요성을 역설하는' 식으로 [경제 투쟁과 정치 투쟁을] 엄격하게 구분하려고 애썼다.

정치 투쟁

다른 신디컬리스트들은 정치 영역에서도 자본주의에 도전해야 하는 필요성을 완전히 일축했다. ISEL의 창립자 중 한 명인 AG 터프톤은 이렇게 주장했다. "종교와 마찬가지로 정치는 사람들의 개인적 문제다. 자유당이든 보수당이든 노동자들이 신경 쓸 바가 아니다. 노동자들은 오직 노동계급의 연대가 필요하다는 것만 이해하면 된다."

그러나 '대반란'이 벌어지던 바로 그때 커다란 정치 투쟁 두 개가 영국을 뒤흔들었다. 하나는 여성 참정권 운동가들이 벌인 여성 투표권 쟁취 투쟁이었고, 다른 하나는 영국의 아일랜드 식민 지배에 맞선 반란이었다. 게다가 영국·프랑스와 독일 사이의 긴장이 고조돼 유혈 낭자한 제국주의 전쟁이 일어날 것이 점점 명백해지고 있었다.

이런 투쟁들이 결합돼 영국 국가에 맞서는 강력한 도전으로 발전할 수도 있었다. 불행히도 신디컬리즘 경향의 활동가들은 그런 호소에 거의 응하지 않아서 운동을 정치적으로 건설할 수 없었고, 1914년 8월 전쟁[제1차세계대전]이 발발하자 그들은 새로운 상황에 제대로 대처하지 못했다.

유럽의 다른 사회민주주의 정당들처럼 영국 노동당도 나라를 지키겠다고 팔을 걷어붙이고 나섰다. 노조 지도자들은 전쟁 수행을 도우려고 파업 금지 조처에 합의했다. 독일 "야만인"을 악마화하는 거대한 운동이 온 나라를 휩쓸었다.

톰 만을 비롯한 신디컬리스트들은 대체로 개인적으로는 전쟁에 반대했지만, 전쟁 광풍에 맞설 수 있는 활동가들의 네트워크를 발전시키지는 않았다.

1916년 즈음 파업이 활기를 되찾았다. 클라이드노동자위원회[1915년 영국 글래스고에서 비공인 파업을 주도한 노동자들이 만든 현장조합원 조직] 회장이었던 신디컬리스트 활동가 갈라처는 정부의 임금과 노동조건에 대한 공격에 맞서 투쟁을 이끌었다. 그러나 클라이드노동자위원회의 직장위원들은 산업 투쟁으로 전쟁을 끝낼 수 있다고 주장하는 것은 고사하고 반전 입장을 공개적으로 표명하는 것도 어려워했다.

심지어 갈라처는 전쟁에 반대하는 사회주의자 존 매클레인이 클라이드노동자위원회에 가입하는 것도 금지했다. 매클레인이 클라이드노동자위원회가 전쟁 반대 행동에 나서야 한다고 주장했다는 것이 이유였다.

[신디컬리스트들이] 산업 투쟁을 정치 투쟁과 결합하는 데 실패했기 때문에 노동당이 점점 커지는 전쟁 혐오 정서의 수혜자가 됐다. 노동당 지지율은 6퍼센트에서 1918년 20퍼센트로 올랐고, 4년 후에는 그 두 배로 올라갔다.

그럼에도 톰 만, 윌리 갈라처, 셰필드의 금속노동자 JT 머피 같은 신디컬리스트 지도자 다수는 1917년 러시아혁명에 매력을 느꼈다.

레온 트로츠키는 신디컬리스트들을 "자본가에 맞서 그저 싸우기를 소망하기만 하는 게 아니라 (개혁주의자들과는 달리) 자본가들을 완전히 박살내 버리기를 진심으로 바라는" 사람들이라고 묘사했다.

볼셰비키는 언제나 파업을 지지했고, 대중 파업을 자본주의 경제와 자본주의 국가를 마비시키는 수단으로 봤다.

투쟁에서 겪은 경험 덕에 볼셰비키는 노동조합 기층 조직을 지지했는데, 그런 기층 조직이 미래에 공장위원회나 소비에트[러시아혁명기에 만들어진 노동자 평의회]의 기반이 될 수 있다고 봤기 때문이다. 기층이 직접 선출하는 이런 조직은 투쟁을 이끌 뿐 아니라 새로운 노동자 국가의 기초가 될 수도 있었다.

트로츠키는 신디컬리즘을 노동계급 내의 혁명적 경향이라고 규정했지만, 동시에 신디컬리즘의 심각한 이론적 결함 몇 가지를 지적했다.

트로츠키는 기업주들에 맞선 투쟁에서 노동조합이 매우 중요한 무기지만, 노동조합은 본질상 경제적 이득을 얻는 것에 그친다고, 즉 결국에는 맞서 싸우던 기업주들과 합의에 이르는 것으로 [투쟁을] 제한한다고 주장했다.

전투적으로 파업을 벌인 뒤에도 협상을 해야 한다는 압력 때문에 혁명적 노동조합 활동가들도 개혁주의적 방향으로 이끌린다. 총파업은 필연적으로 자본주의 국가에 도전하게 되지만 총파업만으로 기존 체제를 전복할 수 있는 것은 아니다.

트로츠키는 1905년 러시아혁명의 실패를 두고 이렇게 썼다. "투쟁에서 적의 힘을 빼는 것은 엄청나게 중요하다. (총)파업의 구실이 바로 그것이다. 동시에 파업은 혁명의 군대가 스스로 일어설 수 있도록 한다.

"그러나 총파업이든 혁명의 군대든 그 자체로 국가 혁명을 불러일으키지는 않는다. 혁명은 옛 지배자들의 손에서 권력을 빼앗아야 한다. … 총파업은 그에 필요한 전제 조건을 창출할 뿐이다. 총파업만으로는 그런 과제[권력 쟁취]를 수행하지 못한다."

권력 장악

노동자들이 작업장을 장악함으로써 자본주의 국가를 우회할 수 있다는 주장에 트로츠키는 다음과 같이 답했다.

"국가 권력을 그저 부정하기만 하는 것으로는 부족하다. 국가 권력을 넘어서려면 국가 권력을 직접 장악해야 한다. 국가 기구를 장악하기 위한 투쟁이 바로 혁명적 정치다. 이를 포기하는 것은 혁명적 계급으로서 필수 과제를 포기하는 것이다."

트로츠키의 지적은 노동자들이 권력을 쟁취하기 위한 혁명적 수단이 무엇인가 하는 문제를 날카롭게 제기한다.

노동조합은 정치적 신념이 어떤지와 상관 없이 모든 노동자를 포괄한다. 그러나 언제나 노동계급 중 일부는 자본주의에 맞서 싸우고 분열적·애국주의적 사상을 거부하지만, 다른 일부는 자본주의 그 자체와 자본주의가 낳은 가장 반동적인 관념을 모두 수용하기도 한다.

거대한 변화가 일어나는 시기에 이들 중 어느 한 쪽이 다수 대중에게 큰 영향력을 행사할 수 있다.

전투적 소수가 정치 조직을 건설해 경제 투쟁과 정치 투쟁의 결합을 추구하는 것은 노동자들이 권력을 장악하는 데 사활적으로 중요하다.

1930년대 후반까지도 유럽과 북아메리카 전역에서 신디컬리스트와 혁명적 사회주의자 사이에 논쟁이 계속됐다. 이 논쟁에는 미국의 세계산업노동자동맹(IWW)과 스페인의 전국노동자연맹(CNT) 같은 대중적 조직들도 참여했다.

갈라처나 만 같은 일부 사람들은 치열한 논쟁 끝에 공산주의 조직을 건설해야 한다는 결론에 도달했다.

오늘날 새로운 세대의 노동조합 활동가와 반자본주의자 들은 신디컬리스트 관련 논쟁을 보며 개혁주의의 영향력을 떨쳐내는 방법을 배워야 한다.

지역사회 운동의 근원적 한계

지금까지 인류는 지구 곳곳에서 환경이 파괴되고, 다국적 경제 엘리트가 세계경제를 쥐락펴락하고, 부국에서든 빈국에서든 셀 수 없이 많은 사람들의 삶이 더 깊은 나락으로 빠지는 등의 위기에 제대로 대처하지 못했다. 그래서 '지역 경제'에 관한 관심이 늘었다. 사람들은 지역 경제를 덜 위험한 곳으로 보며, 그 속에서는 필요한 변화를 더 쉽게 이룰 수 있다고 여긴다.

자본주의 초기에는 이윤 추구가 낳은 인간 착취와 환경 파괴가 대체로 지역 수준의 문제였던 것이 사실이다. 그러나 그 지역 수준의 경제들이 성장하고 합쳐지면서, 훨씬 더 파괴적인 세계경제로 발전한 것은 필연이었다. 이런 상황에서 다시 지역 수준으로 관심을 돌리면, 자본주의의 수많은 병폐 중 하나일 뿐인 지역 경제와 지방 자치의 쇠

스탠 콕스(지속 가능한 농업을 위한 미국 토지 연구소 연구원). 〈노동자 연대〉 127호, 2014년 6월 9일. https://wspaper.org/article/14551.

퇴 문제에 갇히게 된다. 또한 증상을 원인으로 잘못 진단하게 된다.

그렉 샤저는 2012년에 발간된 그의 책 《지역은 답이 아니다: 왜 소규모 대안 운동은 세계를 바꾸지 못하는가》에서 이렇게 말했다. "지역사회 운동(Localism)의 문제는 그 운동의 정치가 반기업적이라는 것이 아니다. 오히려 그 운동의 정치가 충분히 반기업적이지 못하다는 것이 진짜 문제다. 지역사회 운동은 고삐 풀린 경쟁의 결과만 보지 정작 그 원인은 보지 못한다."

시장의 현실에 부딪힌 선의

지역사회 운동의 활동가들은 지역 경제 촉진, 대안 화폐나 물물교환 체계 구축, 지역 수준의 에너지 자급자족, 친환경적 운송 체계 구비, 그리고 가장 널리 알려진 로컬 푸드 같은 쟁점에 큰 관심을 둔다. 좀 더 흔하게 볼 수 있고 더 온건한 형태의 지역사회 운동은 소비 문제에 천착한다. 그러면 지역의 운명을 좌지우지하는 부유하고 힘있는 기업주와 하루 벌어 하루 사는 사람들 사이에 거대한 간극이 있다는 사실을 볼 수 없다. 그리고 그러한 간극이 쇼핑몰 계산대가 아니라 작업장에서 발생한다는 사실도 볼 수 없다.

지역사회 운동의 활동가들은 흔히 중소기업가들에게 이렇게 촉구한다. 종업원들에게 생활임금과 각종 보험을 보장하라고 말이다. 그러나 이런 권고가 먹히는 경우는 드물다. 미국 의회 예산국의 조사 결과를 보면, 미국에서 25인 이하 작업장 정규직 노동자의 평균임금은 1백 인 이상 작업장 정규직 노동자의 평균임금보다 30퍼센트 가까이 낮다. 그리고 작업장 규모가 작을수록 의료보험이 보장되지 않는다. [미국에서는 국가적 의료보험이 미흡해, 사용자가 노동자들에게 민간 의료보험을 제공하는 경우가 많다.]

지역의 중소기업가들이 유달리 탐욕스럽거나 매정해서 이런 문제가 생기는 것이 아니다. 그렉 샤저가 보여 줬듯이, 지역의 중소기업가들도 지역적·일국적·세계적 시장의 법칙에 따라 움직일 수밖에 없다. 그래서 가장 선한 기업가도 최소의 임금으로 최대의 생산성을 짜내지 못하면, 더 효율적인 경쟁자에게 뒤처질 수밖에 없다는 사실을 안다.

지역사회 운동 중 가장 큰 관심을 모은 운동은 로컬 푸드 운동이다. 1998년부터 2013년까지 미국에서 로컬 푸드 판매 시장의 수가 세 배 커졌다. 그러나 그러는 동안 다른 식품과 농산물 산업에 대한 기업의 지배력도 마찬가지로 커졌다.

미국 전역에서 로컬 푸드 소비 열풍이 불었는데도, 미국의 식품가공업 부문은 한 줌밖에 안 되는 기업들의 수중으로 더욱더 집중됐다. 4대 식료품점 체인 기업들의 식품 소매 시장 점유율은 1998년 22퍼센트에서 2010년 53퍼센트로 커졌다. 아주 위험한 수준이다.

로컬 푸드 운동은 경제적·물리적 한계가 있다. 미국인들이 모두 자기 텃밭은 가꿔 식용작물을 기르더라도 현재 미국 내 농경지의 2퍼센트도 대체하지 못한다. (게다가 사람들이 모두 자기 텃밭을 만들려면, 주택가 나무를 수도 없이 베어 내야 한다.)

현실의 얘기를 좀 더 해 보자. [미국의] 몇몇 대도시에는 군데군데

공동체 농장과 자체 신선 식품 공급망이 생겼다. 그러나 농경지가 지역마다 불균등해서 큰 한계가 있다. 예를 들어, 시골 지역이 많은 네브래스카 주(州)에는 농경지로 바꿀 만한 토지가 주민 1인당 약 1만 7천 평에 이른다. 그러나 인구 밀도가 높은 코네티컷 주의 경우에는 그런 토지가 주민 1인당 70평도 안 돼 식량을 자급자족할 수 없다.

세계적 지역사회 운동?

이런 문제를 깊이 파고든 지역사회 운동의 일부 활동가들은 이 운동이 성공하려면 생산, 소비, 권력관계, 자원 사용 방식을 심대하게 (심지어는 혁명적으로) 바꿔야 한다는 것을 깨달았다. 경제 규모를 줄여야 한다고 앞장서서 주장하는 오스트레일리아 활동가 테드 트레이너는 이렇게 말했다. "과잉 소비 문제가 너무 심각해서 이제는 소비 자본주의 사회에 대한 급진적 대안이 필요하다. 나는 그 대안을 '더 소박하게 살기'라고 이름 붙였다. '더 소박하게 살기'가 구현되면, 사람들은 대체로 소규모 농경지와 기업으로 이뤄진 지역 경제 속에서 간소하지만 풍요로운 생활양식으로 살아갈 것이다. 즉, 지역에서 필요한 것을 그 지역의 자원과 노동을 이용해 충족하는 것이다. … 여기서 가장 큰 문제는 이렇다. 이 대안이 성공하려면 사람들이 소박하고 자급자족하는 생활양식과 강력한 집산주의를 기꺼이 받아들이고, 서로 베풀고 보살피며 살 동기가 있어야 한다는 것이다."

고삐 풀린 망아지처럼 날뛰는 성장 제일주의를 뒤집으려면, 그러한 극적 변화가 정말로 필요하다. 그러나 지역 주민들의 자발성에만 기대어 그런 변화를 꿈꾼다면, 트레이너가 제시한 대안은 빈번히 심각한 문제에 봉착할 것이다. 지역 주민이 모두 자발적으로 "소박하고 자급자족하는 생활양식"으로 살겠다고 할까? 개인이 생활양식을 바꾸면 권력이 매우 불평등한 현실을 극복할 수 있을까? 지역공동체는 세계경제가 가하는 압박을 물리칠 수 있을까? 설령 한 지역에서 그런 변화가 실제로 일어난다고 해도, 그 영향력이 그 지역의 경계를 넘어설 수 있을까?

지역사회 운동의 가장 열정적인 활동가들조차 지역사회 운동이 이룩한 사회적·정치적 성과가 매우 적다는 사실을 인정한다. 트레이너도 그런 사실을 알고 있다. "현재까지 자발적 지역공동체운동은 대부분 오직 소비 자본주의 사회 틀 안에서의 개혁밖에 이루지 못했다." (영국에서 시작돼 세계로 퍼진 대안 마을 운동에 관한 연구도 이런 얘기를 뒷받침해 준다.)

트레이너의 방식보다 온건한 지역사회 운동들이 이룩한 성과는 더욱 적다. 더 친기업적인 지역사회 운동을 지지하는 밴더빌트대학교 사회학 교수 데이비드 헤스도 그것을 인정한다. "적어도 지금까지 '지역 소비' 운동은 대체로 중소기업가와 중간계급 소비자의 연합이었다. 이 운동은 가난한 사람들의 운동이 아니다."

지역 수준의 문제를 해결하는 데서도 헉헉거리는 지역사회 운동이 세계적 수준의 위기를 해결할 수 있으리라고 기대하기는 힘들다. 물론 헤스는 지역공동체들이 모범을 세우고 나머지 바깥 세계와 "공정 무역"을 하면 그런 문제를 해결할 수 있다고 주장한다. (그러나 이런 주장은 '지역 소비'라는 표어와 어긋나고, 공정무역운동이 세계적 착취 체계를 그리 바꾸지 못했다는 사실을 간과하는 것이다.)

트레이너와 그 지지자들은 지역사회 운동이 국가 경제나 세계 경제에 미치는 영향력이 작고, 환경을 보호하는 데서도 한계가 있다는 것을 잘 알고 있다. 그런데 그들은 석유 고갈이나 통제 불가능한 기후변화 같은 대재앙이 세계 자본주의에 치명타를 입혀 "현존 체제가 붕괴하면", '더 소박하게 살기'를 이미 구현한 지역공동체들이 "[사회] 재건의 기반이 될 것"이라고 기대한다.

더 나은 전망은 그렉 샤저 같은 사람들에게서 찾을 수 있다. 그들은 지역사회 운동이 정치 투쟁을 회피하며 이상화된 지역공동체를 건설하려는 데에서 벗어나야 하다고 주장한다. "세계 자본주의 권력 기구들에 맞서 지역에서 싸우고", 다른 많은 지역의 투쟁들과 연합해 "세계적 수준에서 자본주의를 넘어서려고 해야 한다"는 것이다.

자기 텃밭을 가꾸거나 '지역 소비'를 하는 것보다 이런 방식이 훨씬 더 고된 일이라는 것은 두말하면 잔소리다. 그러나 우리는 이 길을 따라야 한다. 그리고 적어도 이런 방식은 웅크리고 앉아 세계적 대재앙이 닥치기를 기다리는 것보다 훨씬 더 매력적이다.

"수영할 수 있을 때까지는 물 속에 들어가려 하지 않는 스콜라 철학자들" — 선전주의 비판

일상적 상황에서 한 사회의 지배적인 사상은 지배계급의 사상이다. 이 때문에 마르크스주의자들 — 아카데미 '마르크스주의자'들 말고 진정한 혁명적 마르크스주의자들 — 에게 가장 큰 문제 중 하나는 노동자계급의 아주 작은 소수파조차도 그들의 사상을 받아들일 태세가 되어 있지 않다는 것이다.

혁명적 사회주의자들의 영향력이 노동자계급의 극소수에 한정되어 있는 이 같은 상황은 마르크스주의 정치조직들을 흔히 교조적 종파로 변질시킨다. 자본주의는 계급투쟁을 별개의 경제투쟁과 정치투쟁으로 분리시키는 내재적 경향을 가지고 있다. 노동조합 개량주의는 이러한 분리에 기초하여 형성된다. 즉 그것은 노동자들의 생활조건의 개선을 가져오려고 — 특히 경제적 영역에서 — 노력하지만, 반면 자

이 글은 《사회주의 노동자》 2호 (1992년 7월 발간)에 실린 것이다.

본주의적 계급지배에 대한 어떠한 전면적 도전도 포기한다. 그리하여 이런 개량주의의 오물이 손에 묻을까 봐 노동자계급의 일상적 투쟁에 연루되기를* 꺼리는 또는 그것에 무관심한 초좌익적 종파들이 생기기도 한다. 이들은, 노동자계급의 일상적 투쟁은 자본주의 체제 전체가 아니라 자본주의 사회의 이 측면 또는 저 측면과만 대결하는 것이므로 효과적인 혁명 전략은 그러한 일상적 투쟁 밖에서 추구되어야 한다고 생각한다.

그러나, 노동자들의 의식 상태는 고정 불변의 것이 아니다. 노동자들은 실천을 통해, 투쟁의 경험을 통해 그들의 의식을 변화시킨다. 그렇기 때문에 마르크스주의 — '실천의 철학' — 의 창시자들은 노동자계급의 해방은 계몽된 소수가 가져다 주는 것이 아니라 노동자계급 자신의 힘으로만 쟁취될 수 있다고 선언한 것이다. 그리고, 이와 같이 노동자들의 의식이 오직 투쟁 속에서만 변화될 수 있다면, 마르크스주의자들은 단순히 사상의 선전에 자신들의 임무를 한정시키는 것이 아니라 노동자계급의 모든 일상적 투쟁에 스스로를 연루시켜야 한다.

그러나, 이것은 노동자계급이 혁명적 계급의식에 **필연적으로**, 그리고 **자동적으로** 도달함을 뜻하지는 않는다. 바로 여기서 당과 계급의 관계라는 복잡하고 어려운 문제가 제기된다. 당과 계급의 관계에 관한 마르크스주의 창시자들의 견해에는 한 가지 중대한 약점이 존재한다. 그것은 혁명적 계급의식의 형성을 자연적 과정의 필연적인 결과

---

* 우리는 '개입'이라는 말 대신 '연루', 참여' 따위의 말을 즐겨 써왔다. 그 이유는 그 동안 전투적 노조 지도자들이 자신감을 회복하지 못해 제3자 개입 금지 법 조항을 두려워했기 때문이다. 그러나, 이러한 사정은 최근에 바뀌고 있다.

로 취급하는 경향이다. 예컨대, 엥겔스는 1886년에 한 편지에서 다음과 같이 썼다.

> 중요한 것은 노동자계급을 계급으로서 움직이게 하는 것이다. 일단 이것이 이루어지면 노동자계급은 곧 올바른 방향을 발견할 것이다. 여기에 저항하는 이들은 … 모두 그들 자신의 소종파들과 함께 따돌림 속에 외톨이가 될 것이다.

이 구절과 그리고 이와 비슷한 내용의 다른 구절들은 마르크스와 엥겔스가 역사과정의 논리가 어떻게든 노동자계급이 사회주의 의식에 도달하게끔 해준다고 믿었음을 시사한다.

이러한 생각은 혁명이 자본주의 생산양식의 운동법칙 덕분에 "자연적 필연성을 가지고" 일어난다고 본 카우츠키, 그리고 혁명적 의식이 종국에 가서는 필연적으로 계급의 대중적 투쟁으로부터 솟아 온다고 본 룩셈부르크를 포함하여 그 밖의 여러 다른 사상가들의 당 이론에 깔려 있었다.

그러나, 레닌이 마르크스주의에 기여한 한가지 근본적인 사항은, 노동자계급이 사회주의 쪽으로 자동적으로 끌려가지는 않는다는 것을 그가(의식이 투쟁의 경험을 통해 변화되고, 따라서 혁명가들은 프롤레타리아트의 일상적 투쟁에 스스로를 연루시켜야 한다는 마르크스와 엥겔스의 통찰을 거부하지 않으면서) 인식했다는 점이다. 그는 선전과 선동을 둘 다 수행하고 계급투쟁에 체계적으로 개입할 수 있도록 편제된 당만이 혁명적 의식의 형성을 위한 촉매 구실을 할 수 있다는 결론을 끌어냈다. 이것은 혁명가들이 노동자들의 자생적 투쟁을 무시해도 좋다는 뜻이 아니라 — 오히려 그 반대로 혁명가들은 이러한 투쟁 속에 스스로를 던져야 한다 — 혁명적 당이 없이는 이러한 투쟁이 성공적인 결말, 즉 정치권력의 장악에 이르도록 철저히 전개될 수 없다는 것을 뜻하는 것이다. 그 같은 당은 개량주의자들과 중도주의자들이 발붙일 여지가 없는, 혁명적 사회주의에 대한 확고하고 비타협적인 헌신성을 객관적 상황의 변화, 특히 '살아있는 운동'의 변화에 조응할 수 있을 만큼 충분한 전술적 유연성과 결합시켜야 할 것이다. 이것은 세가지 조건을 요구한다. (1) 현실의 변화를 설명하고 선취할 수 있는 과학적 분석. (2) 당이 대중투쟁에 참여하여 그것에 영향을 미칠 수 있게 할 만큼 계급 속에 충분히 깊고 유기적인 뿌리를 내리기. 그러기 위해 노동자들이 겪는 일상적 착취와 억압과 소외에 맞서 그들과 함께 싸우기. (3) 그리고 객관적 상황에 대한 평가에 바탕을 둔 결정들이 민주적으로 도달되고 체계적으로 실행될 수 있게 해 줄 조직구조.

이러한 새로운 형태의 당, 즉 레닌주의 당은 1917년에 그 실천적 효율성을 입증하였다. 공산주의 인터내셔널(코민테른)의 창건은 혁명을 서유럽으로 확산하려는 것뿐만 아니라 그렇게 하는 과정에서 러시아 경험의 교훈을 일반화시키려는 볼셰비키 지도자들의 시도를 반영하는 것이다. 이 시도의 한계와 결함이야 어떠했든 간에 코민테른의 초기 시절은 혁명가들이 단순히 사회주의 사상을 전파하는 것이 아니라 자본과 노동 사이의 일상적 투쟁에 스스로를 연루시켜 대중적 지지를 획득하기 위해 혁명 정당들을 건설하려 한 가장 진지한 시도가 행해졌던 시기였다.

당시 레닌이 노동조합에 스스로를 연루시키기를 거부하거나, 또는 의회에 후보를 내보내기를 거부하는 '좌익' 공산주의자들에게 비판의 포화를 주로 집중시킨 것은 놀라운 일이 아니다. 《'좌익' 공산주의-소아병》은 혁명가들이 노동자계급 대중의 대중적 지지를 획득할 수 있음을 입증해 보이려 한 레닌의 가장 체계적인 시도였다. 혁명가들은 "프롤레타리아 혹은 반(半)프롤레타리아 대중이 존재하는 제도들, 협회들, 그리고 단체들에서 — 심지어는 가장 반동적인 곳에서도 — 체계적으로, 끈기 있게, 집요하게, 그리고 참을성 있게 선동과 선전을 수행해야" 한다. 나아가 노동자계급을 혁명 쪽으로 획득하려면 "선전과 선동으로는 충분치 않다 … 그것을 위해서는 대중이 그들 자신의 정치적 경험을 가지지 않으면 안 된다. 그것이 모든 위대한 혁명들의 근본법칙이다."

그러므로, 혁명 정당의 시금석은 단순히 그것의 "계급의식과 … 혁명에 대한 헌신성"에 있는 것이 아니라 "가장 광범위한 근로 인민대중과의 연결을 이루어내고, 그들과의 가장 긴밀한 접촉을 유지하며, 그리고 — 원한다면 — 일정 정도 그들과 융합하는 능력에", 그리고 "이러한 전위가 행사하는 정치적 지도의 올바름에, 전위의 정치 전략.전술의 올바름 — 광범위한 대중이 이것이 옳다는 것을 **그들 자신의 경험으로부터 알게 될 때** — 에" 있다. 혁명 정당에 대한 이러한 인식에 기초하여 1921년 코민테른 제3차대회에서는 혁명가들의 지도 능력을 실천 속에서 입증해 보이는 동시에 노동자 대중에게 부분적 투쟁의 교훈을 끌어내주기 위해 공산주의자들이 제한된 요구를 중심으로 개량주의 노동자들과 함께 나란히 싸울 수 있는 수단으로서 통일전선 전략·전술이 강조되었다.

《'좌익' 공산주의》는 독일과 이태리의 초좌익적 선전주의 대표자들을 또한 겨냥한 것이다. 이탈리아 사회당의 좌익이 탈당하여 1921년에 창건한 이태리 공산당의 초기 시절의 지도적 인물은 아마데오 보르디가였다. '좌익' 공산주의자 가운데 아마 가장 유능한 인물이었던 보르디가는 경제적 상황이 대중을 공산당 쪽으로 몰아갈 때 혁명이 일어나는 것으로 파악하였다. 그는 혁명가들의 임무는 혁명적 동란의 시기를 기다리면서 자신들의 교리적(敎理的) 순수성을 지켜내는 것으로 여겼다. 보르디가는 노동현장(직장) 조직에 대해 특히 적대적이었는데, 그는 그것이 "협동조합주의"와 "경제주의"를 조장한다고 주장하였다. 또한 그는 공산주의 공장세포의 조직에도 반대하였으며, 소비에트가 지리적 노선들을 따라 조직되어야 하고 부르주아 의회와 동일한 기초 위에서 선출되어야 한다고 주장하였다. 그는 사회민주주의를 부르주아지의 좌익일 뿐이라고 치부하여 그것과의 어떠한 통일전선에도 반대하였으며, 파시즘과 의회체제 사이에 아무런 차이도 없다고 주장하여 독일 공산당이 10년 후에 했던 것과 동일한 파멸적 오류를 범했다.

이탈리아 공산당의 지도자인 보르디가에 도전하여 그의 자리를 대신하게 된 그람시가 보르디가와 벌인 논쟁의 의의는 혁명 정당의 임무에 대해 그람시가 행한 체계적인 정식화에 있다.(이것은 나중에 《옥중수고》에서 헤게모니 문제에 대한 그의 천착에 깃들어 있다.) 1924년에 그는 보르디가 지도 하에서 다음과 같은 상황이 일어났다고 불만을 토로하였다.

당이 선동과 선전의 유기적 활동을 결여하고 있다. … 대중을 촉발하려는 아무런 시도도 이루어지고 있지 않다. … 당이 혁명적 대중의 자생적 운동과 중앙의 조직 및 지도 의지가 수렴되는 변증법적 과정의 결과로 비치고 있지 않다. 당이 한낱 공중에 떠도는 어떤 것으로 비치고 있다. 즉 사정이 좋아지고 혁명적 물결이 최고조에 도달할 때, 혹은 당 중앙이 공세를 개시하기로 결정하여, 대중을 분기시키고 그들을 행동으로 나아가게 하기 위해 대중의 수준으로 몸을 굽힐 때 대중이 들어 올 어떤 것 말이다.

제1차 세계대전 말에 토리노에서 자신의 공장평의회 운동 경험에 심대하게 영향 받은 그람시의 당 개념은 그가 당 총서기로 되고 나서 리용에서 있은 1926년 당 대회에서 가장 완전하게 개진되었다. 그는 "당이 노동자계급과 하나로 되는 것은 단순히 '물리적' 성격의 유대에 의해서가 아니라"고 주장하였다. 달리 말하면, 당은 무엇보다도 노동자계급의 **일부**이지, 결코 노동자계급을 대표하는 "기관"(보르디가는 당을 이런 식으로 표현했다)이나 노동자계급의 위에서 "공중에 떠도는" 것이 아니다. 그람시는 공산당 내 "극좌파"(보르디가와 그의 추종자들)가 당을 프롤레타리아트로부터 떨어져 있는 지식인들의 소유로, 계급의 일상적 투쟁에서 자신들의 손을 더럽히기를 싫어하는 순수한 이론의 담지체로 본다고 비판하였다. 이와 대조적으로 "우리의 견해로는 노동자계급의 조직자는 노동자들 자신이어야 한다. 그러므로, 당에 대한 정의(定義)에서 당과 당을 배출시키는 계급 양자의 관계의 친밀성을 부각시키는 부분을 특히 강조하는 것이 필요하다."

그람시는 공산당의 프롤레타리아적 구성과 공장 조직은 공산당의 임무를 반영한다고 주장하였다. 이 임무는 리용대회에서 채택된 테제에서 개진되었다.

36. 계급을 지도하는 능력은 당이 그 자신을 계급의 혁명적 기관이라고 '선포'하는 데 있는 것이 아니라 당이 노동자계급의 일부로서 자신을 그 계급의 모든 부분들에 연결시키는 동시에 객관적 조건에 맞는 방향으로 나아가는 운동을 대중에 각인시키는 데 '현실적으로' 성공하는 것에 있다. 당은 대중 속에서 자신의 활동의 결과로서만 대중으로 하여금 자신을 '그들의' 당으로 승인하게 할 수 있으며(다수를 획득하는 것), 그리고 이러한 조건이 실현될 때에야 비로소 당은 자신의 뒤에 노동자계급을 끌어들일 수 있다고 자처할 수 있다.

37. 당은 근로대중이 모이는 모든 조직들로 침투함으로써, 그리고 그 속에서 계급투쟁의 프로그램에 맞춰 역량을 체계적으로 동원하고, 다수를 공산주의적 방침 쪽으로 획득하는 것을 겨냥한 활동을 수행함으로써 계급을 지도한다.

혁명 정당에 대한 이러한 인식에 기초하여 리용테제는 공산주의 활동을 위한 일련의 구체적 제안들을 제출하였다. 거기에는 노동조합에서의 활동, 파시즘에 맞서 개량주의자들과 함께 하는 공동 활동, 북부 프롤레타리아트와 남부 소농 사이의 동맹을 발전시키는 일, 소비에트의 맹아인 공장평의회의 결성 등이 있었다.

이상에서 본 것처럼, 레닌과 그람시의 당 개념은 선전활동이 혁명 정당을 건설하는 유일한 또는 주된 수단을 제공한다는 선전주의의 당 개념과는 근본적으로 다른 것이다. 물론, 혁명가들이 할 수 있는 일이라는 것이 그저 선전을 수행하는 것일 수밖에 없는 상황이 존재한다.(장기 호황으로 노동자계급의 투쟁이 완전히 가라앉아 있던 50년대와 60년대의 영국 국제사회주의 경향이 처한 객관적 상황이나 혹은 조직원이 30명도 채 안 되는 초소규모였고 일반 이론과 사상의 확립이 시급했던, 1991년 소련 쿠데타 이전의 국제사회주의 그룹의 주체적 조건이 그러했다.) 그러나, 그때조차도 혁명가들은 투쟁이 일어나는 곳에서는 어디서든 스스로를 연루시킬 모든 기회를 찾으려 해야 한다. 혁명가들이 단순히 책을 읽고 토론하는 것에 의해 '훈련'될 수 있다고 믿는다면 그것은 잘못되어도 한참 잘못된 생각이다. 오래 전에 헤겔은 "수영할 수 있을 때까지는 물 속에 들어가려 하지 않는 스콜라철학자들"을 조롱한 적이 있다.

혁명가들은 그들의 손을 '더럽힐', 즉 노동자들의 투쟁에 스스로를 연루시킬 준비가 되어 있어야 한다. 그리고 비록 이러한 투쟁이 자본주의 체제 전체에 도전하지 않는 제한된 요구를 중심으로 한 것일지라도, 그리고 투쟁에 관련된 노동자들의 대부분이, 예컨대 여성의 지위나 지역감정 또는 인종 등과 같은 문제에 관해 반동적인 사상을 가지고 있다 하더라도 그들이 행동 쪽으로 이끌린다는 것은 무조건 좋은 일이다. 대중의 사상은 그것이 반동적이건 개량주의적이건 간에 오직 투쟁 속에서만 변화될 수 있다. 혁명가들에게 최선의 훈련은 자본과 노동 사이의 일상적 투쟁에 연루되는 것이다. 그리고, 그렇게 함으로써만 노동현장(직장)에 뿌리내린 조직된 혁명적 사회주의자 그물망(네트워크), 즉 당을 건설하는 것도 가능해진다.

파업은 낡은 무기인가?

부르주아 언론들은 한결같이 올해 노동자 투쟁이 거세게 불거져 나올지도 모른다고 걱정스러워하고 있다. 그들의 말마따나 노동자들의 반감이 커지고 있는데도 양보의 여지는 점점 줄어들고 있기 때문이다. 지금 물밑에서 대중의 분노가 흐르고 있다.

노동자들이 자신의 요구를 쟁취하기 위해 정부와 사장의 힘에 도전하는 가장 효과적인 방법은 무엇일까? 그것은 두말할 것도 없이 파업이다.

그러나 몇 년 전부터 파업이 노동자들이 사용하기에는 너무 낡아 버린 무기라는 주장이 등장하기 시작했다. 파업은 주로 노동자 운동의 초기에 등장할 수 있으며 이내 그 효과가 사라진다는 것이다. 그래서 서구에서는 20세기 초반까지 격렬한 파업이 있다가 사라지고 파업을 통하지 않고도 노동자들이 영향력을 발휘할 수 있는 방식이

이 글은 《사회주의 평론》 8호(1996년 3~4월)에 실린 것이다.

정착되었다고 주장한다. 따라서 이제 '할 만큼 한' 이 나라 노동자들도 파업이라는 낡은 무기를 버리고 제도화된 기구를 통해 정치적인 영향력을 발휘할 수 있는 방법에 의존해야 한다는 것이다.

이런 주장에 동감을 보내는 다수의 민주노조 지도자들과 좌익들은 작년 노동자 투쟁 때 정부에게 "대화와 협상"을 요구하는 한편으로 신문 광고나 점심 시간을 이용한 집회 등 소극적이고 방어적인 형태의 행동을 제안했다.

그러나 이들의 주장과는 달리 지난 2백 년 동안, 세계 모든 나라에서 노동자 투쟁의 주된 방법은 파업이었다. 작년 겨울에도 프랑스 노동자들은 대규모 파업을 벌였다. 이 나라 노동자들도 1987년 노동자 대투쟁 이후 해마다 파업을 벌여 왔다. 파업이 가장 효과적인 방법이기 때문이다.

노동자들은 왜 파업을 하는가

파업이란 "분노를 표현하거나 요구를 관철시키기 위해 피고용자 집단이 일시적으로 작업을 중단하는 행위"이다. 이 정의에서 각각의 요소들이 중요하다.

파업은 **일시적인 중단**이다. 노동자들은 파업을 마치면 작업장으로 되돌아 가야 한다. 자본주의 체제 안에서 파업은 끝없이 계속될 수 없다.

파업은 **작업의 중단**이다. 이것은 기본으로 잔업 거부나 태업과는 구별된다.

파업은 피고용자 집단이 행하는 집단적 행동이다. 그 집단이 고용된 사람들이란 사실이 중요하다. 학생이 수업에 들어가지 않거나 약사들이 자신들의 이익을 위해 영업을 중단하는 것도 파업이라고 부르지만 말만 같을 뿐이다.

마지막으로 파업은 거의 대부분 분노를 표현하거나 아니면 요구를 관철시키기 위한 의식적인 행동이다.

지배자들이 주장하는 것처럼 파업은 "불순세력"이나 "분별없는 극단주의자들"이 "사주, 획책"하는 전술이 아니다. 파업은 자본주의 경제체제의 가장 근본적인 특징에서 비롯하는 것이다.

자본주의 사회는 토지, 공장, 도구 등을 소유·통제하는 자본가 계급과 자신의 노동력을 판매함으로써만 생계를 유지할 수 있는 노동자 계급으로 나뉘어 있다. 자본가들은 노동자들이 생산한 것 가운데 겨우 먹고 살 만큼의 임금만을 노동자들에게 주고, 나머지는 모두 자신이 갖는다.

자본가들은 자신이 가져가는 몫을 늘리기 위해 될수록 적은 임금으로 될수록 많은 노동을 노동자들한테서 뽑아내려고 발버둥친다. 이론으로는, 노동자 역시 될수록 임금을 많이 지불하는 자본가에게 자신의 노동력을 팔 자유가 있다. 그러나 현실에서 자본가와 노동자는 동등한 계약 관계를 맺고 있지 않다. 노동자들이 가진 자유는 오로지 실업자가 될 자유일 뿐이다.

그러므로 노동자가 혼자서 자본가와 거래를 하고 임금을 둘러싼 투쟁을 벌일 수는 없다. 노동자들은 적은 임금으로 많은 일을 시키려는 자본가에 맞서 자신들의 요구를 공동으로 지켜낼 수밖에 없다.

이때 노동자들이 의지할 기본 수단은 집단적으로 작업을 중단하는 것이다. 파업은 사회의 모든 가치를 노동자들이 생산하며, 노동자들이 일을 멈춘다면 자본가들의 몫도 더 이상 만들어지지 않는다는 것을 보여 준다.

종종 자본가들도 작업을 중단(직장폐쇄)할 수 있다. 그러나 자본가들은 직장을 폐쇄하지 않고도 노동조건을 변화시킬 수 있는 합법적인 권리를 가지고 있으므로, 노동자들의 작업 중단이 더 흔히 일어난다. 현실의 변화를 원하거나 자본가가 도입한 변화에 반대하는 노동자들은 작업을 중단하고 주도권을 잡는 것이 매우 중요하다.

지배자들은 왜 파업을 두려워하는가

자본가들은 다음과 같은 이유에서 노동자를 고용한다. 첫째, 이윤을 위해 직접 팔 수 있는 재화와 서비스를 생산하기 위해서 노동자를 고용한다. 둘째, 비록 직접 이윤이 생기지는 않지만 다른 분야의 이윤 획득을 뒷받침하는 데 필요한 서비스를 제공하기 위해서 노동자 — 간호사, 교사 등 — 를 고용한다. 셋째, 자본가들 자신을 위한 서비스를 제공하기 위해 노동자 — 파출부, 운전기사 — 를 고용한다.

각 경우에서 일어나는 파업은 자본가들이 노동자들을 고용하는 근본 목적, 즉 이윤 획득을 가로막는다. 지배자들이 파업을 그렇게 비난하는 이유도 그것이 자신들의 이윤에 타격을 주기 때문이다. 파업이 장기간 지속될수록 자본가들은 더 큰 손실을 입는다.

노동자들이 파업을 할 때 자본가들은 경제적 손실이 얼마인지를 계산하고 언론을 통해 이를 강조하여 발표한다. 이런 발표는 종종 자본가들이 노동자들의 생산물 가운데 얼마나 많은 양을 빼앗아 가는지를 확인해 준다.

그러나 자본가들이 파업에서 입은 손실을 간단한 수치로만 계산할 수는 없다.

파업에 대한 공식 통계 방법 가운데 하나인 손실된 노동일수 — 이 명칭은 파업을 하지 않았으면 일하는 데 사용되었을 시간이라는 뜻이기 때문에 나쁜 속셈이 깔려 있다 — 를 예로 들어보자. 이 수치는 파업 참여 노동자의 수에다 그들이 파업한 날을 곱해서 계산한다.

손실된 노동일수는 자본이 처해 있는 조건에 따라 다른 영향을 끼칠 수 있다. 재고가 많이 쌓여 있지만 팔릴 전망이 보이지 않는 불황기에는 자본가들이 파업으로 입는 손해가 호황기 때보다 더 작다. 하지만 빨리 생산하여 팔아야 하고 또 그럴 수 있는 호황기 때 자본가들이 입는 손실은 노동일수보다 더 크다. 그래서 호황 때 자본가들은 파업이 장기간 지속되지 않도록 노력한다.

또, 상호 의존성이 높은 산업에서 일어나는 파업의 충격은 대부분 처음 파업이 일어난 기업의 차원을 넘어 서기 때문에 자본가가 입는 손실은 노동일수보다 훨씬 더 크다. 자동차 산업의 경우, 일부 노동자들이 파업을 해도 작업장 전체가 멈출 수밖에 없다. 이때 자본가들이 입는 손실은 노동일수보다 훨씬 크다.

자본가들이 파업을 두려워하는 이유를 단지 경제적인 손실만으로 얘기할 수는 없다. 노동자들은 파업을 통해 더 이상 고분고분한 임금노예로 있기를 거부하기 시작하고, 자신감을 갖게 되며 단결의 중요성을 깨닫게 되기 때문이다.

이러한 경제·정치적 이유 때문에 자본가들은 온갖 방법을 동원하여 파업을 비난하고 파괴한다. 파업에 대한 지배자들의 반응은 아주 신경질적이다. 지난해 한국통신 노동자들이 파업을 하려고 했을 때 김영삼은 그것을 "국가전복" 의도라고 비난했다. 1987년에 노동자들의 파업 물결이 전국을 휩쓸자 전경련은 "이번 노동쟁의는 노동관계법은 물론 기본 질서와 윤리·도덕·관행을 완전히 무시한 혁명적 색채가 농후하다."고 비난했다.

또 파업에 대해 온갖 규정을 두어, 거의 모든 파업을 불법으로 만들어 놓았다. 조합원 가족 등 외부인이 참여하는 파업, 정치적 요구를 내건 파업, 타사업장 지원을 위한 연대파업, 교사와 공무원의 파업 등을 금지하고 있다. 무노동무임금도 파업을 가로막기 위한 한 방편이다.

파업의 효과

파업은 집단적으로 결정하고 집단적으로 실행하는 집단행동이기 때문에 중요하다.

노동조합에서 벌이는 다른 어떤 형태의 행동도 그렇게 많은 노동자들을 포함하지는 못한다. 또 다른 어떤 형태의 행동도 그렇게 응집력 있게 노동자들을 끌어 모으지는 못한다. 특히 이 나라에서 그동안 벌어진 파업들은 규모도 크고 지속일수도 길었다. 대부분의 사업장에서 전체 노동자의 50%, 조합원의 80% 이상이 파업에 참여하였고 대체로 20일 정도 지속되었다.

파업은 자본가들을 가장 효과적으로 위협하는 방법일 뿐 아니라 노동자들의 의식을 급속하게 변화시킨다. 계급 사이의 긴장이 크고, 규모가 크며 장기간 지속되는 파업에서 특히 그렇다. 파업은 많은 개인들이 이전의 경험을 뛰어넘어 행동에 직접 개입하도록 고무한다. 노동자들이 파업에 직접 개입하는 것은 자신의 행동을 변화시키는 데서 결정적인 역할을 한다. 예컨대 산업행동의 필요성에 대해 회의적이던 화이트칼라 노동자가 파업 동안에 자본가의 행동을 경험하고는 비타협적이고 전투적인 조합원으로 바뀔 수 있다.

파업은 노동자들에게 자신이 혼자가 아님을 깨닫게 하고 단결을 가르친다. 파업은 노동자들이 힘을 합할 때만 자본가에 맞서 투쟁할 수 있으며, 단결의 힘이 얼마나 위대한가를 보여 주기 때문이다.

또 파업은 자신의 고용주나 자기 주위에 있는 동료들에 대해서뿐 아니라 자본가 계급 전체와 노동자 계급 전체에 대해 생각할 수 있는 기회를 준다. 노동자들은 파업을 하면서 정부와 법의 계급적 본질에 대해서도 눈 뜰 수 있다. 파업이 일어나면 정부는 목소리를 높여 노동자들을 비난하며, 경찰은 파업을 파괴하고 노동자들을 잡아들이기 위해 사업장에 들이닥친다. 이렇게 되면 평소에 가려져 있던 계급의 이해관계가 표면에 떠오른다.

파업은 거기에 직접 참여하는 노동자들을 변화시킬 뿐 아니라 참여하지 않은 노동자들에게도 영향을 끼친다. 파업은 단지 소극적인 지지뿐 아니라 적극적인 지지를 끌어낸다. 파업은 다른 사업장으로 투쟁을 확산시키는 **연대의 초점**이 된다. 한 집단의 노동자들이 행동을 취할 때, 다른 집단들은 모금을 하거나 파업을 보호하는 피켓을 형성하는 등 각종 지원을 통해 서로 가까워질 수 있다.

한 부문에서의 파업이 다른 부문으로 재빨리 확대될 수 있는, 상호의존성이 높은 산업이나 같은 계열사에서는 특히 그렇다. 예컨대 1994년에 철도 노동자들은 서울지하철 노동자들의 파업에 연대하여 동조파업(블랙킹)을 벌였다.

이것이 바로 지배자들이 두려워하는 것이다. 그들은 파업이 확대될까봐 제3자개입을 금지하고, 연대파업을 불법으로 못박고 있다. 뿐만 아니라 정부는 최근 몇 년 동안 연대의 초점이 될 수 있는 사업장을 선제 기습공격하여, 나머지로부터 고립시킨 뒤 탄압하는 방식을 펴 왔다.

계급 전쟁의 학교

파업은 자본가들의 이윤에 타격을 준다는 점, 노동자들의 집단행동이라는 점, 그리고 연대의 초점이 될 수 있다는 점에서 노동자 투쟁의 가장 효과적인 무기라고 할 수 있다.

어떤 사람들은 파업이 너무 제한된 쟁점에만 머물러 있고 정치적인 영향력이 없다고 주장한다. 그러나 이미 앞에서 살펴 보았던 것처럼 노동자들의 작업 중단은 자본주의 경제를 마비시킨다는 점에서 위력적인 힘을 가지고 있다.

지배자들은 노동자들의 파업이 확산되지 않도록 주의를 기울이는데 이것은 정치적인 행동이다. 거꾸로 말하면 파업이 새로운 투쟁을 잉태하는 연대의 초점이 될 수 있다는 것 자체가 이미 정치적인 영향력이다.

물론 파업의 무한한 확대를 통해 사회를 완전히 바꿀 수는 없다. 파업이 언제까지 계속될 수는 없다. 얼핏 보아 협상이 불가능해 보였던 파업도 언젠가는 협상을 하기 마련이다. 임노동의 철폐를 주장하지 않는 한 이것은 당연하다. 그 때문에 어떤 조건을 수용할지를 둘러싸고 회사와 노동조합 사이에서, 그리고 회사 안에서, 노동조합 안에서 갈등이 발생한다. 결국 시간이 조금 흐른 뒤 협상을 받아들이는 '온건파'가 전면에 등장하게 된다.

파업은 노동자 계급의 자기해방을 위한 투쟁 수단의 하나이지 유일한 수단은 아니다. 그러나 노동자들은 파업을 통해 사회를 변화시킬 수 있다는 자신감을 갖고 의식을 변화시킨다. 파업은 단결을 가르치고, 전체 노동자 계급의 투쟁에 대해 생각하도록 가르친다. 엥겔스는 영국 노동자들의 파업에 대해 이렇게 말했다. "단 한 사람의 부르주아를 굴복시키기 위해 이 정도의 고난을 견디는 사람들은 전체 부르주아지의 권력을 타도할 수 있을 것이다."

노동자들은 미래의 계급 전쟁에서 필요한 것들을 파업을 통해 배운다. 파업은 계급 전쟁 그 자체는 아니지만, 자신의 적에 대해 투쟁을 일으키는 법을 배우는 계급 전쟁의 학교이다. 그렇기 때문에 파업은 여전히 다른 어떤 것보다 중요한 노동자 계급의 무기이다.

비판적 지지란 무엇인가?

원칙과 현실의 긴장

사회주의자는 계급에게 솔직해야 한다. 그렇다고 사회주의자가 도덕적인 정직성을 미덕으로 여긴다고 지레 짐작할 필요는 없다. 그러기는커녕 사회주의자들은 (부르주아) 도덕주의를 노동자 계급의 대의라는 입장에서 비판한다.

다음의 두 사례를 비교해 보면 이 말의 의미가 더 분명해질 것이다.

미국의 초대 대통령이었던 조지 워싱턴이 어렸을 때, 도끼의 날을 시험하기 위해 아버지가 가장 아끼는 나무를 찍었다. 그리고 나서 아버지에게 자신의 잘못을 솔직하게 말했다. 아버지는 조지 워싱턴의 정직성에 감탄해 그의 실수를 용서했다.

―――

이 글은 《사회주의 평론》 5호 (1995년 9-10월)에 실린 것이다.

러시아의 혁명가 레닌은 오흐라나(정치경찰)의 공격으로부터 피해를 최소화하기 위해 온갖 수단을 사용했다. 그 가운데에는 프락치로 의심되는 자에게 거짓 정보를 흘리는 것도 있었다. 뿐만 아니라 사회주의자들이 노동조합에서 활동하기 위해 부득이한 경우에는 "갖가지 책략, 교묘한 꾀, 비합법적 방법, 진실에 대한 침묵이나 은폐에 호소할 수 있어야만 한다."고 충고했다.

누가 더 솔직한가? 조지 워싱턴인가 아니면 레닌인가? 누군가 이렇게 묻는다면 그는 부르주아 도덕주의를 판단 기준으로 삼고 있음이 틀림없다. 사회주의자라면 이렇게 말할 것이다. 누가 바리케이드 이 쪽에 있는가? 누가 진정 노동자 계급의 이해를 대변하려고 하는가? 레닌인가 조지 워싱턴인가?

사회주의자가 계급한테 솔직해야 한다는 말은, 마르크스가 《공산당 선언》 마지막 부분에서 말했듯이, "공산주의자들은 자신의 견해와 의도를 감추는 것을 경멸 받을 일로 여긴다."는 뜻이다. 요컨대 자신의 정치를 숨기지 말라는 것이다.

도덕주의의 속박에서 풀려났다면 이제 왜 계급에게 솔직해야 하는가 하는 질문을 던질 차례이다. 마르크스주의 원칙을 비타협적으로 날카롭게 주장하기만 하면 만사형통이 아닌가? 굳이 공통점과 차이점을 모두 밝히려고 머리를 쥐어짤 필요가 있을까? '깨끗한' 자본주의가 아니라 사회주의가 필요하다, 임금 인상이 아니라 임금 제도 철폐를 추구해야 한다, 체제 내에서 여성의 권리 향상이 아니라 사회주의를 위한 투쟁이 중요하다, 노동조합으로는 안 되며 소비에트가 진정한 대안이다, 선거는 별 볼 일 없으며 오직 계급투쟁을 통해서만 권리를 쟁취할 수 있다 등등.

사회주의자들이 원칙을 강조하는 것은 참으로 중요하며, 또한 그래야만 한다. 사회주의자들도 몇 가지 세부적인 문제에서는 얼마든지 틀릴 수 있다. 하지만 장기적인 문제에서, 큰 줄기에서, 원칙에서 잘못된다면 용서받기 어려울 것이다. 얕은 냇가에서는 한두 번 수영을 잘못해도 익사하지 않는다. 하지만 깊은 강물이나 바다에서는 단 한 번의 실수가 생사를 결정한다.

하지만 현실에는 원칙만으로는 이해되지 않는 게 너무 많다. 레닌의 말을 빌면,

역사 일반과 특히 혁명의 역사는 최상의 당, 즉 최고로 선진적인 계급의 최고로 계급의식적인 전위가 상상하는 것보다 더 풍부한 내용을 가졌고 더 다채로우며 더 여러 형태이고 더 교묘하다.

이 얼마나 멋진 말인가!

체르니셰프스키가 말했듯이, "정치적 행동이란 네프스키 거리의 포장도로가 아니다." 때로 역사에서는 "예기치 않은 사건"이 결정적인 역할을 하기도 한다. 프랑스 군부의 반동적인 음모였던 드레퓌스 사건은 프랑스를 내전 일보직전으로 끌고가기도 했다.

더군다나 역사적 경험은 지금처럼 계급세력 균형이 팽팽한 시기에는 작은 불꽃 하나가 대중을 일깨우는 거대한 불길로 타오를 수 있음을 보여 준다.

그 반대의 경우도 있다. 누구나 승리를 낙관하고 희망에 가득 차

공장과 거리에서 투쟁의 축제를 벌일 때, 정치적 대안의 부재로 말미암아 반동의 역습을 당하기도 한다. 1961년 박정희 쿠데타와 1973년 칠레의 피노체트 쿠데타가 이런 경우에 속한다.

자본주의는 소수가 다수를 지배하는 사회이다. 이러한 진실을 은폐하기 위해 정치가와 사장 들은 세상의 갖은 거짓말과 이데올로기를 동원한다. 그래서 정치가들을 희대의 거짓말쟁이라고 부르지 않던가! 그렇기 때문에 현실은 모순적이고 불합리한 것이다. 세상이 이러한데, 단지 이성만으로, 원칙만으로 대중을 설득할 수 있겠는가? 현실을 외면한 채 원칙의 순결성만을 주장한다면 그는 깊은 산속 수도원에 있는 '마르크스주의 수도사'임을 스스로 폭로하는 셈이다.

마르크스주의자는 노동자 계급만이 혁명의 유일한 주인공이라고 주장한다. 기업주들은 역사의 진전을 가로막는 반동적인 세력이다. 사회의 나머지 세력들은 자석의 양극 사이에 있는 쇳가루 같은 존재이다. 그런데 현실의 노동계급이 그런가? 잠재력과 현실은 일치하기도 하지만 역사의 많은 시간 동안은 일치하지 않았다.

그들은 다양한 계급의식을 가지고 있다. 노동조합에는 국제사회주의자들(IS)을 지지하는 소수의 급진적인 노동자들이 있는가 하면 김영삼을 지지하는 후진적인 노동자들도 있다. 대부분의 노동자들은 혼재된 계급의식을 가지고 있다. 투쟁이 상승할 때에는 급진적인 주장에 귀를 기울이기도 하지만, 일상적인 시기에는 불만은 있으되 행동으로 나서는 것은 꺼린다.

"선진 조국의 산업 역군"으로서의 뿌듯한 자부심을 갖고 일을 하다 얄팍한 월급 봉투에 화가 치밀어 소주 한 잔을 걸치기도 한다.

그리고 세상의 온갖 찌꺼기와 더러움에 울분을 터뜨린다. 그러나 또 다시 아침이 되면 사무실과 공장에서 예전처럼 일을 시작한다.

그람시가 말했듯이, 현실의 노동자들은 투쟁의 경험과 일상의 경험을 함께 갖고 있다. 이 모순된 의식은 집단적으로 표현되기도 하지만 한 사람의 노동자에게서도 나타난다.

그런데 사회주의자가 이런 노동자를 만나서 (추상적)원칙만을 쏟아붓는다면 과연 그 노동자는 어떤 반응을 보일까? 아마 열에 아홉은 고개를 갸우뚱하거나 지겹고 따분해서 다시는 만나고 싶지 않다는 생각을 할 것이다.

사회주의자들은 대중의 생각과 정서를 이해하려고 끊임없이 노력해야 한다. 트로츠키는 "가장 중요한 시기에 혁명 지도부의 기예 가운데 십중팔구는 대중의 분위기를 알아차리는 방법이다." 하고 말했다. 물론 대중의 정서를 이해하는 데 가장 좋은 계기는 투쟁이다. 전투를 벌일 때에만 사회주의자들은 대중이 진짜로 무엇을 생각하고 무엇을 원하는지 잘 알 수 있다.

노동자 운동이 순수하고 고르게 발전한다면 사회주의자들은 어려움을 훨씬 덜 겪을 것이다. 예컨대 파업하는 노동자가 동성애자에 대한 편견에 가득 찬 발언을 했다. 이럴 때 사람들의 반응은 다양하다.

어떤 사람은 그 노동자를 파업 대열에서 쫓아내자고 한다. 이것은 순진하고 경험 없는 사람들의 종파적 태도이다. 왜냐하면 동성애자에 대한 편견을 가지고 있다고 하더라도 그 노동자는 계급의 일부이기 때문이다.

또 어떤 이는 못 들은 척하면서 딴청을 부린다. 이것은 기회주의적 태도이다. 투쟁, 투쟁 하며 쫓아다닐 수는 있어도 투쟁이 제기하는 정치적 문제들에 대해서는 침묵하기 때문이다. 침묵은 금이 아니다.

하지만 당신이 진지한 사회주의자라면 잘못된 사상과 싸워야 한다. 그래서 그를 설득하면 더할 나위 없이 좋은 일이고, 설령 그렇지 못하더라도 그를 파업 대열에 꼭 붙들어 매야 한다. 그리고 사장과 경찰에 대항해 그와 함께 싸워야 한다. 왜냐하면 노동자들은 스스로 행동하면서 기존에 자기가 가졌던 세계관과 모순을 느끼게 되기 때문이다. 물론 이것은 행동만 하면 모든 사람이 언제나 혁명적 세계관을 획득한다는 뜻은 아니다. 거기에는 사회주의자가 있어야 한다.

다음의 예도 그 본질은 다르지 않다. 지난 9월 22일 전국자동차노동조합총연합 준비위는 정부가 한미 자동차협상에서 굴욕적인 태도로 일관하고 있다며 앞으로 더 많은 양보를 한다면 시한부 파업을 하겠다고 말했다. 자총련의 요구는 모순적이다. 한편으로는 감원과 실업을 우려하면서 다른 한편으로는 국가 간의 협상에서 자국 정부의 우위를 요구하고 있기 때문이다.

영국의 브라이틀링시(Brightlingsea)라는 해안 도시에서 중간계층 사람들이 "동물해방"을 주장하며 정부의 가축 수출 트럭을 몸으로 저지하면서 격렬하게 싸운 적이 있다.

처음에 그 투쟁은 토리당 목축 기업가들과 그 정부에 반대하여 일어났는데, 다른 이유들로 불만과 분노에 차 있던 노동자들이 그 투쟁의 중심으로 결집했다. 그러자 곧 그 투쟁은 국가적 초점이 되는 상황으로까지 번졌다. 상황이 이렇게 되자 영국 사회주의노동자당

(SWP)은 "유연하게" 그 투쟁에 연루했다!

노동자가 정치적 각성을 하는 계기는 여러 가지이다. 단지, 김영삼을 싫어한다는 이유만으로도 사회주의자가 될 수 있다. 그리고 민족주의를 통해서 자본주의를 반대하는 길로 나설 수도 있다. 처음에는 단 한 가지 이유만으로 싸웠지만, 그 과정에서 체제에 대한 총체적 반대로 변화할 수 있다. 마르크스주의자들은 언제나 의식의 변화 가능성을 믿는다.

일반으로 말해서, 사회주의자들은 운동의 더 큰 단결을 원한다. 한 공장보다는 두 공장에서 싸우는 것이 더 낫고, 한 도시보다는 여러 도시에서 함께 싸울 때 힘은 더 세어진다. 그래서 비록 첫 단추가 잘못 끼워졌을지라도 재빠르게 바로잡는 것이 중요하다. 투쟁이 어디에서 어떤 방법으로 어떻게 시작될지는 아무도 모른다. 미래는 예정되어 있지 않다. 역사는 인간이 만들어 가는 것이다.

요약해서 말하자면 비판적 지지는 원칙과 현실이 충돌하는 것에서 출발한다. 토니 클리프는 둘 사이의 긴장 관계를 이렇게 설명했다.

당의 강령 — 당의 기본원칙들 — 은 노동계급의 역사적 잠재력을 출발점으로 삼는다. 다시 말해서 강령은 일반으로는 사회의 물질 조건으로부터, 특수로는 사회에서 노동계급의 지위로부터 도출된다. 그러나 전략과 전술의 출발점은 그러한 물질 세계가 아니라 노동자의 의식이다. 의식 — 마르크스는 이것을 이데올로기적 상부구조라 했다 — 이 물질적 토대를 직접 반영하는 것이라면, 전략과 전술은 당 강령에서 직접 도출될 수 있을 것이다. 그러나 전략과 전술의 도출은 사실 간접적이고 복잡하며, 당 자체의 활동을 비롯해서 노동자들의 경험과 전통의 영향을 받는다. 혁명적 당은 임금체제를 원칙으로 반대하지만, 전술에서는 좀더 많은 임금을 받기 위한 노동자들의 투쟁에 결코 무관심하지 않다.

비판적 지지: 변증법이자 과학

국제사회주의자들은 지금껏 비판적 지지의 관점에서 운동(과 쟁점)에 개입했다. 흔히, 비판적 지지는 "입에 칼을 물고 웃기", "안에서 비판하기(in and against)", "공통점과 차이점을 모두 말하기"라는 말로 표현된다.

마르크스주의의 기본 바탕은 유물 변증법과 대중은 행동을 통해서 자신의 능력을 발견한다는 데 있다. 마르크스주의 변증법은 기계적 결정론이나 숙명론과는 질적으로 구별된다. 마르크스주의에서 비판적 지지는 과학과 기예(art)의 변증법적 결합이다. 과학은 존재하는 것을 다루는 반면, 기예는 우리들에게 행동하는 방법을 알려 준다.

그런데 이 입장은 종종 오해를 불러일으키기도 했다. "지지면 지지고 비판이면 비판이지 비판적 지지가 뭐냐"는 볼멘 반발을 많이 들어 왔다.

대부분의 사람들은 상식을 통해 세상을 이해하곤 한다. 상식에는 두 가지 종류가 있는데, 첫째는 과학에 반하는 순전한 개인적(혹은 왜곡된 사회적) 경험 — 갈릴레이는 무지와 편견으로 가득 찬 상식의 속죄양이었다 — 에서 나오는 것이고, 둘째는 지배자들이 의도적으로 강요하는 이데올로기 — 예컨대 남성성·여성성, 동성애에 대한 이성애의 우월성, 흑인은 열등하다 등 — 에서 비롯하는 것이다. 많은 경우에 이 둘은 뒤섞여 있다.

상식으로 보면 비판과 지지는 정반대의 개념이다. 특정한 사건(과 사람과 운동과 투쟁)에 대해 사람들은 한 가지 태도만을 지녀야 한다고 생각한다.

상식은 왜곡된 경험(혹은 관념)에서 벗어나 과학의 시험대에 놓여져야 한다. 사람들은 아무런 의심 없이 "해는 동쪽에서 뜬다."고 말한다. 그런데 해가 동쪽에서 뜨는 것이 아니라 지구가 태양의 주위를 도는 것이다. "인간은 원래 탐욕스럽고 이기적이다." 그러면 삼풍백화점 참사 때 수많은 노동계급의 자원봉사자는 어떻게 설명할 것인가.

따라서 상식으로 세상을 이해하는 데에는 분명한 한계가 있다.

상식에 근거한 순진한 오해 말고도 그릇된 정치에 바탕을 둔 좌익들의 비판도 있다. 좌익들은 국제사회주의자들의 비판적 지지를 마치 박쥐의 비극적 운명과 같은 것으로 여긴다. 새도 아닌 것이 그렇다고 쥐도 아닌 것이 아침 저녁으로 자신의 모습을 바꾸다 결국 모두로부터 버림받은 비참한 운명 말이다.

사실, 비판적 지지가 현실에서 힘을 가지려면 사회주의자들이 어느 정도 대중 속에 뿌리를 내리고 있어야 한다. 정치적 명확성뿐 아니라 조직적 힘이 뒷받침될 때에만 비판적 지지를 옳게 이해할 수 있다.

그렇다고 해서 감나무 아래에서 감이 떨어질 때까지 기다릴 수는 없는 노릇이다. 조직적 영향력을 확대하기 위해서라도 비판적 지지는 반드시 필요하다.

물론 비판적 지지가 말처럼 쉬운 것은 아니다. 무엇보다 이것은 정밀하게 다듬은 이론에 바탕을 두어야 한다. 레닌이 말하길, "볼셰비즘은 1903년에 매우 굳건한 마르크스주의 이론의 토대 위에서 생겨났다." 그럴 때에라야 비판적 지지가 단순히 그때 그때 바뀌는 인상(주의)으로 전락하지 않을 수 있다.

동시에 비판적 지지는 끊임없이 현실이라는 저울 위에 올려져야 한다. 비판과 지지의 균형(혹은 종합)은 될 수 있는 대로 자주 새로운 정치 사건들에 비추어 확인돼야 한다.

또 타이밍이 중요하다. 여름에 두터운 외투를 입고, 겨울에 짧은 반 소매 옷을 입는다고 상상해 보라. 무척 우스꽝스러울 것이다.

요컨대, 비판적 지지는 이론과 실천의 종합이다.

계급의 바리케이드를 분명히 하기

전투를 앞두고 내분한다면 싸움은 하나마나이다. 더구나 남한과 같은 권위주의 국가에서 분열을 일삼는 분파(종파)주의는 운동의 독초이다. 진지한 투사라면 경찰의 탄압 앞에서는 무조건 단결해야 한다는 점을 잊어서는 안 된다.

지난해 7월에 북한의 독재자 김일성이 죽었다. 독재자의 죽음은 이 나라의 좌·우익 모두에게 충격을 던졌다. 김영삼 정부는 미래를 알 수 없다는 사실에 지극히 불안해 했다. 그리고 즉각적인 마녀사

냥이 시작되면서, 각 대학은 순식간에 중세의 사냥터로 변했다.

이런 상황에서 사회주의자들의 임무는 너무도 분명했다. 원칙을 분명하게 밝히면서(당시 국제사회주의자들은 김일성의 죽음을 기뻐했다) 주사파를 방어하라. 하지만 좌익들은 너무도 분명한 문제에 너무나 어처구니 없는 대응 — 자신의 뿌리 깊은 종파주의 정치로부터 비롯한 — 을 했다.

"주사파와 마르크스주의자들 사이에는 중대한 차이가 있는데 어떻게 그들의 투쟁을 지지하느냐.", "주사파가 공격을 당하고 있다는 이유로 그들을 방어한다면 운동의 발전을 이루어 낼 수 없다."

계급과 계급의식을 구분할 줄 모르는 어리석음이 총부리를 아군에게 겨누는 결과를 낳았다.

사회주의자들은 공통점과 차이점을 분명하게, 하지만 진중하고 친절하게 밝혀야 한다. 주사파는 북한의 국경수비대 역할을 자임했다(차이점). 동시에 주사파 운동은 노동자 운동의 일부이다(공통점). 따라서 그들의 옳고 그름은 노동자 운동이 검증할 문제이다.

그리고 주사파를 공격하면서 지배자들이 자신감을 얻는다면, 탄압의 행렬은 계속될 것이다. 김영삼의 눈에는 주사파이든, 민중주의이든, 국제사회주의이든 다 똑같이 보일 것이다. 우리끼리만 네 눈의 티가 더 크다고 우겨서는 안 된다.

주사파와 김영삼을 구분할 줄 모르는 사람의 미래는 독일공산당이 이미 70여 년 전에 보여 주었다. 1931년 코민테른 집행위원회 11차 총회는 사회민주주의가 "자본가 국가가 파시즘으로 발전하는 과정에서 가장 적극적인 요소이며 선도자"라고 규정했다. 독일공산당은 이것을 받아들여서 파시즘보다 사회민주당을 더 공격했다. 결과는 끔찍한 파멸이었다. 파시즘의 계급적 토대는 사회민주주의의 계급적 토대와 근본적으로 다르다. 파시즘의 본질적 특징은 혁명적 노동자 조직과 개량주의 노동자 조직을 포괄하는 모든 자율적 노동자 조직을 분쇄하는 것이다. 반면 사회민주주의는 노동자 조직에 의존하거나 기생한다. 노동자 조직이 없으면 사회민주주의는 아무런 기반도 갖지 못한다.

어제는 오늘의 거울이다. 과거로부터 배워야 한다는 말이다.

억압에 반대하는 투쟁들

대중의 민주주의는 억압으로부터의 자유를 뜻한다. 따라서 모든 피억압 사회집단들, 즉 노동자 계급뿐 아니라 여성, 외국인 노동자, 동성애자, 모든 가난한 사람들, 집 없는 사람들, 장애인, 재소자, 다수 농민, 다수 학생, 다수 노점상, 룸펜, '유색' 인종들, 소수민족, 일부 지식인 등 민중의 자주적 활동·운동·투쟁이 바로 민주주의이다.

지배자들은 착취 질서를 감추기 위해, 그리고 효과적으로 착취하기 위해 사회를 세로(부문)로 나눈다. 피지배계급을 모자이크처럼 찢어 경쟁하게 만든다. 지배자들은 이렇게 외친다. "분리해서 통치하라!"

억압받는 사람들은 대부분 사회적 약자이다. 사회적 위기의 시기에는 지배자들의 마녀사냥에 일차 대상이 되기도 한다. 집단으로 묶여 있지 않기 때문에 지배자들의 공격에 효과적으로 대응하기가 쉽지 않다. 이렇게 함으로써 지배자들은 아래로부터의 결정적 도전을 지연시킨다.

사회주의자가 사회주의자인 것은 사상이 명확해서일 뿐만 아니라 투사들과 억압받는 사람들의 고통을 공감하기 때문이다. 말로는 여성해방을 주장하면서 여성 억압으로 인한 고통을 깊이 공감하지 않는다면 과연 누가 동질감을 느끼겠는가.

많은 노동계급 여성은 늘 매맞고, 끔찍하게 고통 당하고, 형편없는 곳에서 살고, 어쩌면 돈이 없어 쪼들리고, 아기 때문에 밤새 잠도 못 자고, 심지어 신경 안정제를 먹어도 잠을 못 이룰 정도의 환경에 처해 있다. 동성애자라는 이유만으로 직장 안에서 집단 린치와 해고를 당한다. 장애인은 취업의 기회조차 원천적으로 봉쇄돼 있다. 외국인 노동자들은 싼 임금과 인간적 모멸감을 강요당한다.

김보은 씨는 12년 동안 의붓아버지로부터 성적 학대를 받았다. 마광수 교수는 '음란한' 소설을 썼다는 죄목으로 법정에 섰다. 훌륭한 성 계몽서인 《섹스북》 광고에 출현했던 이화여대 학생들이 징계에 회부됐다.

그런데 이런 억압에 맞선 저항이 사회주의적 대안과 만나지 못하기 때문에 부문주의적 대안을 낳거나 또는 개인적 해결책에 의존하곤 한다.

병은 원인과 증상 모두를 치료해야 완치된다. 병의 원인만을 말하는 의사는 환자가 겪고 있는 고통은 외면한 채 의학적인 용어를 남발할 것이다. 한편, 병의 증상만을 말하는 의사는 환자의 생명을 구하기 위한 진지한 노력을 하고 있다고 보기 어려울 것이다.

사회주의자들은 억압과 소외에 맞서 싸우는 부문운동(조직)을 체제 전체에 맞서 싸우는 투쟁에 종속시키려 한다. 그런데 이 과정이 최후통첩적 — 트로츠키의 표현에 의하면, "설득하지 못하자 강간하려는 시도" — 이거나 냉소적 — 따먹지 못할 '신 포도' 보듯 — 이 돼서는 안 된다. 이 과정은 비판적 지지에 기초한 능동적인 전술로 대체되어야 한다.

부문운동에 대한 초좌익적 태도는 주로 경쟁 심리에서 비롯한다. 부문운동과 사회주의 운동은 제로섬(반비례) 관계에 있지 않다. 어느 하나의 투쟁은 다른 투쟁을 고무할 것이다. 산업투쟁이 활발해진다고 해서 민주주의 투쟁이 지리멸렬해지는 것이 아니다. 사회주의를 위한 투쟁과 억압에 맞선 투쟁은 하나의 투쟁이다. 다만, 확신에 찬 사회주의적 대안이 결여되어 있기 때문에 부문운동은 자신이 당하는 억압과 소외에 즉자적으로 대응하는 것뿐이다.

더구나 남한과 같은 권위주의 국가에서 억압에 맞선 투쟁은 쉽게 많은 공분을 불러일으킨다. 사회 전반이 너무나 억압적이기 때문이다. 1987년 6월 투쟁이 그랬고, 1991년 5월 투쟁도 그랬다. 최근에는 5·18 책임자처벌을 위한 투쟁이 광범한 지지를 받고 있다. 따라서 마르크스주의자들은 억압의 문제에 보다 진지해야 하며, 그들의 고통과 아픔을 공감해야 하며, 최후통첩이 아닌 설득과 대안을 제시하면서 다가가야 한다.

김영삼에게뿐 아니라 이제는 김대중에게도 '뜨거운 감자'인 호남 차별주의도 억압의 차원에서 이해해야 한다. 지역차별이 모든 자본주의 나라에서 나타나는 일반적인 문제는 아니다.

　미국의 민주당은 남부 농장 소유주들의 당으로 출발했다. 19세기에 그들은 흑인 노예들에 대한 잔혹한 착취에 기반한 농업 수출을 통해 미국 경제를 발전시키려고 했다. 민주당은 공화당이 기반을 두고 있던 북부에 반대했다. 공화당은 산업 자본주의를 원했다. 공화당의 구호는 "자유로운 땅, 자유로운 노동"이었다.

　1861년부터 1865년까지 벌어졌던 남북전쟁에서 북부가 승리했다. 자본주의 발전 과정에서 결정적으로 패배한 남부인들이 그렇다고 정치적 억압을 당하지는 않았다. 오히려 민주당은 남부 지역의 인종주의자들과 북부의 몇몇 자본가들에게 기반을 두고 발전해 왔다. 지금의 미국 대통령인 빌 클린턴은 남부에 있는 아칸소 주 출신이다.

　남한에서 지역주의는 패권을 장악한 집권 부르주아지가 노동자계급(과 피억압계급)뿐 아니라 자유주의적 부르주아지를 철저히 권력에서 배제하는 과정에서 등장했다. 옛날 옛적부터 있었던 초역사적 유물이 아니라 뚜렷한 정치적 목적을 가진, 계산된 지배전략이다.

　얼마 전 김대중은, 1963년 10월 제5대 대통령 선거에서 박정희가 '경상도 대통령론'을 내세웠는데도 전라도에서 박정희 표가 윤보선 표보다 더 많이 나왔다는 의미 있는 사실 하나를 상기시켰다. 이것은 호남 차별과 멸시가 정착되는 데에는 적어도 몇 년 — 박정희에 대한 민중의 반감이 일반화되는 1960년대 후반까지 — 이 더 걸렸다는 것을 뜻한다. 따라서 호남 차별의 문제는 비교적 최근의 일이다.

　영남 지역주의와 호남 지역주의는 구별해야 한다. 전자는 패권을 쥔 세력의 기득권 연장을 뜻하는 반면, 후자는 대중의 민주주의 열망과 연결돼 있다. 그래서 호남 차별과 5·18은 김영삼 '문민정부'의 아킬레스 건이다. 호남 차별을 없애기 위해서는, 김영삼이 자신의 탯줄을 끊어야 한다. 그러면 그는 지금의 자신을 부정해야 하는 모순에 빠지게 된다. 김영삼은 이 둘 사이에서 아슬아슬한 줄타기 곡예를 하고 있다. 개혁을 말하면서, 행동은 보수적으로 하기.(왼쪽 깜박이 켜고 우회전하기) 시간이 흐를수록 아래로부터의 열망과 김영삼의 개혁 사이의 심연은 깊어질 것이다.

그렇다면 지역주의가 대안이 아님을 말하면서도 지역차별에 맞서 호남 지역주의를 전술적으로 충분히 지지할 수 있다. 김영삼은 호남 차별 정책을 사용해 온 군사독재에 뿌리를 두고 있을 뿐 아니라, 그 스스로 호남 차별주의를 이용해 왔다. 호남 차별주의에 대한 저항은 김영삼 정부에 맞선 민주주의 투쟁의 일부이다.

"모든 지역주의는 악이다" 하고 주장하면서 지역주의 청산을 외칠 경우, 호남 차별의 본질인 민주주의 문제에 눈감게 된다. 그렇게 되면 의도하지 않았다고 할지라도 결과적으로 김영삼의 "지역주의 청산"과 동일한 결론에 다다르게 된다.

(중략)

노동조합에 대해

지난해 겨울에 대우·기아·쌍용 자동차 등의 노동조합들이 정부의 삼성 승용차 진출 허용에 반대하여 파업을 했다. 민주노총 준비위도 과다경쟁을 이유로 들어 정부의 방침에 반대했다.

노조가 사장들의 경쟁에서 자기 회사 사장 편을 들었기 때문에 이 쟁점은 사람들에게 얼마간의 혼란을 불러일으켰다. 아무리 파업이라고는 하지만 지지할 수 있을까?

삼성 승용차 진출 문제는 경제위기 때 더욱 격화되는 자본 간의 경쟁, 개별자본과 국가 간의 갈등을 보여 주는 지배자들 사이의 문제이지 노동자들의 이해관계가 걸린 문제가 아니었다.

때론 겉으로 드러나는 것보다 감추어진 것이 진실일 때가 있다. 가리워진 요구에는 사장과 노동자 들 사이의 근본적인 차이가 자리하고 있었다. 삼성 승용차 진출 반대에는 고용불안과 노동강도 강화에 대한 노동자들의 분노가 스며 있었다.

기아 자동차에서는 처음에 사장이 파업을 호소하기도 했다. 노조 지도부는 파업 찬반투표도 거치지 않은 채 파업을 시작했다. 하지만 파업이 하루 이틀 지나자 고용주와 노동자 들 사이의 차이가 분명히 드러나기 시작했다. 고용주들은 정부에 압력 넣는 수준에서 이 파업이 멈추기를 바랐다. 하지만 노동자들은 자신들의 문제가 해결되기를 원했다. 뿐만 아니라 기아자동차 노동자들은 12·12 불기소처분에 반대하는 시위에 조직적으로 참가했다. 정부는 이 점을 알고 파업에 대해 경고했다. 무엇보다 투쟁이 다른 사업장으로 번져 나가는 것을 두려워했다. 이것은 위로부터의 파업과 아래로부터의 파업 사이에 중대한 차이가 있는 것은 사실이지만 그렇다고 만리장성이 있는 것도 아님을 보여 준 것이다.

비판적 지지란 무엇인가? 71

그래서 사회주의자들은 요구까지는 지지할 수 없더라도 투쟁을 지지하면서 개입하는 것이 필요하다. 대열 바깥에서 요구를 바꾸라고 얘기하는 것은 투쟁을 관조적으로 바라보는 입장이다. 숙명론에 빠져 미래는 결정돼 있다고 외치는 것이나 다름 없다.

이 투쟁에는 커다란 약점이 있었다. 국가와 회사의 미래가 노동자들의 미래와 같다라는 지배 이데올로기가 투쟁 속에 함께 묻혀 있었다. 노동자들의 독립적인 요구에 기초하지 않았기 때문에 이 파업은 오래 지속될 수 없었다. 레흐 바웬사가 대우자동차 부평 공장을 방문하자 노동자들은 파업을 철회했다.

사회주의자들은 장점과 약점 모두를 말해야 한다. 투쟁을 지지하면서도 투쟁의 힘은 노동자들 고유의 요구로부터 나온다는 사실을 말해야 한다.

한국 통신 노동자들은 임금 인상과 더불어 민영화에 반대하는 요구를 내걸었다. 노동자 통제라는 마르크스주의적 원칙에서 본다면 민영화이든 국영화이든 본질에서는 차이가 없다. 문제는 추상적 강령만으로는 현실적 개입이 무망하다는 점이다.

민영화는 시장의 논리를 노동자에게 강요한다. 노동자를 분열시키고 더 높은 노동강도에 옭아매며, 실업과 내핍으로 내몬다. 그것은 재벌들의 살찌우기에 지나지 않는다. 따라서 민영화는 노동자들에 대한 직접적인 공격을 내포하고 있다.

마르크스주의자들이 자본주의 기업 — 공기업을 포함해 — 을 지지하지 않는다는 사실이 민영화에 기권주의적 태도를 취해도 됨을 뜻하지 않는다. 또한 민영화 반대를 위한 싸움은 지배자들 사이의 분열을 촉진시킬 수도 있다.

자본주의를 싫어하는 사람들은 자본주의를 쓰러뜨리기 위한 대안을 찾는다. 그 가운데 신디컬리즘이라는 사상이 있다. 노동조합에서는 전투적 노동조합주의나 노동자주의로 나타난다. 신디컬리스트들은 생산현장에 대한 통제력을 장악하는 것만으로도 기존 체제를 전복할 수 있다고 믿는다.

1981년 폴란드에서 야루젤스키가 쿠데타를 일으켰다. 이 때 연대노조는 갈피를 잡지 못하고 우왕좌왕했다. 결국 가톨릭 교회의 조언을 따랐다. 결과는 자멸이었다. 쿠데타 이전에도 연대노조는 자기 제한적인 모습을 곳곳에서 보여 주었다. 승리에 대한 두려움이었다.

남아공의 민주노조인 남아공노동조합회의(COSATU)는 또다른 예이다. COSATU는 지난 20년 동안 반아파르트헤이트 투쟁의 소중한 성과이다. 1985년에 출범한 COSATU는 첫 3년 동안 내부에서 노동자주의자와 민중주의자 사이에 격렬한 논쟁이 있었다. 노동자주의자들은 COSATU의 전신인 남아공노동조합연합(FOSATU)을 대안으로 내세웠다. 이들의 주장의 핵심은 강력하고 정치적으로 독립적인 노동조합 조직을 건설하자는 데 있다.

하지만 1989년 ANC와의 광범한 동맹을 주장하는 민중주의자들과 정치적 타협을 했다. 민중주의적 관점에서 이루어진 이 타협은 결국 COSATU가 ANC의 정치에 자신을 내맡기게 됐음을 뜻했다.

남한에서도 이와 비슷한 예를 찾을 수 있다. 노동조합과 더불어 혁명 정당의 필요성을 인식하지 못하는 사람들은 여전히 전투적 조합주의에 매력을 느끼고 있다.

비판적 지지란 무엇인가?

물론, 계급 협조주의보다는 전투적 조합주의가 더 낫다. 그러나 계급 협조주의가 등장할 수 있었던 것은 전투적 조합주의가 가지는 약점 — 정치와 경제를 분리시키는 — 때문이라는 것을 함께 지적해야 한다. 신디컬리즘은 개량주의 자체는 아니다. 신디컬리스트들은 개량주의를 혐오하고 자본주의를 증오한다. 하지만 정치적 대안의 부재로 말미암아 개량주의에 대한 정치적 타협으로 이끌린다. 그들은 진정한 혁명투사이지만 정치적 한계는 그들의 이상을 바람으로 그치게 한다. 그럼에도 불구하고 신디컬리즘은 그 어떤 사상보다 마르크스주의에 가장 가까운 사상이다.

(중략)

현실은 비판적 지지를 배워 익힐 수 있는 학교다

사회주의자는 의식 있고 확신에 찬 이념의 선전가일 뿐 아니라 혁명에서의 실천적인 대중 지도자가 되고자 한다. 소수의 프롤레타리아 전위는 이념적으로 획득된다. 소수를 혁명적 사회주의 진영으로 끌어들이는 시기에는 선전이 최우선 과제이다.

그러나 단순한 책벌레들의 써클에 안주하지 않고 현실의 험난한 바다로 나아갈 준비가 되어 있는 사회주의자들은 순수한 사회주의의 진리를 암송하는 것만으로는 안 된다. 트로츠키는 진리의 암송자를 겨냥해 이렇게 말한 적이 있다. "볼셰비키의 근본적 편견은 말에 올라타고 꼼짝도 하지 말아야 말을 타는 법을 배울 수 있다는 생각이다." 레닌은 나폴레옹의 다음과 같은 말을 거듭 인용하곤 했다. "먼저 전투를 벌여라. 그러면 어떤 일이 일어나는지 알게 된다."

사회주의자들은 자기들만의 얘기에 익숙해지면 안 된다. 마르크스주의는 다수자의 사상이다. 불행하게도 현실에서는 소수만이 마르크스주의를 받아들이고 있다. 그렇다고 절망할 필요는 없다.

혁명가는 진실을 실어 나르는 역사의 기관차이다. 이 기관차는 이론에서 실천으로, 다시 실천에서 이론으로 반복 운행한다. 그러면서 더 많은 사람들이 이 기관차에 탑승하게 될 것이다.

그러기 위해서는 외향적 관점으로 완전무장해야 한다. 오늘에 만족하지 않고 내일의 지도자를 꿈꾸는 사회주의자들은 현실의 차가운 물에 발을 담궈야 한다. 강의실에서는 수영법(이론)을 배울 수 있지만 수영(실천)을 할 수는 없다.

비판적 지지는 실천을 할 때 비로소 진가를 발휘한다. UR 반대 시위, 전해투 노총점거 투쟁, 남아공 선거에서 넬슨 만델라에게 표찍기, 주사파 방어, 민족통일에 대한 지지, 삼성 승용차 진출 반대 투쟁, 민영화, 지역주의 등은 국제사회주의자들이 부단히 현실에 개입하려고 노력하는 가운데 나온 실천적 입장이었다.

혁명 조직은 자신이 저지른 잘못으로부터 배울 수 있어야 하고 엄격한 자기비판을 할 수 있어야 한다. 레닌이 말했듯이, 진지한 혁명 조직은 "잘못을 솔직히 인정하고, 잘못을 저지른 이유를 분명히 밝히고, 잘못을 바로잡는 방법을 깊이 생각"할 준비가 돼 있어야 한다.

전술은 틀릴 수 있다. 사회주의자들은 "무오류의 신화" 따위를 꿈꾸지 않는다. 허황된 꿈은 그릇된 수치심을 낳는다. 그렇게 되면 잘못을 인정하고 바로잡기를 거부하는 가장 두려운 일이 벌어지게 된다.

오류로부터 배우지 못한다면, 어떤 진지한 전술도 내오지 못할 것이다. 공개적인 논쟁과 토론을 통해 잘못을 인정하고 외부로부터 따끔한 비판을 들으면서(계급으로부터 배우기) 올바른 전술을 채택하게 되는 것이다. 그래서 비판적 지지는 오류로부터 배우기의 과정이기도 하다.

앞으로 사회주의자들은 매우 어렵고 험난한 철벽에 부딪힐 수 있다. 그럴 때마다 두 가지를 꼭 명심하면 된다. 오직 아래로부터의 투쟁을 통해서만 문제를 해결할 수 있다는 것과 이 투쟁의 선두에는 언제나 사회주의자들이 있어야 한다는 점이다.

볼셰비키는 어떻게 의회를 활용했는가?

볼셰비키 소속 의원이었던 바다예프의 회고록 《볼셰비키는 어떻게 의회를 활용했는가》(국역: 들녘 출판사, 1990년)는 1912년 선출돼 1914년 제1차세계대전이 일어나고 몇 달 뒤 체포돼 시베리아로 유배되기 전까지 볼셰비키 소속 의원들이 제정 의회 — 러시아 국가 두마 — 에서 벌인 활동을 소개하고 있다.

1912~1914년의 3년간은 노동계급 투쟁이 고양된 시기였다. 대중 파업과 시위가 일어났고 제정 경찰과의 충돌로 노동자들이 사망했다. 볼셰비키에게 의회는 정치 활동의 중심이 결코 아니었다. 바다예프의 책은 무엇보다 볼셰비키 의원들이 산업 노동자 투쟁에서 한 역할을 보여 준다. 바다예프의 책은 그들이 두마를 노동자들 속에서 선동을 하기 위한 연단이자 노동자 투쟁을 조직하기 위한 수단으로 이용했다는 점을 보여 준다.

―――

이 글은 《비판과 대안》 제2호 (1999년 9월)에 실린 것이다.

볼셰비키 의원들은 두마의 사회민주당원 그룹 — "프랙션" — 에 속해 있었다. 이 시기에 러시아 사회민주노동당*은 볼셰비키와 멘셰비키라는 두 분파로 분열해 있었다. 1905년 혁명이 패배하고 난 뒤 멘셰비키가 불법 지하당을 청산하고 노동조합, 학계, 보험조합, 두마 등과 같은 합법 영역에 정치 활동을 제한할 것을 주장했기 때문에, 바다예프는 멘셰비키를 빈번히 "청산파"로 표현하고 있다.

반면에, 볼셰비키 의원들은 레닌의 사상을 따르고 있었다. 몇 년 전부터 레닌은 노동자들이 자신과 모든 피억압 민중의 해방을 이룩하려면 부르주아 의회 제도를 파괴·해체하고 노동계급 기관인 노동자 평의회, 즉 소비에트로 대체해야 한다는 교훈을 이끌어 냈다. 볼셰비키 의원들은 이러한 목적을 위해 합법이든 불법이든 가능한 모든 곳에서 노동자들 자신의 정치 조직을 발전시키고 지하 당 활동을 유지하기 위해 활동했다. 그러나 노동자들과 노동자 혁명 조직들이 의회를 전복할 만큼 강력하지 않은 조건에서는 의회를 혁명적 사회주의 선전의 연단으로 이용할 수 있다고 레닌은 말했다. 물론 이를 위해서는 당 활동의 중심이 의회 바깥에 — 노동자들의 투쟁과 파업과 시위에 — 있고 볼셰비키 의원들의 활동은 이것에 종속될 필요가 있다.

레닌은 이를 확실히 해두기 위해서 두마에 선출된 볼셰비키 의원들의 행동 수칙을 명확하게 정식화했다.

---

* 제정 러시아 시대에 '사회민주주의'라는 용어는 혁명적 사회주의와 동의어였다.

사회민주당원 그룹이 자신의 목적을 달성하기 위해 두마에 제출하는 법안들에는 다음과 같은 조건이 필요하다.

1. 법안들은 우리 당의 최소강령에 포함돼 있거나 이 강령으로부터 반드시 도출되는 사회민주당의 개별적인 요구들을 가장 명확하고 분명한 형태로 제기해야 한다.

2. 법안들은 절대로 난해한 법률적 문구들을 남용해서는 안 된다. 법안들은 법안을 제안하는 주된 취지를 드러내야 하지만, 그 취지를 온갖 시시콜콜한 법률적 문구들로 세밀하게 표현해서는 안 된다.

3. 사회 개혁과 민주적 변화들의 다양한 영역을 과도하게 분리시키는 것이 협소한 법률 행정의 관점이나 '순전히 의회의' 관점에서는 필수불가결한 것처럼 보일지라도 법안들은 그렇게 해서는 안 된다. 그와 반대로, 법안들은 사회민주당의 선동과 선전 목표에 따라 공장(그리고 사회 일반) 개혁과 민주적 정치 변화 사이의 필연적인 연관을 노동계급이 가능한 한 가장 명확하게 깨닫도록 해야 한다. 스톨리핀 독재의 모든 '개혁'은 민주적 정치 변화가 없다면 불가피하게 '주바토프식' 왜곡을 거쳐 공문구로 전락할 수밖에 없기 때문이다. 당연한 일이겠지만, 일관된 민주주의 요구 전체를 모든 법안에 담음으로써가 아니라 각각의 개혁에 상응하는 민주주의 제도들, 특히 프롤레타리아 민주주의 제도들을 정면에 내세움으로써 경제 개혁과 정치 개혁 사이의 연관을 보여 주어야 하며, 그러한 제도들은 급진적 정치 변화 없이는 실현할 수 없다는 점을 법안의 설명주에서 강조해야 한다.*

---

* Lenin, Collected Works (Moscow), volume 16, pp 111-112. 스톨리핀은 차

레닌은 의원단이 당에서 지도적인 지위를 가져야 한다는 개량주의 사상에 반대했다. 그는 의원단이 당 전체에 종속돼야 하며 의원들의 역할은 공장과 거리에서 투쟁하는 노동자들의 역할을 보조하는 것이어야 한다고 생각했다.

(군사적 비유를 써도 좋다면) 의원단은 참모부가 아니다. … 그것[의원단]은 오히려 어떤 경우에는 나팔수 부대이거나, 또 어떤 경우에는 정찰대이거나, 모종의 다른 보조 '병과' 조직이다.[*]

볼셰비키는 대중의 직접적 투쟁을 … 운동의 최고 형태로, 대중의 직접적 투쟁이 결여된 의회 활동을 운동의 최저 형태로 여긴다.^{**}

대중의 혁명적 투쟁을 인정하면서 의회에서 사회주의자들의 순전히 법률적인, 순전히 개량주의적인 활동을 너그럽게 보아줄 수는 없다. … 의회에서 사회민주당원들은 의회 연설을 하기 위해서뿐 아니라 불법 조직과 노동자들의 혁명적 투쟁을 의회 바깥에서 다각적으로 지원하기 위해 그들의 지위를 이용해야 하며, 대중 스스로가 자신들의 불법 조직을 통해 자기 지도자들의 그러한 활동을 점검해야 한다고 명확하고 공공연하게 말하는 것이 꼭 필요하다.^{***}

르의 총리였다. 모스크바 보안경찰의 우두머리였던 주바토프는 경찰이 통제하는 노동조합을 설립했다.

*   Lenin, volume 15, p 294.
**   Lenin, volume 16, p 32.
***   Lenin, volume 36, p 384.

1912년 제4차 국가 두마 선거에서 볼셰비키는 좋은 성적을 거뒀다. 볼셰비키는 6개 의석을 획득했고, 멘셰비키는 7개 의석을 획득했다.

두마의 투표 제도는 러시아 노동자와 농민에게 대단히 불리했다. 먼저, 모든 여성, 모든 소기업 노동자들, 시베리아와 러시아령 폴란드의 모든 농민들과 그밖의 다수는 투표권이 없었다. 투표권이 있는 사람들은 지주, 도시 중간계급, 농민, 노동자의 분리된 4개 선거인단 — '쿠리아' — 으로 분류됐다. 지주 1인의 표는 농민 15인이나 노동자 45인의 표와 똑같았다. 노동자 쿠리아 소속 선거인은 전체 선거인의 4퍼센트밖에 차지하지 못했다.

6명의 볼셰비키 의원들은 모두 노동자 쿠리아에서 선출된 반면, 멘셰비키 의원들은 대부분 중간계급 쿠리아에서 선출됐다. 멘셰비키 의원을 선출한 7개 '구베르니아' — 주(州) — 에는 총 13만 6천 명의 공업 노동자가 있었던 반면, 볼셰비키 의원을 선출한 6개 구베르니아에는 1백14만 4천 명의 공업 노동자가 있었다. 달리 말해, 멘셰비키는 노동자 선거인의 11.8퍼센트의 지지를 받은 반면, 볼셰비키는 88.2퍼센트의 지지를 받았다.*

볼셰비키 의원들은 모두 현장 노동자 출신이었다. 4명은 금속 노동자였고, 2명은 섬유 노동자였다. 말리노프스키·바다예프·페트로프스키·무라노프가 금속 노동자였고, 샤고프·사모일로프가 섬유 노동자였다. 그들은 최대의 공업 지역에서 선출됐다. 바다예프는 상트

---

* Lenin, volume 19, p 462.

페체르부르크에서, 말리노프스키는 모스크바에서, 페트로프스키는 예카체리노슬라브에서, 무라노프는 하르코프에서, 샤고프는 코스트로마 주에서, 사모일로프는 블라지미르 주에서 선출됐다.

바다예프가 묘사하고 있는 것처럼, 선거전은 진부한 사건이 결코 아니었다. 그러기는커녕 파업과 대중 시위가 핵심적인 구실을 했다.

그 다음에, 두마에서 볼셰비키 의원들이 행한 연설과 입법 예고는 되풀이해서 대중 행동을 수반했다. 실제로 이것은 볼셰비키 의원들의 연설과 '대정부 질문'의 주된 목표였다.

볼셰비즘과 가장 극단적이고 가장 순수하게 정반대되는 노동운동이 있다면 그것은 영국 노동당이다. 영국 노동당에게 의회주의는 전지전능한 교조다. 언제나 노동당 지도자들은 의석을 획득할 필요에 모든 활동을 종속시켜 왔다. 처음부터 노동당과 노조 지도자들은 당이 의회 정치라는 협소한 길을 벗어나지 않도록 하기 위해 단호했다. 노동당이 의회 정치에 융합된 것은 노조 관료가 점점 더 자본주의에 융합되는 것과 맞물렸다. 언제나 그들은 '극단적인' 노동쟁의에 의회 체제의 관례를 침식하는 요소가 내재해 있음에 주목했다.

바다예프의 책과 노동당내 좌파계 의원인 에릭 헤퍼의 《의회에서의 계급투쟁: 노사관계에 대한 사회주의적 견해》를 비교해 보기만 해도 이 점을 분명하게 알 수 있다. 에릭 헤퍼의 책은 1973년에 출판됐다. 1971년 보수당의 사악한 노사관계법에 반대한 의회내 투쟁이 이 책의 주제였다. 이런 상황의 배후에는 높은 수준의 노동쟁의 — 20여 년 만에 가장 높은 수준이었던 — 가 자리하고 있었다. 1971년 7월 클라이드 북부 조선소의 8천5백 노동자가 조선소를 점거하자 이 본보기를 따라서 그 다음 18개월 동안 2백여 건의 공장 점거가 일어났다.

1972년 2월에는 1926년 이래 처음으로 전국적인 광원 파업이 벌어졌다. 광원들은 보수당의 '소득 정책'이 강요하는 한계를 초과하는 임금인상을 쟁취하는 대승리를 거뒀다. 1972년 7월, 5명의 항운 노동자들이 피케팅에 참여했다는 이유로 펜턴빌 구치소에 수감됐다. 이 때문에 항운 노동자들이 전국적인 파업에 들어갔고, 플리트 가의 모든 인쇄 노동자들과 수만 기계공 노동자들이 파업을 벌였다. 만약 그 5명이 석방되지 않았다면, 7월 31일 월요일에 1천만 노동조합원들 모두가 전국적인 파업에 들어갔을 것이다.

바다예프의 책[영역판의 경우 248쪽]보다 두꺼운 에릭 헤퍼의 책에서는 이 파업들을 다룬 지면을 거의 찾아볼 수 없다. 총 3백39쪽 가운데 클라이드 북부조선소 점거는 겨우 여섯 줄을 할애할 정도의 가치밖에 없는가 보다. 광원 파업은 한 쪽을 차지하고 있고, 펜턴빌과 전국 항운 노동자 파업도 한 쪽을 차지하고 있다. 이에 반해, 보수당 노사관계법에 반대하는 노동당 우파 의원인 브라이언 월든의 "뛰어난"(헤퍼의 말) 연설은 세 쪽을 꽉 채우고 있다!

보수당에 대한 분노와 스스로에 대한 자신감이 결합되면서 노동자 대중은 노사관계법에 반대하는 총파업을 요구했다. 그래서, 예컨대, 헤퍼는 "노동조합회의(TUC)의 위원장인 빅 페더는 정확히 총파업을 지지하지 않았다는 점 때문에 런던의 국립 앨버트 홀 집회에서 꽤나 험한 대접을 받았다."고 서술하고 있다. 헤퍼는 자기 개인적으

---

* E Heffer, The Class Struggle in Parliament (London), p 218.

로는 "총파업 계속"에 반대했지만 "적어도 전국적인 하루 파업은 지지했다."고 말한다. "나는 해럴드 윌슨의 말과 어긋나는 말을 하고 싶지 않았다."***

헤퍼 같은 노동당 좌파 의원에게 의회 투쟁은 너무도 중요해 보이는 반면 노동자들의 계급 투쟁은 각주 정도의 가치밖에 없다면, 노동당 우파 지도자들에게 노동쟁의는 성가신 일쯤으로, 만약 노동쟁의의 규모가 크다면 선거 승리를 방해할 수도 있는 일로 보인다. 수십 년간의 역사적 경험은 노동자들의 산업 쟁의와 노동자들이 의회 선거 형태의 정치 활동에 기대는 것 사이에는 하나가 올라가면 다른 하나는 내려가는 식의 관계가 있다는 것을 보여 준다.

가장 전형적인 사례는 1926년 총파업과 그 여파다. 파업 첫 날 노동당 지도자 램지 맥도널드는 TUC 위원장인 월터 시트린에게 그 날 아침부터 흰머리가 나고 있다고 털어놓았다. "총파업과 볼셰비즘과 온갖 그런 종류의 일에 관한 논의와 나하고는 아무 상관이 없다."*** 파업 둘째 날 램지 맥도널드는 이렇게 말했다. "우리의 판단으로는 우리는 이대로 계속 나아가게 될 것이다. 나는 총파업이 싫다. 나는 내 생각을 바꾸지 않았다. 나는 하원에서 그렇게 말했다. 나는 총파업이 싫다. 정말이지 싫다. 그러나 정말이지 무엇을 할 수 있을까?"****

---

*   Heffer, p 232.

**   Heffer, p 242.

***   C Farman, The General Strike (London 1974), p 145에서 인용.

**** Farman, p 147에서 인용.

저명한 지식인이자 페이비언주의의 공동 창시자인 비어트리스 웹은 파업 나흘째 날에 그와 똑같은 기분으로 일기에 다음과 같이 적고 있다. "[노동당 지도부의] 핵심부는 총파업을 혐오하고 있고, 거기서 빠져나올 적당한 탈출구를 전혀 찾지 못하고 있다."* 1926년 10월 19일의 일기는 이렇게 쓰고 있다. "탄광주들이나 광원들의 승리는 통탄스러운 일일 것이다. 둘 중 어느 편의 승리가 국가에 더 해를 끼칠지는 감히 말하기 어렵다."** 그녀는 광원들이 고립됐을 때 과연 광원구제기금에 돈을 보내야 할지를 의심했을 정도로 파업에 적대적이었다.***

비어트리스 웹은 총파업의 패배가 노동당의 앞날을 밝게 해 주리라고 내다보았다. 1926년 5월 4일의 일기는 다음과 같이 적고 있다.

> 1926년 총파업의 패배는 영국 노동계급 역사상 가장 의미심장한 이정표들 가운데 하나가 될 것이다. 미래의 역사가들은 … 그 패배를 노동조합을 통한 그리고 직접 행동 방식에 의한, 공무에 대한 '노동자 통제'라는 파멸적인 교의의 마지막 가쁜 숨으로 여기게 될 것이다.****

1926년 5월 31일자 일기는 이렇게 적고 있다.

---

*   B Webb, Diaries 1924-32 (London 1956), p 94.

**   Webb, p 122.

*** Webb, p 122.

**** Webb, p 92.

의회의 노동당이 다시 상황을 좌우하게 될 것이다. 무조건적인 항복 뒤로 산업 행동에 대한 절망이 생겨났다. 그리고 투표함을 통한 구원에 대한 희망이 부활해 여기에 덧붙여졌다.*

1926년 8월 21일자 일기는 이렇게 적고 있다. "… 광원 노조의 고통은 1928년 총선에서 노동당 정부의 수립을 뜻할지도 모른다. …"**

비어트리스 웹의 예언은 들어맞았다. 노동당은 광원들의 패배로부터 이득을 봤다. 1926년 11월초 스코틀랜드 서부 지방선거에서 노동당은 상당한 성과를 거뒀다. 노동당은 1920년대가 가기도 전에 모든 지방정부를 장악했다. 1927년에도 보수당은 보궐선거에서 5개 의석을 잃었다. 그 다음에, 1929년 노동당은 사상 최초로 의회의 최대 정당(제1당)이 됐다. 램지 맥도널드는 총리가 됐다.

그는 1924년에도 총리를 지냈지만, 당시에는 보수당이 의회 제1당이었고 노동당은 오로지 자유당의 지지 덕분에 권력을 잡았다.

노동운동에서 의회주의가 심대하기 이를 데 없는 영향력을 갖고 있는 나라인 영국의 사회주의자들은 볼셰비키가 어떻게 두마의 연단을 혁명적 방식으로 이용했는가에 대한 바다예프의 설명, 즉 볼셰비키는 연단을 밟고 섰던 것이지 거기에 키스한 것이 아니었다는 바다예프의 설명으로부터 많은 것을 얻을 수 있다.

---

*   Webb, p 102.

** Webb, p 113.

불행히도, 바다예프의 책은 그 강점에도 불구하고 심각한 결함을 지니고 있다. 바다예프의 책은 러시아에서 스탈린주의가 지상의 권력을 지녔던 때에 출판된 탓에 스탈린주의적 왜곡을 되풀이하고 있다. 몇 가지 예를 들어 보자.

1912년 선거전의 중요한 문서는 페체르부르크 노동자들이 자기 의원들에게 준 위임장이었다. 바다예프는 회고록 초판에서 볼셰비키당 중앙위원회가 이 위임장을 썼다고 말하고 있지만, 2판의 편집자 주에서는 위임장의 작성자가 스탈린이었다고 말하고 있다. "그 무렵 나린에서 탈출한 스탈린은 수많은 공장 집회들에서 연설했다." 이것은 초판에는 없었던 문장이다.

볼셰비키의 합법 일간 신문이었던 〈프라우다〉와 관련해 스탈린이 했던 역할에 대해서는 더 한층의 왜곡이 있다. 바다예프는 "스탈린 동지가 〈프라우다〉를 지도했다."고 쓰고 있다. 어떻게 그럴 수 있었을까? 스탈린은 〈프라우다〉의 첫 호가 나온 1912년 4월 22일에 체포됐다. 그는 그 해 9월까지 감옥이나 유배지에 있었다. 그 뒤 그는 가까스로 탈출해 상트 페체르부르크로 가서 넉 달 동안 불법 신분으로 살았다. 스탈린은 1913년 1월에 출국해 2월 중순까지 외국에 머물렀다. 그는 상트 페체르부르크에 돌아온 지 며칠 만에 다시 체포돼 1913년 2월 22일부터 1917년 2월 혁명이 일어났을 때까지 감옥이나 유배지에 있었다.

어떻게 그가 〈프라우다〉를 지도할 수 있었을까?

사실인 즉슨, 스탈린의 《전집》에는 제1차세계대전이 일어나기 전까지 〈프라우다〉에 실린 딱 5개의 기사만이 수록돼 있다. 이에 비해 같은 기간에 〈프라우다〉는 레닌이 쓴 2백61개의 기사를 게재했다. 제정 당국을 만족시키기 위한 형식상의 이유로 많은 이름이 〈프라우다〉 편집자로 내세워졌지만, 그럼에도 〈프라우다〉의 실질적이고 지도적인 편집자는 망명중이던 레닌이었다.

또 다른 심각한 왜곡은 제1차세계대전이 일어났을 때 볼셰비키 의원들이 보인 태도를 다룬 23장에 등장하는 바다예프의 설명이다. 바다예프는 볼셰비키 의원들이 레닌의 "혁명적 패배주의" 입장에 완전히 동의했다고 주장한다. 또한 그는 볼셰비키 의원들이 체포돼 재판을 받게 됐을 때 박해자들 앞에서 움츠러들지 않는 비타협성을 보여주었다고 주장한다. 저런! 사실은 매우 달랐다.

망명지에서 레닌은 노동자와 농민이 전쟁을 지지함으로써 얻을 것은 아무것도 없다고 주장했다. 차르와 차르 정부의 승리는 그들을 착취하고 억압하는 계급을 강화시키기만 할 것이기 때문이다.

> 오늘날 사회주의는 이런저런 제국주의 부르주아지와 한패가 되지 않을 때만, 두 편 "모두 나쁘다"고 말할 때만, 제국주의 부르주아지가 나라마다에서 패배하기를 바랄 때만 본분에 어긋나지 않게 사회주의로 남아 있을 것이다.*

반동적인 전쟁에서 혁명적 계급은 자국 정부의 패배를 바랄 수밖에 없으며, 자국 정부의 군사적 패배가 그 전복을 쉽게 만들어 줄 것임에 틀림없

---

* Lenin, volume 21, p 144.

음을 혁명적 계급은 꼭 깨닫는다. …[*]

국민들간의 제국주의 전쟁을 억압자들에 대한 피억압 계급의 내전으로, 자본가 계급의 재산 몰수와 프롤레타리아의 정치 권력 장악과 사회주의 실현을 위한 전쟁으로 바꾸기 위해 가능한 모든 것을 하는 것이 … 사회주의자들의 임무다.^{**}

트로츠키가 옳게 지적했듯이, 전쟁이 일어나면서 러시아 국민을 삼켜 버린 애국주의 물결이 볼셰비키 지도자들을 건드리지 않고 그냥 지나갔던 것은 아니다. "대개 혼동은 부르주아 여론과 직접 맞닥뜨린 당의 상층부 속에 가장 깊이 스며들어 있었고, 가장 오래 지속됐다."^{***}

전쟁 문제가 두마에서 논의됐을 때 멘셰비키와 볼셰비키 의원들 모두가 정부와 정면으로 부딪히지 않고 회의에서 퇴장해 버렸다. 그 결과, 전쟁 노력을 지지하는 두마 결의안은 만장일치로 통과됐다. 그러자 멘셰비키와 볼셰비키는 정말이지 매우 모호한 내용의 공동 성명을 발표했다. 이 성명이 "지배계급들의 약탈 정책을 가려 주는 거짓 애국주의"를 피했던 것은 사실이다. 그러나, 동시에, 이 성명은 노동계급이 모든 공격에 맞서, 그 공격이 어디로부터 나오건, 즉 내부로부터건 바깥으로부터건 상관없이 국민의 문화 유물을 지킬 것이라

---

*   Lenin, volume 21, p 315.
**   Lenin, volume 21, pp 33-34.
***   L Trotsky, Stalin (London 1947), p 168.

고 약속했다.* 멘셰비키와 볼셰비키 의원들은 "문화를 지킨다"는 구실로 반쯤은 애국주의적인 태도를 취하고 있었다.

1914년 9월초에 전쟁에 관한 레닌의 테제가 상트 페체르부르크에 도착하자 그들은 특히 "혁명적 패배주의"라는 구호에 대해 수많은 반대 의견을 당 지도자들 사이에서 제기했다. 두마 프랙션은 레닌의 정식에 담긴 선명함을 누그러뜨리려 했다. 모스크바와 다른 지방들에서도 사정은 마찬가지였다. 모스크바의 오흐라나(보안경찰)는 "'레닌주의자들'은 전쟁이 일어났는데도 준비가 돼 있지 않았고, 오랫동안 … 전쟁에 관한 태도에 합의할 수 없었다."고 증언하고 있다. 모스크바의 볼셰비키는 스톡홀름을 거쳐 레닌에게 전달된 암호문에서 그에 대한 최고의 존경심에도 불구하고 "집을 팔아 넘기자"(패배주의 구호)는 충고는 화답을 받지 못했다고 적었다.**

고참 볼셰비크인 바예프스키는 자국 정부의 패배라는 구호가 러시아에서 반대에 부딪혔고 '패배'라는 말을 "너무나 듣기 싫은 말"로 취급하는 경향이 있었다고 기록했다.***

쉴랴프니코프도 테제 전체는 당 활동가들의 정서를 반영하고 있었지만 '패배'라는 문제는 그들을 당황스럽게 했다고 회상했다.**** 스위

---

* F I Kalinychev, Gosudarstvennaia duma v Rossi: Sbornik dokumentakh I materialakh (Moscow 1957), pp 595-596.

** Trotsky, p 168.

*** D Baevsky, Ocherki po istorii oktiabrskoi revoliutsii, volume 1 (Moscow 1927), p 379.

**** A G Schliapnikov, Kanun semnadtsatogo goda (Moscow-Petrograd

스의 볼셰비키 망명자들이 발행한 신문인 〈사회민주주의〉는 모스크바 볼셰비키 조직이 자국의 패배를 주장하고 있는 문단을 뺀 선언을 채택했다고 보도했다.* 전쟁 초기에만 아니라 1917년 혁명 때까지도 줄곧 러시아와 해외의 당 활동가들 사이에서는 패배주의 입장을 취하는 것을 꺼리는 분위기가 있었다는 다른 증거들도 있다.**

1915년 2월 재판에서 볼셰비키 의원들은 어떻게 행동했는가? 그들은, 그리고 무엇보다 그들 모두의 이론적 교사였던 카메네프는 레닌의 테제를 의도적으로 부인했다.(널리 알려진 유일한 예외는 두마 의원이었던 M K 무라노프였다.)

카메네프는 현재의 전쟁에 관한 레닌의 생각이 자기 생각과 명백히 모순된다고 선언했다. 그는 사회민주당 소속 의원들과 중앙위원회 — 카메네프는 자신이 중앙위원회의 대변인이라고 주장했다 — 둘 다 레닌의 의견에 반대한다고 말했다. 재판을 받고 있던 또 다른 볼셰비키 의원은 레닌의 테제가 1914년 7월 27일 두마에서 사회민주당 프랙션 이름으로 낭독된 선언과 모순된다는 점을 지적했다.***

레닌은 너무나도 실망했다. 그는 재판이 끝나고 시베리아로 종신 유배를 당하게 된 카메네프 등을 너무 날카롭게 공격하는 것이 매우

1923), volume 1, p 29.

* Sotsial-Demokrat , number 51, 29 February 1916.
** Revolliutsionnoe Byloe , number 3, 1924, Baevsky, p 384에서 인용.
*** J Martow, Geschichte der russischen Sozialdemokratie (Berlin 1926), p 283에서 인용한 T Dan.

곤혹스러웠지만, 그럼에도 숨김없는 비판을 가했다.

그렇다면 러시아 사회민주노동당원 그룹 재판은 무엇을 입증했는가? 다른 무엇보다도 재판은 러시아의 혁명적 사회민주당의 이 선진 분견대가 재판에서 충분한 확고함을 드러내지 못했음을 보여 주었다. … 로젠펠트[카메네프]가 그랬던 것처럼 그들이 사회 애국주의자인 요르단스키와의 의견 일치나 중앙위원회와의 의견 충돌을 입증하려 했던 것은 … 혁명적 사회민주당의 관점에서는 용서할 수 없는 일이다.*

레닌은 아무리 달갑지 않은 진실일망정 모른 체할 수 없었다. 혁명적 노동계급 정당은 "공개적으로 자기비판하고, 실책과 약점을 모호하지 않은 본래 이름으로 부를 만큼 강하다."**고 그는 말했다.
쉴랴프니코프는 법정에서 볼셰비키 의원들이 보인 행동은 평당원들의 사기를 아주 심각하게 떨어뜨렸다고 보고했다.

의원들의 재판은 우유부단하고 머뭇거리는 분위기에서 진행됐다. 의원들이 재판에서 취한 태도는 당혹스러운 것이었다. 의원들은 프롤레타리아의 책임 있는 중심에 어울리게 처신하지 않고 때때로 지역 당 위원회가 처신하곤 하는 식으로 행동하고 있다는 인상을 주었다. 많은 이들은 의원 동지들이 그토록 확고하지 못한 태도를 보여 주었다는 것을 유감스럽게 생

---

*   Lenin, volume 21, p 171.
** Lenin, volume 21, p 172.

각했지만, 공포 분위기에서 그 이유를 찾았다.*

자신을 변호하기 위해 카메네프는 중앙위원회 이름으로 출판된 전쟁에 대한 레닌의 테제가 중앙위원회의 승인을 받지 못했다는 형식적인 사실을 들었다. 레닌은 그것을 출판할 권리가 없다는 뜻이었다.**

바다예프는 이 책에서 볼셰비키 지도부를 있는 그대로 그리지 않고 있다. 그는 볼셰비키 당이 레닌(과 스탈린)의 머리 속에서 완전무결한 형태로 튀어 나왔다고 보는 스탈린주의 전설 제조 기구에 복종하고 있다. 그러나 고맙게도 볼셰비키는 인간이었다. 사실이 보여 주는 것처럼, 가장 혁명적인 당조차도 이질적인 사회 세력들로부터 압력받기 쉽다. 그러나 바다예프의 너무도 유익한 회고록에서 조야한 스탈린주의적 왜곡을 발견하는 것은 유감스러운 일이다.

---

* Sbornik Sotsial Demokrata, number 1, 1916년 10월, p 57.

** 1915년 4월 23일에 쓴 카메네프의 편지. 'On the Correspondence of the Russian Bureau of the Central Committee with Abroad in the War Years (1914-1916)', Proletarskaia revoliutsiia, number 7-8(102-103), 1930에서 인용.

볼셰비키는 의회에 대해 어떤 태도를 취했는가?

1996년 4월에는 총선이 있을 예정이다. 좌익들 사이에서도 벌써 총선에 대한 논의가 이루어지고 있다.

이미 좌익들 가운데 일부는 기존의 정치권 '안에서' 변화를 이루어 보겠다며 부르주아 정당들에 들어가 있다. 물론 결과는 그들이 부르주아 정당을 바꾼 것이 아니라, 반대로 부르주아 정당이 그들을 바꾸어 놓았다.

'밖에' 남아 있는 좌익들도 대부분 선거를 중심에 두고 활동해 왔다. 그들은 의회가 대중투쟁보다 더 커다란 힘을 갖고 있다고 생각하기 때문이다. 심지어 그들 가운데 일부는 이번 총선이야말로 노동자 계급(또는 민중)이 정치세력화할 수 있는 절호의 기회라고 말한다.

96년 4월 총선까지 몇 개월 남지 않았다. 시간이 없다. 그러나 진보세력

이 글은 《사회주의 평론》 7호(1996년 1-2월)에 실린 것이다.

이 마음먹기 따라서는 가능할 수 있다. 총선 전에 창당하기 어렵다면 다른 방법을 모색할 것이다. 그러나 선거를 매개로 정치세력화를 하는 것이 가장 효과적이라는 생각에는 변함이 없다.*[강조는 인용자]

과연 이런 주장을 하는 좌익들의 생각처럼, 선거를 통해서 노동자 계급이 정치세력화하는 것이 가능할까?

결론부터 얘기하면, 선거로 자본주의 체제나 노동자들의 생활조건을 바꿀 수 있다는 믿음은 완전한 착각이다. 세상을 바꿀 수 있는 유일한 힘은 노동자들의 투쟁이다.

물론 그렇다고 해서 사회주의자들이 선거에 대해 모른 체하며 기권해야 한다고 주장하는 것은 아니다. 오히려 그렇게 한다면 개량주의자들에게 노동자 계급을 내맡기는 꼴이 된다. 또 그것은 사회주의자들이 노동자들의 현재 상태에는 아랑곳 하지 않고 자신들의 숭고한 원칙만을 추상적으로 외침으로써, 노동자들로부터 따돌림받는 결과를 낳을 수 있다.

따라서 사회주의자들은 선거를 결코 대안으로 생각하지 않을지라도 선거전술에서는 유연해야 한다. 전술은 당시의 상황에 대한 매우 구체적인 분석에 바탕을 두어야 하기 때문이다. 그래서 어떤 때에는 선거 자체를 보이콧하라고 주장하더라도, 다른 때에는 자신의 후보를 내거나 특정한 후보에게 표를 주는 방식으로 선거에 참여해야

---

* 김경환, '국민적 진보정당 대망론', 《말》, 1995. 8, 62쪽. 진정련 대표 노회찬이 한 말이다.

한다. 물론 사회주의자들이 선거에 참여할 때에도 그 목적은 선거나 의회 따위가 노동자들에게 아무런 도움이 되지 않는다는 것을 효과적으로 입증하기 위해서이다. 즉, 사회주의자들에게 선거 연단은 정계진출의 다리가 아니라, 사회주의를 선전·선동하고 의회 제도의 본질을 폭로하기 위해 이용될 수 있는 공간일 뿐이다.

그러나 대부분의 좌익들은 의회에 대한 환상을 잔뜩 갖고 있기 때문에, 선거 때마다 자신들이 의회에서 다수가 되면 무언가 바꿀 수 있을 것이라는 환상을 퍼뜨린다. 이것은 노동자들에게 거짓말을 하는 것이다. 그런데 이런 비판에 대해서, 어떤 좌익들은 자신들이 원하는 것은 단지 의회를 '활용'하는 것일 뿐이라고 말한다. 그들 가운데 일부는 "볼셰비키도 의회에 참여하지 않았느냐"고 볼멘소리로 되묻는다.

볼셰비키가 러시아 두마(의회)에 참여한 경험을 갖고 있는 것은 사실이다. 그러나 대부분의 좌익들의 생각과는 달리, 그것은 볼셰비키가 의회를 중요하게 생각하고 그것을 통해서 무언가 — 그것이 자본주의 개혁이든 진보정당의 건설이든 — 를 이룰 수 있다고 기대했기 때문이 아니었다. 오히려 그것은 자신의 혁명 원칙을 복잡한 현실에 적용하기 위한 타협이었다. 안타깝게도, 볼셰비키를 끌어들여서 자신의 의회주의를 정당화하려는 대부분의 좌익들은 정작 볼셰비키가 선거와 의회를 왜 그리고 어떻게 활용했는지를 제대로 알고 있지 못하다.

따라서 러시아 두마에 대한 볼셰비키의 태도를 살펴보는 것은 혁명 전통을 방어하기 위해서라도 꼭 필요한 일이다.

볼셰비키와 선거

러시아에서는 1905년과 1917년 사이에 모두 네 차례의 두마 선거가 있었다. 1912년의 4차 두마 선거를 앞두고 볼셰비키는 3차까지의 두마를 되돌아 보며 "의회는 차라리 없는 편이 나았을지도 모른다."는 평가를 내렸다. 이것은 차르 의회가 노동자들의 처지를 개선하는 데 아무런 도움이 되지 않았다는 것을 뜻했다.

그러나 볼셰비키의 전술은 결코 획일적이지 않았다. 선거 전술은 볼셰비키 내에서 매우 격렬하게 논쟁이 된 쟁점이었고 그 때마다 레닌은 볼셰비키 내의 반대파와 멘셰비키 모두에 맞서서 전투를 벌여야 했다.

러시아에서 의회가 최초로 생긴 것은 1905년이었다. 격렬한 파업과 반란에 두려움을 느낀 차르는 5월초, 신임 내무부 장관 불리긴에게 의회 초안을 작성하라고 지시했다. 그러나 8월에 발표된 두마의 내용은 대부분의 노동자들을 배제한 채 제한된 사회계층에게만 투표권을 주는 것이었다. 노동자들은 두마의 기만적인 성격에 분노했다. 그런데도 멘셰비키는 두마 선거에 참여하고 싶어 했다. 사실상 그들은 두마가 대중적인 대표체의 싹이라고 생각했다. 볼셰비키는 '적극적'인 보이코트를 주장하기로 했다. 9월초에 열린 당대회에서 이 입장이 공식적으로 채택되었다. 레닌은 "수동적인 기권과는 달리 적극적인 보이코트는 선동을 열 배로 늘리고, 모든 곳에서 집회를 조직하며, 비록 우리가 떠밀고 들어가는 한이 있더라도 선거 회합을 최대한 활용하고 시위와 정치파업 등등을 벌여야 한다는 것을 뜻한다."하고 말했다. 12월의 새로운 선거법은 노동자와 농민에게 어느 정도 양보하는 것을 내용에 포함했지만 부자들에게 유리하도록 되어 있는 선거 원칙은 바뀌지 않았다. 볼셰비키의 입장도 바뀌지 않았다.

레닌과 볼셰비키가 이렇게 단호한 태도를 취할 수 있었던 것은 혁명이 계속 발전할 것이라는 판단을 했기 때문이었다. 그래서 레닌은 "적극적인 보이코트는 … 분명하고 정확하며 즉각적인 슬로건이 없다면 생각할 수 없는 것이다. 무장봉기만이 그런 슬로건이 될 수 있다." 하고 말했다.

그러나 1906년에는 상황이 크게 바뀜에 따라 전술도 바뀌었다. 1905년 혁명이 패배한 뒤에 반동기가 시작되고 있었다. 수상으로 취임한 스톨리핀은 1906년 7월에 1차 두마를 해산했다. 볼셰비키는 다시 찾아올 상승기를 준비하면서 반동기 동안 살아 남아야 했다. 그러기 위해서는 어떠한 방법을 써서라도 노동자 계급과 접촉할 수 있어야 했다. 결국 레닌은 의회 선거를 최대한 활용해야 한다고 판단했다. 물론 이것은 현실의 필요에 따른 타협이었다. 그러나 반동적인 차르 정부와 개량주의 좌익들에 대한 비판을 결코 유보하지 않는다는 점에서, 이것은 지배자들에 대한 타협이 아니라 노동자 대중의 현재 상태에 대한 타협이었다.

레닌은 한편으로는 멘셰비키의 의회주의를 계속 공격했고, 다른 한편으로는 보이코트를 마치 원칙인 것처럼 생각하는 볼셰비키 내의 초좌익주의(소환파)에 맞섰다. 앞의 것은 의회 활동에 모든 희망을 걸고 있었고 뒤의 것은 새로운 제도의 활용 가능성을 완전히 거부했다.

특히 볼셰비키 내의 소환파 — 보이코트파 — 는 합법적인 노동조합까지도 보이코트하고 싶어했다. 노동조합이 경찰과 손발이 척

척 맞아 합법적인 활동만을 수행한다면 혁명의 대의에 아무런 쓸모가 없다는 것이 소환파의 생각이었다. 이들은 레닌이 "어떻게 해서든 멘셰비키의 의회주의 입장에 기어이 투항하려 하고 있다."고 비난했다. 이러한 입장은 앞으로 다가올 거대한 혁명적 투쟁을 준비하기 위해 혁명정당이 계급대중과 더불어 활동하는 모든 수단을 차단하는 것이었다. 그들은, 설사 투쟁의 범위와 깊이가 몹시 제한되어 있다 할지라도, 투쟁에서 분리된 채로는 사회주의자들이 전혀 훈련 받지 못한다는 점을 이해하지 못했다. 레닌은 이렇게 주장했다. "좌익 사회민주주의자들은 제국 두마를 보이코트해야 한다는 문제를 다시 생각해야만 한다. 우리는 이 문제를 언제나 구체적으로 그리고 주어진 정치 상황과 관련하여 제시했다는 것을 명심해야 한다." 더불어 그는 이런 충고를 덧붙이는 것도 잊지 않았다. "이제 혁명적 사회민주주의자들이 보이코트주의자이기를 멈춰야할 때가 왔다. 우리는 이 전장[의회]을 이용하는 것을 거부해서는 안 되지만 그것의 작은 중요성을 과장해서도 안 된다. 오히려, 이미 역사가 제공한 경험을 따라, 우리가 두마에서 수행하는 투쟁을 또 다른 형태의 투쟁, 즉 파업과 봉기 등에 완전히 종속시켜야 한다."

여러 해가 지난 뒤, 이 때를 회상하면서 레닌은 《공산주의에서의 좌익 소아병》에서 이렇게 말했다.

의회주의란 물론 공산주의자들에게는 '역사적 폐기물'이다. 그러나 우리들에게 쓸데없는 것이라고 해서 계급한테도, 대중한테도 쓸데없는 것이라고 생각해서는 안 된다. 공산주의자인 여러분들은 노동자 계급의 후진층 수준으로 함께 가라앉아서는 안 된다. 그 점은 대단히 명백하다. 오히려 그들에게 쓰디쓴 진실을 말해 주어야 한다. 의회에 참여하는 것을 거부함으로써 자신의 '혁명성'을 보여 주는 것은 매우 쉽다. 하지만 매우 쉽기 때문에 이 '혁명성'을 보여주는 것이 곧 어려운, 정말 어려운 과제의 해결책은 아니다.

1912년의 4차 두마 선거 때에도 사정은 크게 다르지 않았다. 다만 그 해에는 레나 금광의 파업을 기점으로 노동자 운동이 다시 서서히 고양되는 조짐이 있었다. 그러나 아직까지도 노동자 대중은 의회에 대한 기대를 완전히 버릴 수 있을 만큼의 자신감을 되찾지는 못하고 있었다. 볼셰비키는 또다시 두마 선거에 참여하기로 결정했다. 볼셰비키는 사회주의를 선전·선동하고 대중을 조직하는 하나의 수단으로 선거를 생각했기 때문에, 결코 의석 몇 개를 확보하는 데에 매달리지 않았다.

선거라는 공간 속에서 노동계급에 대한 선전과 노동계급의 조직화라는 임무는 다른 모든 사업에 우선해 실행되어야 한다. … 우리가 특별히 주의를 기울여야 할 것은 타계급 정당과 독립성을 유지하는 것, 민주주의적 그룹(주로 트루도비키, 나로드니키, 사회혁명당원들)이 내세우는 사회주의의 프티부르주아적 본질을 폭로하는 것, 그리고 그들이 대중혁명 투쟁에 대한 태도를 정하지 못하고, 갈팡질팡함으로써 민주주의의 이상을 실현하는 데 해가 된다는 것을 폭로하는 것이다.*[강조는 인용자]

---

* A 바다예프, 《볼셰비키는 어떻게 의회를 활용하였는가》, 들녘, 23쪽.

레닌은 의회 안팎에서 진행되는 볼셰비키 의원단의 활동이 혁명운동에 대단히 중요하다는 것을 이해하고 있었다. 또한 그는 당선을 위해 혁명적 관점을 숨기거나 에둘러 표현하는 일 없이 선거운동의 모든 과정에서 혁명의 순수성을 유지해야 한다고 강조했다. 이에 따라 볼셰비키는 선거 기간에 다른 정당들과 어떠한 협정도 맺지 않는 것을 원칙으로 삼았다. 그 결과 러시아사회민주당 의원 14 명 가운데 볼셰비키가 6 명을 차지했다. 그들은 모두 노동자가 밀집해 있는 대규모 산업 지구에서 당선되었다.

그러나 멘셰비키는 노동자 대중에 대한 타협을 넘어 지배자들에 대한 타협으로까지 나아갔다. 그들은 정치적, 조직적 독립성을 지키는 것보다 자유주의자들과 협력하고 동맹하는 것을 추구했다. 그들은 모든 비합법 활동은 청산되어야 한다고 주장했다. 그들은 의회를 통해 목적을 달성하는 것에 모든 관심을 기울였으며, 부르주아에 대한 비판을 삼갔다. 의회에 들어간 멘셰비키는 언제나 노동자 파업이 그치길 바랐으며, 모든 것이 의회를 통해 해결되기를 원했다. 그들이 당선된 지구들은 주민 대부분이 프티부르주아였다.

이처럼 볼셰비키와 멘셰비키는 부르주아 의회에 대해 완전히 다른 관점을 갖고 있었다. 이런 차이가 나중에 사회민주의원단의 분열을 낳은 결정적인 이유였다. 이 차이는, 더 넓은 의미에서, 다가올 혁명에 대한 정치적 강령의 차이를 암시하는 것이었다.

선거와 대중행동

선거에 참여한 볼셰비키의 경험을 가장 잘 살펴볼 수 있는 것이 4차 두마이다.

선거 캠페인은 결코 단조로운 일이 아니었다. 이 과정에서 파업과 대중 시위 들이 중요한 역할을 했다. 볼셰비키 의원이었던 바다예프는 당시의 상황을 이렇게 묘사했다.

파업이 계속 확대되자 정부는 노동자들의 선거권을 빼앗을 수 없다는 것, 그리고 문제된 공장에서 다시 1차투표를 할 것을 보장하지 않을 수 없었다 … 20개 이상의 공장에서 대표자를 다시 뽑게 되었는데 날짜는 10월 14일 일요일로 정해졌다. 프라우다와 당조직은 전번의 대표자 선거때만큼이나 강력한 선전운동을 폈다. 선거가 계속되는 기간에도 자신들의 선거권 박탈에 대한 항의운동은 그치지 않았고 각 공장에서의 집회는 노동자들의 혁명의식이 한층 고양되었다는 것과 선거운동에 대한 관심이 높아졌다는 것을 보여 주었다.*

볼셰비키 의원들의 연설과 그들이 의회에서 발의한 것들에 대한 기록은 계속해서 대중 행동을 불러일으켰다. 생활 조건을 개선하기 위한 투쟁, 사회주의 신문을 탄압하는 것에 맞선 투쟁 그리고 차르가 전쟁을 준비하는 것에 반대하는 투쟁 등을 지원하는 것이 볼셰비키

---

* 같은 책, 39~40쪽.

의원들의 중심 활동이었다.

1905년 1차 러시아혁명의 패배에 뒤이은 심각한 반동기는 1910~1911년의 노동자 투쟁과 학생 시위 등을 거치면서 조금씩 회복되기 시작했다. 1912년 4월 4일에 레나 금광에서 벌어진 끔찍한 학살사건을 계기로 거대한 파업이 일어났다. 1905년에 차르에게 청원할 때와는 달리, 이제는 처음부터 민주 공화정이 슬로건으로 제기되었다. 차르 경찰은 무장도 하지 않은 군중을 향해 무자비하게 발포를 했고 순식간에 5백 명의 사람들이 죽거나 다쳤다.

이 소식은 노동자 계급의 분노를 자아냈다. 가두시위와 항의 집회가 전국에서 일어났다. 3십만의 노동자들이 항의 파업에 참가했다. 이것은 메이데이 파업과 결합되었는데, 여기에 4십만의 노동자들이 참여했다. 이듬해 1월 9일에는 약 8만 명의 노동자들이 '피의 일요일'을 기념하여 일손을 놓았고, 아침이 밝아오자 공장을 떠나 혁명가를 부르며 거리로 쏟아져 나왔다. 그 뒤로도 1912년 12월의 오흐타 폭발사고에 대한 항의가 있었고, 1913년 1월부터 시작된 직장폐쇄에 맞서서 섬유공장 노동자들의 투쟁이 벌어졌으며, 레쓰네르 공장에서 3달 동안 파업이 지속되었고, 조선소와 광산에서도 파업이 일어났다. 격렬한 노동자 투쟁이 들끓기 시작한 것이다.

4차 두마가 활동을 한 1912~1914년은 러시아에서 바로 이런 혁명적 분위기가 서서히 퍼져나가고 있을 때였다. 이 기간에 볼세비키는 차르의 두마를 최대한 이용했다. 레닌은 두마에서 이루어지는 볼세비키의 작업을 꼼꼼하게 지도했다. 물론 그는 의회활동이 의회 제도 밖에 있는 혁명 활동에 종속되어야 한다는 점을 명확히 했다.

당시의 볼셰비키 의원단은 두 가지 축으로 활동을 했다.

하나는 의회 안에서 대정부 질문과 안건 상정을 통해 차르 독재의 본질을 널리 알리는 것이었다. 의회의 선거 부정, 노동조합에 대한 불법 탄압, 정치범에 대한 박해 등을 비판하고, 레나 금광의 학살에 대한 진상조사, 사회보장법 실시, 작업조건 개선 등을 요구하는 것이 대정부 질문의 주된 내용이었다. 볼셰비키 의원들은 주로 지배자들의 얼굴을 맞대고 연설해야 했지만, 노동자들의 생각과 요구를 언제나 공개적이고 직설적으로 표현했다. "장관은 이 사실을 알고 있었는가? 그렇다면 어떤 조치를 취할 것인가?" 하고 끝맺는 대정부 질문에 대해 장관은 "조사해 보겠소. 보고서를 기다려 주시오." 하는 상투적인 답변을 할 뿐 아무런 조치도 취하지 않았다.

볼셰비키 의원단이 이처럼 아무것도 얻을 수 없는 대정부 질문을 계속했던 이유는, 차르의 약속이 얼마나 허구적인가를 보여 줌으로써, 노동자들이 의회에 대해 갖고 있는 환상을 산산조각내기 위해서였다. 대정부 질문이 의회에서 통과되었을 때조차 노동자들에게 혜택이 실질적으로 돌아가지 않았다. 공장에서의 모든 것은 전과 다름없었다. 볼셰비키 의원단이 바란 것은 노동자들이 그러한 각성을 통해 자신의 자주적인 투쟁을 활발히 벌이는 것이었다.

3월 내내 확대일로로 치닫고 있던 운동은 레나 노동자학살사건 기념일을 맞이하여 더욱 자극을 받게 되었다. 정부는 우리가 전에 조사를 요구한 대정부 질문이 의회에서 통과되었는데도 불구하고 답변을 하지 않고 있었다. 우리는 임박한 기념일을 이용하여 답변을 촉구하는 새로운 대정부 질문을 제출하기로 결정했다.

모든 당조직은 기념일 시위를 준비하는 한편 모든 공장과 작업장에서 선전을 벌였다. 성페테르스부르그 위원회는 노동자들에게 대정부 질문을 지지하는 시위를 거리에서 벌일 것을 요청하는 성명서를 발표했고 노동자들은 일제히 의회로 행진하기로 결정했다.*

다른 하나의 축은 이보다 훨씬 더 중요했다. 볼셰비키 의원들은 현장에서 투쟁을 지지·지원하고 투쟁기금을 모으는 등 모든 파업에 결합하여 노동자 투쟁을 고무했다. 볼셰비키 의원단은 불법 활동을 배제한 것이 아니라, 자신의 신분을 이용해서 오히려 당의 비합법 활동을 순조롭게 만드는 역할을 했다.

예컨대 1913년에 레쓰네르 공장에서 102일 동안 파업투쟁이 벌어졌을 때, 의원단은 투쟁 기금을 모으는 중심체가 되었다. 그들은 매일 페테르스부르그뿐 아니라 다른 도시의 노동자들이 모금한 돈을 접수했고, 〈프라우다〉를 통해 기금을 보낸 공장의 이름을 발표했다. 덕분에 파업은 전국적인 화제거리가 되어 시베리아 등지의 촌구석에서도 파업기금이 도착했다. 파업기간 동안 1만 8천 루블 정도가 모였는데, 이것은 파업유지금으로는 가장 많은 액수였다.

그들은 또한 파업을 하는 사람들과 지속적으로 연락을 취하면서 노동자들이 자신의 요구사항을 작성하는 것을 도와주고, 투쟁기금을 전달하면서 정부와의 싸움을 조직했다. 수많은 노동자들이 자신

---

* 같은 책, 171~172쪽.

의 불만과 고통을 호소하기 위해 의원단을 방문하곤 했다. 특히 월급 날에는 파업유지금을 가지고 왔다.

이것 말고도 볼셰비키 의원들은 수배된 사람들을 위해서 여권을 만들어 주고, 그들이 숨을 장소도 마련해 주었다. 그리고, 파업중에 해고된 사람들을 위해 일자리를 찾아 주거나 체포된 사람을 위해 청원하는 일도 도맡았으며, 유배 생활을 도울 수 있는 조직을 꾸리기도 했다.

요컨대 볼셰비키 의원들은 아무리 사소한 일이더라도 노동자들과 연관을 맺기 위한 노력을 게을리하지 않았다. 또 그들은 두마에서의 활동보다는 의회 밖에서 당 그룹을 조직하고 지도하는 일을 더 중요하게 생각했다.

〈프라우다〉의 역할

4차 두마 선거 동안, 볼셰비키는 전에 없었던 강력한 무기를 갖게 되었다. 이것은 선거 몇 개월 전부터 발행되기 시작한 〈프라우다〉였다.

선거 기간 내내 〈프라우다〉는 선진 대중의 대변인이 되었다. 특히 노동자 지역의 선거에서 〈프라우다〉의 역할은 대단히 중요했다. 동시에, 그것은 청산주의자와 자유주의자의 영향력에 맞서서 일관된 투쟁을 벌이기도 했다.

선거권 박탈에 대한 항의운동과 파업이 벌어졌을 때에는 전국 각지의 노동자들이 〈프라우다〉사무실을 찾아 와서 자신의 공장에서 일어나고 있는 일에 대해 말해 주었다. 〈프라우다〉는 볼셰비키가 대중과 끊임없이 접촉하고, 투쟁을 조직하는 가장 중요한 수단이었다.

의원단은 〈프라우다〉의 도움을 받아 당과 혁명운동이 부여하는 임무를 처리할 수 있었다. 의회 연단을 정부가 아니라 대중을 향해서 연설하는 장소로 이용할 수 있었던 것도 바로 〈프라우다〉가 있었기 때문이다. 만약 〈프라우다〉라는 노동자 신문이 없었다면 볼셰비키 의원단이 의회에서 벌인 활동은 의회 밖으로 아예 알려지지도 않았을 것이다. 이것은 매우 중요한 문제인데, 설사 의회가 정치투쟁의 영역을 넓히는 곳이 될 수 있다 할지라도, 최종적인 해결은 언제나 의회 밖에 있는 공장과 거리에서 가능하기 때문이다.

〈프라우다〉의 중요성은 역설적이게도, 지배자들의 신문 〈러시아 국기〉에 잘 표현되어 있다.

> 사회민주의원들에 의해서 조정되는 노동자 신문의 영향력이 증대되는 것을 방치하였기 때문에 노동자들과 밀접한 관계가 성립되고 말았다. 불과 일 년 전까지만 해도 노동자들은 의회에서 일어나는 일에 그다지 영향을 받지 않았다. 하지만 지금은 **사회민주주의자 의원들이 의회에서 연설을 하면 즉각 2십만 명의 노동자들이 조직된 행동을 한다.**[강조는 인용자]

실제로 〈프라우다〉는 노동자들의 계급의식을 고취하고 그들을 조직했다. 〈프라우다〉가 노동자들의 신문이었다는 점은 그것이 노동자들의 지지금으로 운영되었다는 사실만으로도 알 수 있다. 많은

---

* 같은 책, 188쪽.

공장의 노동자들이 자신의 임금에서 일정한 비율을 기부금으로 보내왔다. 1912년 4월부터 1914년 5월까지 프라우다에 기부금을 납부한 노동자 단체의 수는 전부 합쳐서 5674개였다. 이것은 멘셰비키보다 거의 6배 이상 높은 수치였다. 사실 멘셰비키는 주로 몇몇 개인들의 큰 돈에 의지하고 있었다. 또한 1914년 1월부터 5월까지 프라우다가 받은 지지금의 평균 액수는 6.59 루블로서, 페테르스부르그 노동자들의 평균 주급과 비슷했다.

〈프라우다〉는 접수되는 성금의 기부자를 정기적으로 발표하는 동시에 더 많은 성금을 호소했다. 〈프라우다〉는 서로 다른 지역에 존재하는 노동자들이 정신적·물질적 연대를 이루는 가교였다는 점에서 무엇보다 중요했다. 이러한 과정은 수천 명의 노동자가 〈프라우다〉를 읽고, 팔고, 기고하고, 기부하는 모든 활동을 고무했다.

볼셰비키의 활동 자체가 〈프라우다〉를 중심으로 이루어졌다. 의원단은 이러한 사업을 파업투쟁이 있는 작업장에서, 거리 집회에서, 의회에서 호소하고, 조직했다.

노동자의원과 노동자들의 신문은 같은 목적을 가지고 일을 합니다. 양자 사이에는 밀접한 공동작업이 있어야 합니다. 나는 노동자들의 신문인 프라우다를 발행하는 일을 나의 가장 적극적인 일로 생각하고 있습니다. 동지들! 우리들의 노력에 의해서, 우리들이 번 돈으로 우리는 러시아에서 최초의 노동자들의 신문을 창간했습니다. … 그러나 신문을 창간하는 것만으로는 충분하지 않습니다. … 노동자들은 프라우다를 정기구독해야 하는 것은 물론 옆 사람들을 정기구독자로 만들기 위해 노력해야 합니다.*

또 그들은 경찰이 〈프라우다〉를 탄압하는 것에 맞서서 비밀스런 배포를 지원하거나, 압수 수색에 대해 공개적으로 항의하기도 했다. 이 때 그들은 자신들이 갖고 있는 '면책특권'을 최대한 활용했지만, 법적인 제재로부터 완전히 안전하지는 못했다. 그래서 신문과 관련하여 여러 차례 기소되는 것도 감수해야 했다. 그럴 때마다 치안 판사들은 그 동안 모아 두었던 자료들을 총동원해서 볼세비키 의원들을 조사하고, 당조직에 대한 정보를 캐물었다. 그들의 대답은 한결같았다. "편집자의 이름은 신문에 인쇄되어 있고 협력자는 수천의 성 페테르스부르그 노동자들이오."

그 결과, 투쟁에 적극적인 새로운 노동자들, 지금까지 당이나 노조와는 아무런 관계를 맺지 않던 사람들, 자신의 불만과 고통을 호소하기 위해 대정부 질문에 필요한 자료를 가져다 주던 노동자들이 볼세비키 조직에 가입하는 일이 늘어났다.

혁명적 파고, 전쟁 그리고 탄압

1914년 전반에 정치파업의 횟수는 1905년 수준에 달했다. 메이데이 집회는 그 전 해보다 훨씬 더 컸다. 페테르스부르그에서 25만 명

---

* 같은 책, 226~227쪽.

의 노동자들이 파업을 했고, 모스크바에서는 약 5만 명이 파업을 했다. 많은 지방 소도시에서도 파업이 벌어졌다. 파업은 여름까지 계속되었으며 노동자들은 전투적인 투쟁으로 임금인상을 포함한 상당한 성과를 따냈다.

특히 바쿠 유전의 파업은 전쟁 전야에 페테르스부르그 노동자들의 역사적인 행동을 불러일으켰다. 파업의 직접적인 원인은 유전지대 근방에서 발생한 전염병 때문이었다. 전염병 때문에 바쿠 노동자들은 불결한 주거환경의 문제를 제기했다. 하지만 투쟁이 벌어지자마자 요구는 임금인상, 주택과 음식 개선, 성과급제도 폐지, 의무교육 실시, 응급실 설치, 8시간노동제 인정, 메이데이 승인 등 다양하면서도 정치적인 색채를 띠었다. 또한 고무적인 것은 투쟁에 참여한 러시아인, 아르메니아인, 페르시아인, 타타르인 등이 서로 이질적임에도 불구하고, 모두 함께 사용주에 맞서 싸웠던 점이다. 차르 정부는 바쿠 노동자들의 끈질긴 저항을 분쇄하기 위해서 매우 거세게 탄압했다.

볼셰비키 의원단은 바쿠 노동자들을 돕기 위해 페테르스부르그에서 시위를 조직했다. 수많은 곳에서 모금이 접수되었고, 다른 지역에서 파업투쟁을 벌이던 노동자들이 바쿠 노동자들의 투쟁에 고무받았다. 특히 1만 2천여 명이 모인 푸칠로프 노동자들의 집회는 바쿠 노동자들의 파업을 지지하며 하루 동안 항의 파업을 하기로 결정했다. 이 날 집회 뒤에 벌어진 싸움에서 기마경찰대와 보병경찰의 발포로 2명이 살해되고, 50여 명이 부상당했으며, 1백 명 이상이 경찰에 연행되었다.

푸칠로프 공장의 발포 소식은 페테르스부르그 노동자 운동에 커다란 전환점이 되었다. 그 일이 있은 다음 날, 마치 1905년과도 같은 격렬한 시위와 파업이 일어났다. 노동자들은 경찰을 두려워 하지 않았고, 경찰의 야만스런 행위에 대항하여 단결된 힘으로 싸웠다.

그러나 1914년 7월까지 계속되던 강력한 노동자 투쟁은 8월 1일에 러시아가 전쟁을 선포하면서 중단되었다. 전쟁이 시작되자 흉악하기 그지없는 반동세력들이 이를 신호탄으로 하여 노동자 운동에 대한 공격을 강화했다. 차르 정부는 광포한 국수주의와 주전론이 확산되는 분위기를 등에 업고 모든 노동자 조직들 ― 합법조직과 불법조직 모두 ― 을 무자비하게 탄압했다.

전쟁 초기에 형성된 이러한 분위기는 당 사업은 물론이거니와 의원단의 활동을 매우 어렵게 만들었다. 결국 볼셰비키 의원단은 모두 체포되어 시베리아 유형에 처해졌다.

그러나 차르가 노동자 운동을 완전히 죽이지는 못했다. 전쟁에 의해서 잠시 중단되긴 했지만 노동자 운동은 얼마 뒤에 훨씬 더 커다란 힘으로 되살아났다. 1917년 2월혁명이 바로 그것이다.

끊임없는 탄압 속에서도 투쟁의 대열을 유지하던 노동자들은 볼셰비키 의원단을 기억하고 있었다. 볼셰비키 의원들의 재판이 있던 날에 커다란 항의파업이 벌어졌고, 모든 집회에서 노동자들은 기본적 요구와 더불어 볼셰비키 의원들을 석방하라고 요구했다. 1917년 3월의 마지막 날, 마침내 볼셰비키 의원단은 페테르스부르그 노동자들의 품으로 돌아왔다. 그들의 활동은 분명히 1917년 10월 러시아혁명의 소중한 밑거름이 되었다.

볼셰비키가 불법 상황에서 활동해야 했던 어두운 반동의 시대에 조차 노동자들의 이익을 위한 투쟁에 얼마나 헌신적이었나를 사회주의자들은 기억해야 한다. 이것은 무엇보다도 그들이 원칙에 충실했기 때문이다. 그들은 시베리아로 유형 가거나 심지어 처형당하는 일을 겪어 가면서도 차르의 탄압에 결코 굴복하지 않았다. 동시에, 볼셰비키는 노동자들의 의식은 투쟁 경험을 통해서만 발전한다는 것도 알고 있었다. 때문에 현실의 전투에 개입할 때 그들은 전술을 매우 유연하고 끈기 있게 구사했다. 얼핏 보면 모순되어 보이는 이 두 측면 — 원칙과 전술 — 은 노동자 계급의 자기해방이라는 신념에서 하나로 통일되어 있었다. 볼셰비키가 의회와 선거에 대해 취한 태도는 바로 이러한 정신의 산물이다.

사회운동과 비정부기구들(NGO)

몇 달 전 파키스탄에서 좌파 활동가들을 만났을 때, 그들이 나에게 계속 제기한 질문이 하나 있었다. "도대체 NGO들을 어떻게 해야 합니까? 어떻게 해야 그들이 투쟁에 해를 끼치지 못하게 할 수 있습니까?" 걱정이 얼마나 심각한지 아마 서방 활동가들이 그 질문을 들었다면 적잖이 놀랐을 것이다.

흔히 서방에서는 지난 20년 동안 우후죽순으로 생겨난 NGO들을 기업과 정부의 잘못을 폭로하는 활동가들이라고 여긴다. 나오미 클라인은 《노 로고》[중앙M&B]에서 NGO들이 기업의 권력을 마비시키는 '벌떼'의 일부라고 묘사한다.

그러나 NGO들 가운데 운동하는 NGO들은 극소수다. 다수는 사뭇 다른 구실을 한다.

크리스 하먼. 격주간 〈다함께〉 33호, 2004년 6월 12일. https://wspaper.org/article/1337.

신자유주의 확산의 부수 효과 중 하나는 각국 정부가 자발적 기구들을 이용해 국가가 제공해야 할 서비스를 대체하는 정책들을 의식적으로 추진한다는 것이다. 예컨대, 모잠비크에서는 NGO들이 교통 체계 전체를 운영하고, 아프가니스탄에서는 노르웨이 난민회의의 코너르 폴리가 말했듯이 NGO들이 "공공 서비스, 보건의료, 교육 등 국가 기능의 책임을 떠맡아 왔다."

1990년 세계적으로 14만 5천 개였던 NGO들의 수가 10년 뒤 25만 5천 개로 크게 늘어난 것도 바로 이 때문이다. 그리고 이에 따라 NGO들로 유입되는 돈도 크게 증가해, 오늘날 영국에서만 [NGO들의] 총지출이 50억 파운드(약 10조 6천6백억 원)를 넘는다.

그런 NGO들의 다수는 좋든 싫든 국가가 책임져야 할 사회적 서비스의 격차를 싼값에 메우고 있다. 그 과정에서 그들은 "권한 부여" 등의 용어를 사용해 그들이 악화하고 있는 격차를 미봉책으로 땜질하고 있는 것이 아니라 상황을 호전시키고 있는 것처럼 보이게 만든다.

그러나 파키스탄 활동가들의 비판은 단지 서비스를 제공하는 NGO들에만 국한되지 않았다. 운동을 주도하는 NGO들을 겨냥한 비판이기도 했다.

그런 NGO들은 민중 운동들을 일탈시킨다는 비난을 받는다. 그들은 다른 기층 운동가들과 달리 돈을 갖고 있고, 그 돈은 서방 다국적기업들이나 정부 기구들이 운영하는 재단들에서 나온다. 덕분에 그들이 외부에서 어떤 지역으로 들어가 그들의 운동을 진전시키는 데 필요한 재정과 자원을 현지 주민들에게 제공할 수 있다.

현지 활동가들이 대가를 치른다. NGO들은 기부자들에게 해가 되지 않도록 자신들의 요구를 제한하는 경향이 있다. 못지 않게 심각한 점으로, NGO의 돈은 특권 활동가층을 만들어 내고 그들을 주위 민중과 단절시키는 경향도 있는데, 이들은 NGO의 행운을 계속 유지하는 데 몰두하는 소관료들이라고 할 수 있다.

그래서 NGO들은 자신들이 장려한 운동들이 체제 전체에 도전하지 못하도록 단일 쟁점에 국한시키며, 아래로부터 통제 받지 않는 지도자들을 선정한다. 그런 비판은 매우 실질적인 문제를 가리킨다. 그러나 그 해결책은 제시하지 못하는 경우가 흔하다.

많은 나라에서 운동 NGO들의 영향력이 좌파의 영향력보다 훨씬 더 급속히 커지고 있다. 이 점은 뭄바이 세계사회포럼에서 매우 분명히 드러났다. 당시 NGO들이 데려온 사람들 가운데 많은 사람들은 제국주의와 신자유주의를 비판하는 연설들에 박수갈채를 보냈다.

많은 NGO 활동가들은 좌파 출신이거나 잠재적으로 좌파가 될 수 있는 사람들이다. 전 세계 여러 나라에서 1960년대와 1970년대의 구 좌파가 1980년대와 1990년대에는 나가떨어졌다. 그들의 다수는 환멸, 특히 동구권 해체 이후의 환멸 때문에 세계 체제와의 전면 충돌이라는 사상에서 후퇴해 각종 단일 쟁점 운동으로 돌아섰다.

NGO들의 대거 성장은 이런 변화에 딱 맞아떨어졌다. 그 덕분에 NGO 활동가들은 새로운 방식으로 "국민에게 봉사한다"는 낡은 관념들을 보존할 수 있었고 그런 활동을 하면서 봉급을 받을 수 있었다. 한때 골수 극좌파였던 사람들이 지금 많은 NGO들을 관리하는 방식이 바로 이런 것이다.

좌파 조직들이 더는 선동하려 하지 않는 쟁점들을 제기함으로써 NGO들은 지지를 얻어 냈다. 그 결과 제3세계 나라들에서 노동자·농민·빈민의 조직화를 지원하는 사람들이 그들밖에 없는 경우가 흔하다.

그렇다고 해서 그들의 부정적 특징이 사라진 것은 아니었다. 신자유주의의 확산으로 단일 쟁점 선동을 통한 개혁의 가능성이 줄어들자 상근 활동가들은 민중과 체제를 화해시키는 중재자들이 되라는 압력을 받았다.

그러나 이런 경향은 반발을 초래했다. 많은 NGO 활동가들과 특히 그들이 조직한 기층 운동 단체들은 이런 방향으로 가기를 원하지 않는다. 일부는 심지어 작은 성과라도 얻기 위해서는 단일 쟁점 운동을 넘어서야 한다고 생각하기 시작했다. 그 분화는 완전하지 않다. 그리고 실제로도 NGO들이 돈을 모으고 조직하는 방식을 고려하면 그럴 수도 없다. 그 활동가들은 사람들을 투쟁에 끌어들이지만, 그런 투쟁이 NGO들의 틀을 벗어나지 못하도록 흔히 그 전투성을 억제하기 십상이다.

한 가지 제한적 방식에서 운동 NGO들은 훨씬 더 오래된 현상, 즉 개량주의적 노동조합 운동을 닮았다. 개량주의적 노동조합 운동도 사람들을 조직해 체제의 개혁을 요구하지만, 체제 전체에 맞서 싸우는 전투적 투쟁을 방해하는 통제된 방식으로 그렇게 하려 한다. 또, 특권적 상근 간부층을 갖추고 있는데, 이들은 새로운 활동가들과 기층 민중을 분리시키려 하고, 새 활동가들을 자기네 방식과 구조에 적응시키려 한다.

진정한 좌파의 과제는 그런 관료 구조들을 통제할 수 없다며 그냥 포기하는 것이 아니다. 그 기구들을 완전히 신뢰해 그에 휩쓸려 들어가거나 그들의 특권을 공유하는 함정에 빠지지 말아야 한다. 그러나 전술적으로 그들에 대응하는 것도 필요하다. 즉, 공동전선들 안에서 그들과 함께 활동하면서 사람들을 운동에 끌어들여 공식 구조들에 구현된 많은 개량주의 관념들과 충돌하게 만드는 것이다.

노동조합과 비슷하다는 점이 지나치게 강조돼서는 안 된다. 대체로 NGO들은 노동자들처럼 응집력 있고 강력한 집단들을 조직하지 않으려 한다. 그러나 그들은 가장 억압받는 집단들의 일부를 조직하는 반면, 최근 몇 년 동안 좌파는 흔히 그렇게 하지 못했다. 우리는 NGO들이 조직한 사람들을 더 광범한 투쟁으로 끌어들일 방법들을 찾아야 한다.

운동 NGO들이 체제의 부속물일 뿐인 것은 아니다. 그들은 새로운 형태의 개량주의다. 그래서 그들은 사람들의 불만을 왜곡된 방식으로나마 부분적으로 표현할 수 있다. 바로 그 때문에 많은 NGO들이 시애틀·제노바·피렌체·파리·뭄바이에서 시위에 참가했던 것이다. 바로 이 때문에 우리는 그들의 참여를 환영함과 동시에 그들의 방법이 우리와 다르다는 점을 분명히 해야 하는 것이다.

파키스탄 동지들이 NGO들을 비판한 것은 옳았다. 그들이 틀린 점은 우리가 새로운 운동을 건설할 수 있는 방식이 NGO들과 그 주위 사람들에 등을 돌리는 것이라고 생각했다는 점이다.

정당과 사회운동

다시 한 번 남한 사회주의자와 활동가들과 얘기를 나눌 수 있게 돼 너무나 기쁩니다. 특히, 방금 자신들의 투쟁을 소개한 울산건설플랜트 노동자들과 같은 자리에서 연설할 수 있게 돼 영광입니다.

울산건설플랜트 노동자들 같은 이들이야말로 말이 아니라 행동을 통해서 사회주의를 쟁취하기 위한 투쟁의 진면목을 보여 주고 있다고 생각합니다.

그들은 끔찍하고 야만적이고 잔인한 자본주의 체제에 맞서 싸우고 있습니다. 울산건설플랜트 사용자들에 맞선 투쟁에서 그들이 승리하는 데 우리가 도움이 됐으면 합니다.

이제 제가 강연할 '정당과 사회운동'이라는 주제가 울산건설플랜트 노동자 투쟁 같은 당면 투쟁들과 동떨어진 것처럼 보일 수 있지

알렉스 캘리니코스. 격주간 〈다함께〉 63호, 2005년 9월 14일. https://wspaper.org/article/2445.

만, 사실은 서로 관계가 있습니다.

자본주의는 잔인할 뿐 아니라 강력하고 교활한 존재입니다. 따라서 자본주의를 무찌르기 원한다면 우리는 승리에 필요한 전략을 제공해 주는 명확한 사상을 가지고 있어야 합니다.

오늘 오후에 제가 발표할 내용은 울산 노동자들을 괴롭히는 사용자들뿐 아니라, 자본주의를 제거하기 위해서 필요한 전략의 핵심입니다. 저는 '사회운동과 정당'에 대해 얘기하려 합니다.

지금은 모든 사람들이 사회운동을 좋아하는 듯합니다. 활동가와 NGO들은 사회운동을 건설하려 합니다. 학자들은 사회운동에 관한 거대 이론을 만들어 냅니다. 심지어 부시 정부조차 소위 '시민사회'를 좋아한다고 말합니다.

반면, 정당은 아무도 좋아하지 않는 듯합니다. 물론 여기에는 명백한 이유가 있습니다. 세계의 주요 정당들은 부패했습니다. 남한이라고 다를까요? 열린우리당과 한나라당이 부패하고 억압적인 다른 나라 지배자들의 정당들과 다르다면 놀라운 일일 것입니다.

좌파는 좌파대로 정당을 의심하거나 정당에 적대적인 이유를 가지고 있습니다. 그것은 소련·중국·북한 등 스탈린주의의 경험에 대한 반응입니다.

이 국가들이 모두 일당독재 체제이기 때문에 만약 우리가 정당을 만든다면 결국 새로운 스탈린주의 괴물을 창조하게 될 것이라는 우려가 있습니다.

때때로 이런 생각은 체계적 이데올로기로 발전하기도 했습니다. 오늘날 반자본주의 운동에서 영향력이 있는 한 경향인 소위 '자율주의'

에서 그런 생각을 발견할 수 있습니다.

예를 들어, 자율주의 이론가 중 하나인 토니 네그리는 정당이라는 조직 방식은 끝났다고 확신한 나머지 굳이 이것을 명확하게 말할 필요도 느끼지 못합니다.

또 다른 자율주의 이론가인 존 홀러웨이는 《권력을 잡지 않고 세계를 바꾸자》(《권력으로 세상을 바꿀 수 있는가》, 갈무리)라는 제목의 책을 냈습니다. 우리가 권력을 잡으려 한다면 결국 스탈린주의를 되풀이하는 것일 뿐이라는 것입니다. 그리고 홀러웨이는 정당이란 권력 장악을 추구하는 잘못된 전략의 일부라고 생각합니다.

정당은, 심지어 혁명적 당조차 그 자체로 목적이라기보다는 수단입니다. 때로 혁명가들은 정당 자체를 목적으로 보기도 했습니다. 심지어 가장 위대한 혁명가들 중 하나인 트로츠키조차 1920년대 초에 한 연설에서 '맞든 틀리든 내 당이다'라고 말했습니다. 그 때 트로츠키가 속한 당의 지도자는 나중에 트로츠키를 살해한 스탈린이었습니다.

그러나 세계를 더 근본적으로는 바꿀 수 있는 것은 '자기해방'입니다. 카를 마르크스는 사회주의가 노동계급의 자기해방이라고 했습니다. 다시 말해, 사회주의란 노동자 스스로 자신을 해방하는 것이지 다른 누군가가 대신해 주는 것이 아닙니다.

사회주의는 울산건설플랜트 노동자들과 남한의 다른 모든 노동자들과 세계 노동자들이 스스로 사회를 운영하기 위해 자신을 조직해서 사회에 대한 통제력을 얻는 것을 말합니다.

따라서 20세기의 위대한 혁명적 투쟁에서는 어떤 패턴이 되풀이됐습니다. 노동자 평의회가 등장했던 것입니다.

다시 말해, 노동자들은 투쟁을 계속하기 위해 보통의 노동자들의 통제를 받는 대중적이고 민주적인 기구를 건설했던 것입니다.

그리고 이런 노동자 평의회들은 파업위원회처럼 단순히 투쟁을 계속하기 위한 기구에서 자본주의 국가에 도전하는 노동자 권력 기구로 발전했습니다.

따라서 혁명적 마르크스주의 전통에서 사회주의란 노동자 평의회가 자본주의 국가를 타도하고 사회에 대한 통제권을 획득해서 보통 사람들의 필요를 위해 사회를 운영하는 것을 말합니다. 그래서 사회주의는 자기해방 과정인 것입니다.

그러나 이런 자기해방 과정이 성공하기 위해서는 혁명적 당이 필요합니다. 그리고 저는 이것을 설명하기 위해 오늘날 반자본주의 운동의 경험에 대해 말하려고 합니다.

처음에 반자본주의 운동은 1999년 11월 시애틀 WTO 각료회담 반대 시위에서 탄생했습니다. 그리고 이것은 곧 신자유주의 세계화에 저항하는 세계적 운동으로 발전했습니다. 세계사회포럼, 2001년 7월 제노바 G8 정상회담 반대 시위 등을 예로 들 수 있습니다.

반자본주의 운동이 등장했을 때 유력했던 정서는 도취였습니다. 이런 도취는 이 운동이 노동계급의 오랜 세계적 패배 이후에 등장했기 때문이었습니다. 매우 다양한 배경과 관심을 가진 활동가들 사이에 강력한 연대감이 존재했습니다.

그리고 정당에 대한 전반적인 의심 또한 존재했습니다. 많은 나이든 활동가들은 1960년대와 1970년대 유럽과 라틴아메리카의 투쟁을 경험한 고참들이었습니다.

그들은 과거에 자신이 속한 혁명조직에 실망했고, 따라서 정당에 매우 적대적입니다. 그리고 다른 활동가들은 주로 1980~90년대 중요한 정치세력으로 등장한 NGO를 통해 조직됐습니다.

하지만 시간이 흐르면서 그런 도취감은 사라졌고, 운동은 어려운 정치적 선택의 문제에 직면하면서 분열했습니다.

첫째 문제는 '국가 폭력에 어떻게 대처할 것인가'였습니다. 2001년 스웨덴 예테보리 시위와 이탈리아 제노바 시위 당시 국가는 엄청난 폭력을 자행했습니다.

아탁[서방세계 여러 나라에서 활동하는 신자유주의 세계화 반대 운동 단체] 같은 운동 내 온건파들은 이런 폭력 때문에 '우리는 시위를 중단해야 한다'고 주장했습니다. 그러나 운동의 다수는 그런 제안을 거부했습니다.

두 번째 문제는 9.11 이후 무엇을 해야 하냐였습니다. 부시 정부는 아프가니스탄과 이라크를 공격했습니다. 그 전까지 반자본주의 운동은 주로 무역과 외채 같은 경제 쟁점을 가지고 운동을 벌여 왔습니다. '이제 반자본주의 운동은 전쟁에도 반대해야 할까' '반자본주의 운동은 동시에 반전운동이 돼야 할까?' 하는 문제가 제기됐습니다.

다시 한 번 운동 내 온건파들은 '아니다'라고 주장했습니다. 아딱의 지도자인 베르나르 까쌍은 미국의 B-52 폭격기가 폭격을 하든 말든 세계의 빈곤은 변화가 없을 것이라고 주장했습니다.

그러나 특히 이탈리아와 영국 활동가들은 "아니다. 둘 사이에는 관계가 있다" 하고 주장했습니다. 세계적으로 빈곤이 계속되는 것은 미국과 그 밖의 다른 제국주의 국가들의 군사력 때문이기도 합니다.

그 결과, 거대한 반전 시위, 특히 2003년 2.15 시위는 유럽사회포럼과 세계사회포럼의 반자본주의 운동에서 시작됐습니다.

지금 유럽에서 우리는 또 다른 선택에 직면해 있습니다. 그것은 논의중인 유럽헌법에 반대할 것인가 말 것인가입니다.

반자본주의 운동 내 대다수는 유럽헌법에 반대합니다. 유럽헌법은 유럽연합을 군사강국으로 만들고 유럽의 복지국가에 대한 신자유주의적 공격을 강화하는 내용을 담고 있습니다.

하지만 유명한 자율주의 이론가인 토니 네그리는 초국적으로 통일된 유럽 자본주의가 미국을 견제하는 진보적 구실을 할 것이라며 유럽헌법을 지지했습니다.

이런 선택들을 통해 제가 증명하려 했던 것은 반자본주의 운동, 특히 유럽 반자본주의 운동 내에서 지난 몇 년 동안 정치적·이데올로기적 차이가 발생했다는 것입니다.

그 결과, 반자본주의 운동에는 서로 다른 강령과 전략을 대변하는 일련의 경향들이 생겨났습니다.

먼저 프랑스 아탁과 까쌍이 대표하는 개량주의적 경향이 있습니다. 이들은 자본주의 자체가 문제는 아니라고 주장합니다. 오히려 신자유주의가 문제라는 것입니다.

다시 말해서, 지난 20~30년 동안 강력해진 자유시장 형태의 특정 자본주의가 문제라는 겁니다. 그래서 그들은 제2차세계대전 종결 이후 서방 자본주의 진영에 존재했던 좀더 규제된 형태의 자본주의로 되돌아가기를 바랍니다. 그리고 자본주의가 더는 국민국가가 아니라 개혁된 유럽연합과 UN 같은 기구를 통해 지속돼야 한다고 주장합니다.

둘째 경향은 네그리와 홀러웨이가 대표하는 자율주의 경향입니다. 그들은 자본주의가 문제라고 말하지만, 자본주의를 전복하기 위해 집중된 정치투쟁을 해야 한다는 생각을 거부합니다.

영국의 한 자율주의자는 자율주의측의 대안을 '자본주의에도 불구하고 영위하는 삶'(life despite capitalism)이라고 불렀습니다. 다시 말해서, 자본주의 이후의 삶(life after capitalism)을 생각하지 않는다는 것이지요. 사회주의를 어떻게 성취하고, 그 모습이 어떨지를 생각하지 않는다는 것입니다.

사람들이 인간적이고 민주적으로 살 공간을 자본주의 체제 안 어딘가에 만들 수 있다는 것입니다. 네그리와 홀러웨이는 자본주의로부터 탈주하기, 즉 벗어나기를 주장합니다. 다시 말해서, 그들은 자본주의를 파괴하지 않고 탈출할 수 있다고 믿는 듯합니다.

셋째 경향은 급진 좌파입니다. 유럽의 몇몇 좌파 정당들이 여기 속합니다. 영국 사회주의노동자당, 프랑스 혁명적공산주의자동맹, 그리고 이들보다 훨씬 큰 정당인 이탈리아의 재건공산당이 그 예입니다.

그리고 이들 정당들은 내용은 서로 다르지만 자본주의를 근본적으로 제거하는 혁명적 변혁을 주장합니다.

저는 이 모든 다양한 경향들이 사실 넓은 의미에서 정당이라고 생각합니다. 이들 모두 반자본주의 운동을 이끌기 위한 강령과 전략을 가지고 있습니다.

자율주의자들은 자신이 운동 내 정당이라는 것을 부정할 수 있지만, 이것은 정치적 사실이라기보다는 위선입니다.

그리고 좀더 나아가면, 저는 정당이 없는 운동을 꿈꾸는 사람들은 정치가 없는 운동을 바라는 것이라고 생각합니다.

그럼 과연 정치란 무엇일까요? 레닌은 경제의 집중된 표현이 정치라고 했습니다. 이 주장은 두 가지 중요한 점을 함축합니다.

먼저 모든 정치는 경제의 집중된 표현이라는 것입니다. 여러분이 정치를 이해하고 싶다면 정치의 깊숙한 곳에서 작용하고 있는 자본주의 생산양식에 존재하는 모순, 투쟁과 착취를 이해해야 합니다.

둘째, 정치는 경제의 집중된 표현이라는 것입니다. 다시 말해, 정치에서 일어나는 일은 경제에서 일어나는 일을 그대로 반영하지 않는다는 것입니다. 정치 영역은 경제로 환원되지 않는 고유한 논리를 가지고 있습니다. 그리고 그 논리는 국가권력을 둘러싼 투쟁이라고 정의할 수 있습니다.

여기에 비추어, '권력을 잡지 않고 세상을 바꾸자'라는 홀러웨이의 구호를 평가해 봅시다. 이 구호가 실제로 말하는 것은 우리가 우리 삶을 더 낫게 하기 위해 투쟁하면서 단지 국가에 등을 돌리고 못 본 체하면 된다는 것입니다.

그러나 우리가 국가를 잊었다고 해서 국가가 우리를 잊지는 않습니다. 우리가 위험해질 때, 우리가 투쟁할 때 국가는 우리를 공격합니다.

울산건설플랜트 파업 노동자들은 국가를 잊을 수 있는 사치를 누리지 못했습니다. 국가는 그들을 공격했습니다. 따라서 세계를 바꾸고 싶지만 국가 권력에는 관심이 없다고 말하는 사람은 세계를 바꾸는 일에 별로 진지하지 않은 것입니다.

물론 이것은 우리가 기존 국가를 장악하겠다는 주장이 아닙니다. 기존 국가들은 본래 노동자 착취의 유지에 필요한 위계적·억압적 기구입니다.

그렇기 때문에 저는 우리의 목적이 평의회 민주주의라고 말했던 것입니다. 우리는 노동자들이 사회를 운영하기를 바랍니다. 이런 자기해방은 기존 국가를 파괴하고 노동계급 권력에 기초한 새로운 정치권력을 창출할 수 있는 대중 운동을 건설할 때만 가능합니다.

그리고 이를 위해서는 정당이 필요합니다. 우리는 투쟁들을 단결시키고 운동이 정치권력 문제에 관심을 갖도록 만들 수 있는 집중점이 필요합니다.

그리고 이것은 자동으로 일어나지 않습니다. 자본주의는 노동자들을 체계적으로 분열시키고 파편화합니다. 대중 투쟁이 국가권력 문제에 집중하도록 만들기 위해서는 의식적인 조직화가 필요합니다.

그러나 이것은 혁명적 당이 스스로 권력을 잡는다는 것을 뜻하지는 않습니다. 이탈리아의 위대한 마르크스주의자 안토니오 그람시는 아래로부터의 투쟁과 당이 대표하는 정치적 중심 사이의 변증법적 상호작용을 말했습니다.

제가 혁명적 당이 자기해방의 도구라고 말한 것도 마찬가지 의미입니다. 혁명적 당은 대중 투쟁을 대신할 수 없지만 대중운동이 더 효과적이고 집중되도록 도울 수 있습니다.

현재의 반자본주의·반전 운동 같은 중요한 대중 운동은 다양한 이데올로기·전략들 간의 충돌을 낳을 수밖에 없습니다.

다시 말해서, 운동과 당을 대립시킬 것이 아니라, 그 둘이 함께할 수 있음을 이해해야 합니다. 그와 동시에, 자본주의를 변혁하고 대체하기 위해서는 특별한 종류의 당, 즉 혁명적 사회주의 정당이 필요합니다.

여기서 중요한 것은 세계 자본주의와 제국주의에 도전하는 대중적 저항이 존재하는 현재 상황에서 혁명적 당은 그런 운동의 바깥이 아니라 안에서 건설돼야 한다는 것입니다.

이것은 제가 몸담고 있는 사회주의노동자당의 경험과도 일치합니다. 9·11 이후 영국에서 우리는 세계에서 가장 중요한 반전운동 중 하나인 전쟁저지연합을 건설했습니다. 조지 부시의 절친한 친구 토니 블레어의 코밑에서 반전운동을 건설하는 것은 매우 중요한 일이었습니다.

그러나 영국 반전운동이 세계에서 가장 거대한 반전운동은 아닙니다. 2003년에 이탈리아와 스페인에서는 영국보다 훨씬 커다란 반전 시위가 있었습니다. 하지만 우리는 가장 일관된 반전운동을 건설했습니다. 우리는 바그다드 함락 뒤에도 포기하지 않았습니다.

특히 우리는 2004년과 2005년에 전쟁 발발 1년과 2년을 맞아 전세계에서 벌어진 반전 시위를 적극적으로 추진했습니다. 또, 우리는 최근 전쟁 반대 군인 가족 운동을 건설하고 있습니다.

'전쟁 반대 군인 가족' 때문에 블레어는 몇 주 전 영국 총선 전날 밤 수모를 겪었습니다. 이라크에서 아들을 잃은 한 아버지가 블레어의 선거구에서 블레어에 반대하는 매우 호소력 있는 연설을 했던 것입니다.

현재 반전운동의 동력이 된 영국 전쟁저지연합에서 SWP는 주도적 구실을 했습니다. 전쟁저지연합과 SWP의 적들도 우리를 비난할 때 이 점을 인정합니다.

저는 우리가 반전운동을 건설하는 데서뿐 아니라, 반전운동이 부시의 전쟁 몰이에 맞서는 일관된 투쟁이 되도록 하는 데서도 중요한 구실을 했다고 생각합니다.

이것은 혁명적 당이 반드시 대중운동과 사회운동에 방해가 되지 않으며, 오히려 운동이 더 강력하고 성공적이게 하는 데 도움을 줄 수 있다는 사실을 증명합니다.

그러나 대중 운동에 참가하는 것은 또한 혁명적 당에게도 이롭습니다. 이 점을 강조하기 위해서 저는 최근 경험을 얘기하려 합니다. 최근 영국 총선에서 조지 갤러웨이가 다시 당선됐다는 소식을 들으셨을지 모르겠습니다. 그는 이라크 전쟁에 주도적으로 반대했고, 그 때문에 노동당에서 축출됐지만 다시 당선됐습니다.

지난주 갤러웨이는 그가 사담 후세인에게서 돈을 받았다고 비난한 미국 상원에 가서 이를 반박했을 뿐 아니라 이라크 전쟁과 점령의 참혹함과 위선을 비판했습니다.

이번에 갤러웨이는 SWP를 포함해 반전운동에 참가한 사람들 중 가장 선진적인 이들이 결성한 새로운 급진좌파 연합 '리스펙트' 후보로 당선됐습니다.

현재 리스펙트는 연합입니다. 리스펙트는 혁명 조직이 아닙니다. 리스펙트는 개량주의자들과 혁명가들의 연합입니다. SWP 당원들 같은 혁명가들이 리스펙트 연합에서 혁명적 마르크스주의자와는 거리가 먼 갤러웨이 같은 사람들과 도대체 무엇을 할 수 있을지 궁금하실지도 모릅니다.

그러나 정당 건설 문제는 구체적으로 접근해야 합니다. 노동당은 오랫동안 쇠퇴해 왔고, 블레어는 이라크 전쟁과 영국 노동계급에 대한 공격을 통해 이것을 촉진시켰습니다.

지난 두 번의 총선에서 수많은 노동자들이 노동당을 버렸습니다. 리스펙트 같은 급진좌파적 대안을 건설함으로써 우리는 그런 노동자들을 좀더 급진적인 정치로 견인하기 시작할 수 있습니다.

따라서 리스펙트 건설은 혁명적 당 건설과 동떨어진 일이 아닙니다. 리스펙트는 노동계급에 기반을 둔 대중적 혁명적 당을 건설하는 중요한 한 걸음을 뜻합니다.

저는 영국 사례를 통해서 혁명가들이 상당히 복합적인 과정을 통해 대중 운동에 참가하고 그러한 대중 운동으로부터 무언가를 얻을 수 있다는 것을 보여 주고 싶었습니다.

결론을 내리면, 세계 자본주의와 제국주의 전쟁에 반대하는 새로운 운동은 좌파의 부활을 뜻하는 동시에, 자본주의에 능동적으로 저항하는 새로운 세대가 탄생했음을 뜻합니다.

물론 아직 예외도 있지만 스탈린주의의 소멸과 이런 새 세대의 성장은 좌파에게 역사적 기회를 제공하고 있습니다. 저는 여러분 모두가 새로운 좌파를 건설하는 이 기회에 동참해서 오늘 오후 울산 노동자들이 말한 일들이 단지 과거의 불쾌한 기억에 불과한 사회를 건설할 수 있기를 바랍니다.

[청중석 발언과 질문 생략]

우리는 끔찍한 시대에 살고 있습니다. 이것은 부시가 말한 것과 달리 테러 때문이 아닙니다. 오히려 부시 같은 자들이 세계에서 저지르고 있는 일들 때문입니다.

텔레비전을 보십시오. 이라크에서 무슨 일이 벌어지고 있습니까. 아부 그라이브와 아크라에서는 고문이 자행되고 있습니다.

그러나 장기적인 과정도 봅시다. 예를 들어 동아시아 자본주의의 폭발적 성장은 공황을 초래할 수 있는 위험성을 가지고 있습니다.

좀더 장기적이지만 더 심각한 것은 기후변화일 것입니다. 과학자들은 기후변화가 점점 더 악화하고 있다고 지적합니다. 자본주의가 기후를 변화시키는 과정을 봤을 때 최악의 상황이 벌어질 수 있습니다.

마지막으로, 끔찍한 세계 빈곤 문제를 들 수 있습니다. 해마다 8천만 명의 사람들이 빈곤이나 빈곤과 관련된 원인 때문에 죽고 있습니다. 이것은 우리가 살고 있는 자본주의가 얼마나 끔찍한 체제인지 보여 줍니다.

그리고 이것은 매우 명확한 선택을 요구합니다. 우리는 무엇을 해야 할까요? 상황이 더 심각해지는 것을 그냥 가만히 지켜봐야 할까요? 아니면 자본주의적 세계화와 제국주의에 저항하는 운동의 일부가 돼야 할까요?

그러나 제가 오늘 얘기한 것은 단지 대중 운동 건설 문제만은 아니었습니다. 그와 동시에, 우리는 이런 운동들에게 현재 자본주의 체제를 제거하기 위해 필요한 초점과 일관성을 제공할 수 있는 정치 조직을 건설하기 위해 노력해야 합니다.

'다함께'와 함께합시다. 그리고 함께 역사를 만들어 갑시다.

반자본주의 운동의 조직 문제

반자본주의 운동은 어떻게 조직(활동의 체계화·준비·기획)해야 하는가? 운동의 목표는 무엇인가? 어디로 나아가야 하는가? 이 물음들은 반자본주의 운동 안에서 논쟁되고 있는 쟁점들 중 일부다.

저명한 반자본주의 운동가 나오미 클라인은 〈네이션〉 지 최근호에서 이 문제들을 다뤘다. 그녀는 이렇게 썼다. "시애틀과 워싱턴의 거리에 등장한 것은 인터넷의 유기적이고 분산되고 상호 연관된 경로들을 반영하는 활동가의 모델이었다. 인터넷이 활기를 띠었던 것이다." 그녀는 세계 자본주의에 반대하는 새로운 운동이 "벌떼"를 귀감으로 삼아야 한다고 말한다. 그녀는 이 용어를 멕시코의 사파티스타 운동에 대한 미군 보고서에서 차용하고 있다. 그 보고서는 사파티스타들이 "벼룩의 전쟁"을 벌이고 있으나 인터넷과 반자본주의 운

서맨서 애슈맨. 〈열린 주장과 대안〉 6호, 2000년 11월 1일. https://wspaper.org/article/54.

동가들의 세계적 네트워크 덕분에 그 전쟁은 "벌떼의 전쟁"으로 바뀐다고 말하고 있다. 클라인은 다음과 같이 쓰고 있다. "벌떼 전쟁의 군사적 도전은 그 전쟁이 중앙 지도부도 없고 지휘 계통도 없다는 점이다. 벌떼 전쟁은 머리가 여럿이라서 목을 벨 수 없다."

반자본주의 운동이 내놓은 새로운 조직 방식을 많은 사람들이 찬양하고 있다. 그들은 운동이 단일한 보편적 길라잡이 이데올로기가 없고 온통 논쟁뿐이라는 사실을 찬양한다. 심지어 어떤 사람들은 운동 자체가 중요하며 심지어 운동의 최종 목표보다도 더 중요하다고 주장한다.

이 모든 주장에는 일말의 진실이 있다. 새로운 운동은 많은 청년들을 잇달아, 즐겁게 급진화시키고 있다. 시애틀이 기막히게 좋았던 점은 바로 시애틀이 다양한 집단들, 곧 노동조합원, 환경 운동가, 평화주의자, 인권 활동가, 사회주의자, 농민, 농장주, 제1세계(서방)와 제3세계, 북반구(선진국들)와 남반구(후진국들) 등을 결집시켰기 때문이다.

사회주의자들은 운동이 획일체이기를 바라지 않는다. 하지만 인터넷에 바탕을 둔 "벌떼"가 최선의 활동 방식인가?

첫째, 운동이 오직 또는 주로 인터넷을 통해 조직된다는 것은 그 동안에 일어난 모든 주요 항의 투쟁들에 대한 잘못된 인상을 심어 주는 것이다. 시애틀과 워싱턴과 미요 모두에 자생성과 함께 고도의 조직이 수반했다. 또 다른 반자본주의 운동가인 수잔 조지는 올해 초 프랑스 월간지 〈르 몽드 디플로마티크〉에 이렇게 기고했다. "워싱턴에서 랠프 네이더가 창립한 단체인 퍼블릭 씨티즌 소속의 마이크

돌런은 1999년 봄부터 시애틀의 현장에서 바쁘게 움직였다. 어마어마하게 많은 집회들을 개최할 장소를 물색하고 예약하는 등의 일들로 말이다." 회의장 예약을 하며 시애틀 거리를 걸어 다니는 일을 사이버스페이스에서 조직할 수는 없다.

미요의 경우 그 원거리 소도시로 사람들을 이송하고 수만 명을 숙박시키기 위해 모금을 조직하려는 노력은 엄청났다. 마찬가지로, 지난 9월26일 프라하 시위를 위한 조직은 기차표 예약, 포스터와 리플릿 제작, 티켓 판매, 모금 도우미 편성, 집회 개최 등등을 준비·기획하는 것이 필요했다.

이런 일들은 아주 중요하다. 컴퓨터가 없고 심지어 인터넷 탐색할 시간조차 없는 새로운 사람들이 어디에나 있는데, 이들을 항의 운동에 연루시키는 데는 이런 일들이 안성맞춤이다. 또한 이런 일들을 통해 직접 대면해서 하는 논쟁·토의·논의를 할 수 있는 기회가 생긴다. 그런데 이런 주장 교환은 어떤 운동에든 매우 중요하다. 어떤 일들에는 인터넷이 유용한 반면에, 인터넷이 완전한 무용지물인 경우도 있다.

나오미 클라인 자신이 이에 대한 완벽한 사례를 제시하고 있다. 올해 4월에 열린 IMF/WB(세계은행) 회의를 항의자들이 폐쇄시키려 했다. 여러 집단의 항의자들이 새벽 6시부터 모든 교차로를 차단했다. 그들은 은행가들과 고위층 사람들의 회의장 출입을 저지하려 했다. 하지만 IMF/WB의 대표들은 일찍이 새벽4시에 회의장에 살금살금 몰래 들어왔다. 항의자들은 어떻게 해야 하지? 그런 상황에서 조언 좀 구하려고 인터넷 카페에 급히 갈 수는 없는 노릇이다. 공식 행진 참가를 위해 교차로를 떠나길 원했던 사람들과, 대표들이 회의장 밖으로 나오면 그들을 저지하기 위해 교차로에 남아 있어야 한다고 생각하는 사람들 사이에서 논쟁이 벌어졌다. 항의자들은 둘 중 하나를 해야만 했다. 만일 항의자의 절반이 행진하러 간다면 도로 봉쇄는 무산될 것이다. 하지만 그 대신에 글로벌 익스체인지의 케빈 대너허가 메가폰으로 이렇게 외쳤다. "각 교차점[에 모여 있는 대열]은 자율성을 갖고 있습니다. 어떤 교차점이 그대로 봉쇄 시도를 고수한다면 그건 좋습니다. 만일 교차점이 행진하러 가시길 원한다면 그건 그것대로 좋습니다."

운동이 느슨하고 자율적인 "머리가 여럿인" 벌떼 같아야 한다는 생각은 무익하다. 논쟁도 이와 비슷하다. 논쟁은 훌륭한 것이다. 논쟁은 모든 측면에서 배운다는 것이다. 수잔 조지 같은 사람들은 WTO처럼 전에는 사람들에게 그다지 알려지지 않은 기관들에 대해 활동가들을 교육시키는 소중한 역할을 했다. 하지만 논쟁은 또한 어떤 결론에 도달해야 한다.

반자본주의 운동은 중요한 문제들과 마주하고 있다. 그것은 IMF/WB/WTO를 해체시키기 위해 투쟁하고 있는가? 아니면 그 기관들을 철저하게 개혁하고 재편하는 것을 목표로 삼고 있는가? 초국적기업을 규제하는 것이 가능한가? 만일 그렇지 않다면 그 대신에 무엇이 우리에게 필요한가?

이런 논의들은 그냥 추상적인 논의가 아니다. 예컨대 값싼 노동을 착취하기 위해 중국으로 생산을 옮기는 기업에 대한 논쟁은 미국에서 대단한 논란거리다. 어떤 사람들은 이에 맞서는 동맹을 구축하려 해 왔다. 그런데 그 동맹에는 팻 뷰캐넌 같은 우익도 포함돼 있다. 뷰캐넌은 인종 차별적으로 중국 노동자들의 "위협"에 대해 얘기하고 있고 미국의 고용 안정을 위해서라며 보호 무역 조처들을 옹호하고 있다. 뷰캐넌 같은 작자들이 운동에 참가할 여지는 없어야만 한다. 우리는 제1세계 노동자들과 제3세계 노동자들 모두가 체제의 희생자로서, 빈곤을 종식시키기 위해 함께 단결해야 한다고 본다.

가장 중요한 즉각적 질문은 아마도 운동의 목표에 대한 것일 것이다. 그저 하나의 대규모 시위에서 다른 대규모 시위로 옮겨 다니기만 할 것인가? 프라하 또는 니스가 끝나면 어떻게 되는 것인가?

이런 질문들에 대답할 필요가 있다. 그리고 사회주의자들이 말해야 하는 중요한 것이 있다. 반자본주의 운동의 향후 전투는 신자유주의 정책을 강요하는 IMF/WB/WTO 같은 특정 기관들에 반대하는 것만이 아니다. 우리는 사회 구조 전체와 싸울 필요가 있다. 기존의 사회 구조 속에서는 극소수가 모든 재화를 소유·지배하고 무엇을 생산할지 결정한다. 이 체제야말로 세계에 노예제와 인종 차별을 도입했고 불평등·궁핍·전쟁을 만들어 냈다. 이 체제를 수선할 수는 없다. 그것은 타도해야 한다.

나오미 클라인 자신은 그녀 나름의 전략이 있다. 그것은 파편화를 찬양하는 것이다. 그녀는 "더한층의 철저한 분산이 필요"하다고 말한다. 그녀가 동조하며 인용한 어떤 사람은 이렇게 말한다. "우리는 큰 장애물에 직면해 있다. 우리는 그것을 제거할 수 없으므로 그 아래로, 그 옆으로 돌아서, 그리고 그 위로 가려 한다."

실제로 세계 자본주의 반대 운동은 장애물에 부딪혀 있다. 그것은 국제 지배 계급의 모습을 한 매우 중앙 집권적이고 강력한 적과 마주하고 있다. 그것은 NATO(북대서양조약기구)와 미국 국방부를 당장 이용할 수 있을 뿐 아니라 군대의 힘과 무기 대기업의 물자도 보유하고 있다.

바로 그렇기 때문에 사회주의자들은 자본주의를 패퇴시킬 힘을 가진 세력은 사회에 단 하나밖에 없다고 주장한다. 그 세력은 GM이나 엑손이나 카길 또는 몬산토 같은 데서 일하는 노동자들밖에 없다. 노동자 계급은 체제의 작동을 중단시킬 수 있고, 스스로 민주적으로 생산을 조직함으로써 대안을 구축할 수 있는 유일한 사회 세력이다.

운동의 활력과 노동자의 권력을 서로 결부시킴으로써만 운동이 더 나은 세계를 창조할 수 있음을 깨달을 수 있다. 클라인은 이것을 그저 독단적 이데올로기로만 여기고, 특히 혁명적 정당으로 조직한다는 생각에 반대한다. 그러나 혁명적 정당의 목표는 민중을 위해 변화를 가져온다는 것이 아니다. 혁명적 정당은 사회의 가장 전투적인 부문을 조직해 그들이 더 광범한 사람들을 연루시킬 수 있도록 하는 것을 목표로 삼는다.

혁명적 정당에 속한 사람들은 노동자 계급 내에 깊숙이 뿌리를 내리려고 한다. 사회주의적 의견을 내놓을 수 있고, 기업주에 맞서 조직할 수 있고, 투쟁이 진보하도록 이끌 수 있는 투사들의 네트워크를 확산시킴으로써 말이다.

우리에겐 운동 내의 민주주의와 자생성이 필요하다. 하지만 우리는 또한 체제에 맞서 우리의 세력을 중앙 집권화할 필요가 있다. 이러한 지도력은 바로 우리가 치명적인 적과 마주하고 있기 때문에 중요하다.

밑으로부터의 진정한 사회주의는 높이 위로부터 교조를 하사하는 것이 아니다. 진정한 사회주의는 개량주의 정당이나 스탈린주의 정당의 배신과도 아무 관계가 없다. 진정한 사회주의는 노동자의 권력을 사용해 밑으로부터 사회를 바꾸는 것이다.

밑으로부터의 사회주의는 광범하고 다양하고 역동적인 운동을 구축하지만 그 과정에서 과거의 교훈과 미래를 위한 전진에 대해 주장하고 논쟁하는 것을 포함한다.

정당과 사회운동

운동을 건설하기 위해서는 상이한 정치 조류들 간의 연합체(공동전선)를 건설해야 한다. 그래서 운동은 광범한 연합과 사실상 동의어라고 할 수 있다.

연합체의 장점은 단일한 또는 제한된 대의를 중심으로 매우 다양한 사람들을 광범하게 아우를 수 있다는 점이다. 반전운동은 평화운동가, 종교운동가, NGO 활동가, 좌파민족주의자, 노조원, 청년·학생, 환경운동가, 여성주의자, 이주노동자, 사회주의자 등등을 결속시키고 있다. 대안세계화운동도 비슷하다.

이것은 과거에도 마찬가지였다. 1987년 6월항쟁 등 반독재 운동과 1996년 말~1997년 초 노동법 개악 반대 투쟁 등에는 광범하고 상이한 정치세력들이 단일한 요구를 내놓고 참가해 연합했다.

최일붕. 격주간 〈다함께〉 57호, 2005년 6월 8일. https://wspaper.org/article/2155.

광범한 운동의 강점은 이러한 다양성이다. 운동의 이러한 다양성을 상징하는 사람들, 가령 평화주의자, 민족주의자, 비(非)노동자, 노무현을 반대하지 않는 사람 등과 함께하지 못하겠다며 반전운동에 종파적 태도를 취하는 사람들은 수많은 대중이 그 운동의 결속을 염원하는 심정을 이해하려 하지 않는다.

대중의 단결 염원이 강력할 때 일부 사람들이 정치조직에 대해 의구심을 갖는 것은 이해할 만하다. 그들은 정치조직이 운동에 대해 진정한 관심도 없으면서 운동을 지배하고는 자신의 의제를 추구하는 것이 아닐까 하는 두려움을 가진다. 실제로 그런 단체들이 있다. 개량주의자들도 흔히 운동의 급진적 에너지를 약화시키곤 한다. 그런 사람들, 그런 정치조직들에 대해 많은 활동가들과 많은 참여자들이 건강한 의구심을 갖는 것은 자연스럽다.

그러나 서로 다른 전술·전략을 둘러싸고 논쟁이 일어나는 것도 초기에 단결을 이룬 일만큼이나 자연스런 일이라는 걸 알 필요가 있다.

운동은 전개돼 감에 따라 특정 국면마다 고비를 맞게 된다. 더구나 운동이 권력자들의 이익에 위협이 될 만큼 발전하면 우익과 국가의 세력에 부딪히게 된다. 이런 고비 고비마다 주요 활동가들은 중요한 정치적 결정을 내려야 한다. 다음 스텝은 무엇일지, 가장 효과적인 투쟁 방법은 무엇일지 등에 대해 결정을 내려야 한다.

대안세계화운동과 반전운동이 그랬다. 2001년 7월 이탈리아 제노바에서 열린 주요 8개국(G8) 정상회담 반대 시위 참가자 카를로 줄리아니가 경찰 발포로 살해되는 사건이 일어났을 때, 그것에 맞선 항쟁에서 이탈리아 재건공산당(리폰다치오네)이 한 구실은 결정적이었다. 리폰다치오네의 호소에 응답해 30만 명이 제노바로 운집했고 전국적인 하루 총파업도 벌어졌다.

또한, 9·11 이후 대안세계화운동은 반전운동으로 전환해야 하는지를 논의해야 했다. 2002년 11월 유럽사회포럼 직후 대안세계화운동의 우파 베르나르 카쌍은 〈신좌파평론〉 지에서 영국인 참가자들과 이탈리아인 참가자들이 너무 반전을 강조한다고 볼멘소리를 했다.

반전운동으로의 전환이 옳았음은 2003년 이라크 공격 반대 2·15 세계행동 이후 전개된 상황이 입증했다.

그러나 대안세계화운동 안에서 좌우 양극화 현상이 전보다 훨씬 첨예하게 나타났다. 특히 프랑스 아탁(ATTAC; 금융거래과세시민연합)이 운동 내부의 개량주의 경향을 대변하는 세력으로 떠올랐다. 아탁의 지도자인 베르나르 카쌍 등 우파쪽 주장의 요지는 좌파가 운동보다 당(정당)을 우선시하며 당의 이익을 위해 운동을 이용한다는 것이다.

자율주의 경향은 우파를 거들고 있다.

하지만 아탁이나 디소베디엔티(대표적인 자율주의자들) 같은 단체들도 당이다. '당' 하면 뭔가 거창한 것, 본격적인 의미의 현대적 정당, 즉 대의원대회나 중앙위원회 같은 선출된 기구를 갖추고 명확한 구조를 갖춘 조직을 생각하는데, 마르크스주의적 의미로는 꼭 그렇지 않다. 사회 변화에 대한 특정한 정치적 입장을 중심으로 모인 일단의 사람들이면 그게 바로 당이다.

그 규모가 매우 작다면 적어도 당의 맹아라 할 수 있다. 그러나 병아리가 참새나 독수리가 아니라 닭인 것처럼, 당의 맹아와 당 사이에 본질적 차이는 없다.

당은 운동이 전개되는 과정에서 생겨나게 마련인, 운동의 결과물이다. 운동이 전개돼 감에 따라 특정 쟁점들, 특정 문제들도 함께 제기되기 마련이다. 그런 문제들에 대한 진단과 처방을 놓고 상이한 분파들이 형성되고, 이러기를 여러 차례 거듭하다 보면 비슷한 고비가 닥칠 때 해결책이 무엇일지를 놓고 대강 큰 구도가 형성된다. 이렇게 해서 당이 형성된다.

(이 당들은 자신들이 참조할 만한 역사적 선례와 대강의 이론적 전범 같은 게 있음을 발견하고는 그것을 준거로 하기 시작한다. 가령 일찍이 1980년대 후반에 친북 공산당이라 할 만한 조류와 친소 공산당이라 할 만한 조류로 남한 좌파 운동은 양분됐다. 후자는 오늘날 세분화해, 자율주의를 포함한 매우 다기한 경향을 띠고 있다.)

당이 운동으로부터 나온다는 사실은 당 조직 문제와 운동의 발전 문제를 서로 대립시켜 바라봐서는 안 된다는 것을 뜻한다. 운동이 내부 위기를 극복하고 진전을 이룩하고자 하는 결정적 순간에는 당이 필요하다.

운동 탄생기에는 단결이 자생적인 것으로 보이지만, 계속해서 단결이 자생적일 수는 없다. 단결은 만들어 나아가는 것이고, 투쟁해서 얻는 것이다. 단결을 위해 투쟁하지 않으면 단결은 운동으로부터 자생적으로 생겨나지 않는다. 모종의 당이, 모종의 정치적 입장이 운동의 주요 쟁점들과 대결해 해결책을 내놓음으로써 운동의 미래 결속을 보장해야 할 필요가 있다. 그렇지 않으면 운동은 불일치와 실패의 운명을 맞이할 것이다.

사회 변혁을 이루고자 하는 당이라면 운동을 찬탈하거나 운동을 대체하는 것이 아니라, 운동이 사회 변혁을 향해 나아가도록 운동과 연계를 갖고 끊임없이 접촉을 유지해야 한다.

그러므로 당과 운동은 서로 대립되는 것이 아니다. 사회 변혁을 지향하는 당이라면 말이다. 고전적 마르크스주의에서 당을 건설하는 것과 운동을 건설하는 것 사이에는 아무런 모순이 없다. 둘 다 필요하다.

그러므로 단지 광범한 운동들의 건설에 그쳐서는 안 된다. 운동 건설에만 매몰되는 것이 어떤 결과를 초래하는지 보여주는 사례가 세 가지 있다.

첫째 사례는 '노동자의 힘'(이하 노힘으로 줄임)이다. 전에 말했듯이, 박성인 등 이 단체의 창립자들은 노동조합 운동에서 잔뼈가 굵은 탁월한 활동가들이다. 그들이 거의 20년에 걸쳐 내린 노동조합 뿌리 더하기 친(親)노힘 마르크스주의 지식인들의 존재는 노힘이 노동계급 내에서 민주노동당 다음으로 중요한 정치세력이 되게 해주었다.

노힘 회원 가운데 민주노총 조합원의 수는 다함께의 민주노총 조합원 수의 갑절은 좋이 넘을 것이다. 더구나 그 노조원들의 활동가로서 의 비중을 비교하면 노힘이 다함께보다 노동계급 운동 안에서 더 중요한 세력임은 명백하다.

그러나, 사회변혁적 선전·선동에서 시작해 노동조합 속으로 뿌리를 내려간다는 전략을 추구하는 다함께와 달리, 노힘은 노동조합으로부터 당을 건설하는 전략을 추구해 왔다. 덕분에 노힘은 사회적 기반이 비교적 안정돼 있지만, 그 기반의 정치적 소극성과 회피성의 영향을 받아 이데올로기가 모호하다.(다함께는 이데올로기가 예각을 이루고 있지만, 아직 사회적 기반은 조직노동자보다 청년·학생과 비정규직 노동자 등이 더 많아 불안정하고 들뜬 상태라 할 수 있다.)

노힘의 범좌파 전략이 지닌 문제점도 있다. 범좌파 결집을 통한 좌파 노조 지도부 세우기가 핵심인 이 전략은 1997년까지는 그런대로 효과가 있었다. 1998년 이후 주로 경제위기와 신자유주의 경제정책 때문에 노조 상근간부층의 일부인 좌파 집행부도 운신의 폭이 좁아지자 이 전략은 개량주의의 진정한 대안이 되지 못함이 드러나고 있다.

노힘이 노조 운동과 노조 내 좌파 네트워크 건설에 주력해 오는 동안 노힘의 이데올로기는 온갖 정치적 전통들의 무정형의 합성물이 돼 있다. 그 전통들은 노동조합을 통해 노힘에게 가해진 다양한 압력들을 반영하는 것들이다.

둘째 사례는 프랑스의 혁명적 공산주의자 동맹(LCR)이다. LCR은 1980년대와 1990년대 전반부의 운동 침체기 동안 특정 작업장이나 노조 또는 캠페인에 몸담고 있는 활동가들의 연합체로서 살아남았다. 이는 일반적 마르크스주의 정치에 기초한 선전을 일상 활동으로 삼음으로써 침체기를 살아남은 영국 사회주의노동자당(SWP)의 전략과는 매우 다른 생존 전략이었다.

LCR은 각 부문에 튼튼히 뿌리내린 활동가들을 많이 확보하게 됐다. 그 덕분에 LCR은 더 큰 활동가 네트워크들의 형성에 상당한 기여를 했고, 1995년 프랑스 공공부문 파업 이후 운동의 고양에서 가장 중요한 구실을 했다. 예컨대 LCR은 아탁의 부상에도 결정적 구실을 했다.

그러나 LCR은 연합체이기 때문에 정치적 결속력이 약하고 정치조직으로서 개입하는 데에 어려움을 겪는다. 예컨대 LCR은 대선후보 올리비에 브장스노가 프랑스 청년들의 반자본주의 정서를 훌륭하게 대변함으로써 2002년 대통령 선거운동을 매우 성공적으로 치렀다. 그러나 1차 투표에서 당시 사회당 총리 조스팽이 탈락하고 2차 투표에서 주류 우파인 시라크와 파시스트인 르펜이 맞붙게 되자 LCR의 광범한 지도부는 시라크에게 투표하자고 호소함으로써 개량주의의 압력에 굴복했다.

아탁은 원래 1988년에 창립했는데, 아탁에서 활동하고 있는 LCR 멤버들은 2002년 가을이 돼서야 처음으로 총회를 열었다. 이토록 결속력이 모자라기 때문에 LCR은 아탁 내 우파가 점점 더 크게 영향력을 발휘할 때마다 그에 대응할 힘이 없었다. 그렇기 때문에 LCR은 시라크의 우파 정부가 무슬림 여학생들의 히잡(머리 스카프) 착용을 금지했을 때도 개량주의자들의 압력에 맞서 싸우기보다는 모호하게 얼버무리는 길을 택했다.

셋째 사례는 이탈리아 재건공산당이다. 재건공산당은 1990년대 초반에 이탈리아 공산당에서 분리해 나온 당으로서 처음에는 약간 스탈린주의적 경향을 띠었었다. 공식적인 당 강령만 놓고 본다면 재건공산당은 소규모 좌파개량주의 정당이다. 이탈리아 전국에서 당의 득표율은 5퍼센트 정도이다.

하지만 1998년부터 재건공산당은 명백히 좌경해 왔다. 특히, 앞에서 언급했듯이 제노바에서 재건공산당의 역할은 결정적이었다. 또한 이라크 전쟁에 대한 재건공산당의 입장은 매우 단호했고 반전 시위에도 많은 사람을 참가시켰다.

재건공산당 지도자 파우스토 베르티노티는 당을 운동에 개방해야 하고 당이 운동과 하나가 돼야 한다는 등의 입장을 분명히 해왔다. 게다가 그는 매우 급진적으로 말한다. 그는 체 게바라와 레닌을 인용하곤 하는데, 이는 결코 오늘날 서유럽의 중도좌파 정치인들이 통상 쓰는 언어가 아니다.

이 모든 장점에도 불구하고 베르티노티 당 개념의 결정적 문제점은 당과 운동을 구분하지 않는다는 것이다. 당이 곧 운동이며 운동이 곧 당인 것이다.

이것은 사회민주주의와 스탈린주의의 당 개념인 동시에, 자율주의의 당 개념이기도 하다. 카우츠키와 스탈린, 그리고 아나키스트들은 모두 당과 계급을 동일시했다. 그들에게 "당은 계급을 대표한다." (1903년 레닌이 멘셰비키의 당 개념을 비판적으로 요약한 말)

베르티노티의 경우 스탈린주의적 가정에 따라, 즉 당이 운동을 지배해야 한다는 뜻에서 당과 운동을 동일시하는 것은 아니다.(그는 공산당 출신이 아니다.)

하지만 당과 운동을 구분하지 않기 때문에 재건공산당은 운동을 특정 방향으로 이끌기 위한 전략이 없다. 자율주의도 당과 운동을 동일시하기 때문에 전략이 없다.

이렇게 전략이 없다 보니 올해 초 리폰다치오네는 DS(민주좌파당 또는 좌파민주당) 주도의 '올리브나무 연립' 정부에 들어간다는 전략을 새로 세웠다. 로마노 프로디가 이끄는 DS는 옛 공산당의 후신으로, 지난 10년 동안 '제3의 길'을 추구해 왔다.

리폰다치오네의 유턴이 최종 결정되던 지난 3월 초 당대회에는 자율주의 그룹 디소베디엔티의 리더인 프란체스코 카루조도 참석했다. 전날 그는 리폰다치오네의 중도좌파 정부 입각 계획에 동의한다고 발표했다.

전략적으로 사고하려면 먼저 당과 운동을 구별해야 한다.

당과 운동의 구별이 당과 운동의 분리를 뜻하는 건 아니다. 둘의 관계는 명령이 아닌 대화이다. 비유하자면, 공장 직반장과 노동자의 관계가 아니라 파업위원회 동지들 간의 관계와 비슷하다.

프리드리히 엥겔스는 말하기를, 군사 전략·전술은 전선에서 직접 전투를 수행하는 사병들이 처음 창안한 것으로, 훌륭한 지휘관은 그것을 채택해 전 부대로, 전군으로 보편화할 줄 아는 사람들이라고 했다.

당이 없다면 이렇게 운동 속에서 상호 학습과 상호 교육을 포함하는 일은 가능하지 않을 것이다.

선진 소수가 다수를 설득해 자기편으로 끌어당기는 것, 사람들에게 확신과 자신감을 심어 주고 투쟁성을 고양하는 것은 중요하다.

운동과 공동전선들을 건설하는 것과 동시에 우리는 운동 내부에서 이데올로기 투쟁을 벌여야 한다. 추상적이고 종파적인 방식으로 투쟁해서는 안 된다. 투쟁 과정에서 유기적으로 제기되는 핵심 쟁점들을 수렴해야 한다.

당을 건설하는 것과 운동을 건설하는 것은 서로 모순되지 않을 뿐 아니라 긴밀히 연관돼 있다. 당을 건설하려면 운동에 무조건 뛰어들어야 하며, 운동 안에서 마르크스주의 사상을 자신 있게 주장하기 위해 우리 대열을 정비해야 한다.

요컨대 노동계급의 해방은 그 자신의 일이라는 것, 당이 계급을 대행하지 않는다는 것, 당은 그것을 돕는 일을 한다는 것을 이해할 필요가 있다.

왜 국제주의인가?

"프롤레타리아에게는 조국이 없다." 이 말은 《공산당 선언》에 나오는데, 이 말은 마르크스와 엥겔스가 애국주의나 민족 문제에 대한 지배적인 사상, 즉 지배계급의 사상과 완전히 결별했음을 보여 준다. 전 세계에서, 요람에서 무덤까지 우리에게 주입되는 사상은 우리가 무엇보다도 우리 나라에 충성해야 하고 우리 나라에 근본적 일체감을 느껴야 한다는 것이다. 교육·문화·스포츠·정치인들 모두 이런 사상에 기여한다. 그래서 '우리 나라' 한국·영국·미국·중국 등등) 산업·국가대표팀·군대 등을 지지하지 않는 것은 거의 부자연스런 일처럼 보일 지경이다.

그러나 사실, 민족주의는 '자연스런' 것이 아니다. 인류 역사의 거의 대부분 기간에 사람들에게 민족성 따위가 전혀 없었던 것은 아주 단순한 이유 때문이다. 민족이라는 게 존재하지 않았기 때문이다.

존 몰리뉴, 〈맞불〉 9호, 2006년 8월 22일. https://wspaper.org/article/3350.

민족주의는 4~5백 년 전에 유럽에서 등장했고, 세계 대부분 지역에서는 겨우 지난 세기에 나타났다. 이것은 민족주의가 자본주의의 산물이기 때문이다.

민족자결권

자본주의 자체와 마찬가지로 민족주의도 처음에는 진보적이었다. 민족주의는 봉건제의 절대왕정, 제국, 소규모 공국(公國) 들에 대항하는 표어 구실을 했다. 프랑스 혁명 때 민족주의가 어떤 구실을 했는지 보라. 그 뒤 자본주의와 마찬가지로 민족주의도 반동적이 됐다. 그래서 노동계급과 자본가 계급의 이해관계가 서로 충돌한다는 점을 흐리고, 착취자들과 피착취자들 사이의 일체감이라는 그릇된 의식을 만들어내는 주된 이데올로기가 됐다. 또, 민족주의는 인종차별주의와 마찬가지로 노동계급이 외국인 노동자들을 경쟁자나 적으로 여기게 만들어 노동계급을 분열시키고 약화시키는 구실을 한다.

따라서 민족주의와 결별하는 것은 자본주의 사상과 결별하는 데서 결정적으로 중요하고, 마르크스주의자들과 개량주의자들을 구분하는 핵심 가운데 하나다. 개량주의자들은 대체로 민족주의에 동의한다(그들은 부르주아 이데올로기에 대부분 동의하고 그것을 노동자 운동에 주입하는 경향이 있다).

국제주의 대(對) 민족주의 문제는 전시에 가장 두드러진다. 1914년 제1차세계대전이 발발하자 사회주의 운동은 시험에 빠졌다. 그래서 대다수 유럽 사회주의 정당들의 개량주의 지도자들과 혁명적 마르크스주의자들이 분열했다. 전자는 제국주의 학살을 자행하는 '자국' 지배계급을 지지했고, 후자는 러시아의 레닌과 트로츠키, 독일의 룩셈부르크와 리프크네히트처럼 전쟁에 반대했고 "주적은 국내에 있다"는 리프크네히트의 격언에 충실했다.

대체로 말해서, 전쟁에 대한 국제주의적 태도는 거대 자본주의, 즉 제국주의 열강들 사이의 전쟁을 비난하고 자국 지배계급 전복과 교전국 노동자들의 단결을 위해 노력하는 것이다. 베트남 전쟁이나 이라크 전쟁 같은 제국주의 정복 전쟁에서 국제주의자들은 전쟁을 비난할 뿐 아니라 민족해방 전쟁을 벌일 권리 같은 피억압 민족의 자결권을 적극적으로 지지한다(물론 각각의 전쟁은 서로 다르기 때문에 항상 구체적 분석이 선행돼야 한다는 것을 명심해야 한다).

이렇게 '민족' 해방을 지지하는 것은 국제주의 원칙을 어기는 것인가? 그렇지 않다. 우리가 지지하는 것은 민족 억압에 맞선 투쟁이지 민족주의가 아니다. 그 목표는 우리의 공동의 적인 제국주의를 약화시키고 전 세계 노동계급과 피억압자들의 자발적 단결을 촉진하는 것이다.

마찬가지로 중요한 또 다른 이유는 마르크스주의자들이 국제주의자들이기 때문이다. 자본주의는 세계 체제이고 자본주의에 맞선 노동자들의 투쟁은 오직 국제적 투쟁으로만 승리할 수 있다. 혁명은 한 나라에서 시작할 수 있지만, 혁명을 완수하려면 혁명이 확산돼야 한다. 사회주의 사회는 한 나라에서 건설될 수 없다. 그 사회는 경제적·군사적 반혁명의 압력 때문에 어쩔 수 없이 나머지 세계 자본주의 체제에 적응하게 될 것이다.

마르크스와 엥겔스는 이 점을 처음부터 알고 있었다. 이미 1847년에 《공산주의의 원리》에서 엥겔스는 "이 혁명[공산주의 혁명]이 어느 한 나라에서만 일어날 수 있는가?"하고 물은 뒤 이렇게 대답했다. "아니다. 세계 시장을 만들어낸 대규모 산업 때문에 이미 세계 모든 나라 사람들은 … 서로 긴밀한 관계를 맺고 있고 어느 나라도 다른 나라에서 일어난 일과 무관하게 살 수 없다."

러시아의 경험은 이 점을 실천에서 입증했다. 1924년 스탈린이 '일국사회주의'정책을 채택한 것은 스탈린이 마르크스주의와 결별했다는 뜻이었다. 그 결과는 사회주의가 아니라 국가자본주의였다. 국제 혁명을 포기한 옛 소련 관료 집단은 자신들이 원하는 대로 서방 자본주의와 경쟁하기 위해 자국 노동계급을 착취하지 않으면 안 됐다.

오늘날 세계화와 지구온난화의 시대에 국제주의는 그 어느 때보다 더 중요하고 현실과 관련이 있다. 국제주의는 국내에서 난민과 이주 노동자들을 방어하는 데 적용돼야 하고, 다국적기업들에 맞선 노동조합 투쟁에, 부시와 블레어의 '테러와의 전쟁'에, 국제적인 반자본주의·사회주의 운동에 적용돼야 한다.

그 어느 때보다 지금이야말로 우리에게는 보존하고 쟁취해야 할 세계가 있다!

진정한 대중파업은 어떻게 가능한가?

지난 달[2005년 12월] 아일랜드에서 선원들의 임금 인상 요구를 지지하는 하루 대중파업과 시위가 벌어졌다. 아일랜드 노동자들의 파업은 전 세계에서 더욱 빈번히 벌어지고 있는 대중파업 물결의 가장 최근 사례에 해당한다.

〈소셜리스트 워커〉 웹사이트를 대충만 검색해 봐도 2000년 초 이후 아프리카·아시아·유럽·라틴아메리카에서 벌어진 대중파업 소식을 적어도 58건이나 찾을 수 있다. 평균적으로 5.5주마다 한 번은 전 세계 어느 곳에선가 대중파업이 벌어진 셈이다.

콜린 바커. 격주간 〈다함께〉 79호, 2006년 4월 29일. https://wspaper.org/article/3092. 대중파업은 자본주의에 대한 혁명적 도전으로 발전할 수 있다고 콜린 바커가 말한다. 수십 년 동안 영국 맨체스터 노동자 운동에 활발히 관여해 온 66세의 노혁명가 콜린 바커는 폴란드 연대노조의 역사를 다룬 책인 《피억압자들의 축제(Festival of the Oppressed)》(London, Bookmarks, 1986)의 저자이자 논문 모음집인 《혁명의 리허설(Revolutionary Rehearsals)》(London, Bookmarks, 1987)의 편집자이다.

이러한 대중파업을 아우르는 한 가지 대의가 있다면, 그것은 신자유주의의 이러저러한 폐해에 맞선 저항이라고 할 수 있다. 연료 가격 폭등, 사유화, IMF 정책, 연금 개악 저지 등이 두드러진 쟁점들이었다. 라틴아메리카에서 대중파업은 신자유주의 정부들을 차례로 무너뜨렸다.

1백 년 전에 로자 룩셈부르크는 대중파업에 대한 최초의 진지한 저작을 썼다. 룩셈부르크는 《대중파업, 정당, 노동조합》[국역: 《대중파업론》, 풀무질]이라는 소책자에서 1905년 러시아에서 벌어진 투쟁을 탐구했다. 그녀는 대중파업이 이제 노동자들의 혁명적 동원에서 핵심임을 논증했다.

러시아의 대중파업은 정치투쟁과 경제투쟁 사이의 경계를 무너뜨렸다. 경제 파업들이 신속히 정치적 요구들을 제기했을 뿐 아니라, 정치적 요구를 둘러싼 파업들은 경제 파업 물결을 일으켰다.

조직적 창발성은 러시아 운동의 특징이었다. 노동자들은 놀라우리만큼 신속하게 새로운 조직들 — 노조에서 정치 단체까지 — 을 창출하고 가입했다. 물론 여기에는 노동자 평의회 — 러시아어로 소비에트라고 하는 — 도 포함됐다.

활동가들은 새로운 네트워크를 형성했다. 숙련도·성별·인종 따위의 낡은 분할들을 새로운 연대가 대체했다.

룩셈부르크는 "가장 중요한 것"은 노동 대중의 정신과 문화의 변화라고 말했다. 대중파업을 통해 노동자들은 자신의 힘을 새로 자각하고, 수많은 사람들이 난생 처음 더 나은 세계를 집단적으로 창조할 수 있다고 느낀다.

룩셈부르크는 대중파업이 자본주의적 현재와 사회주의적 미래를 잇는 결정적 가교라고 주장했다. 대중파업을 통해 수많은 사람들이 결집해 다른 세계를 위해 싸울 수 있고 또 그런 세계를 운영할 수 있는 세력으로 거듭날 수 있다.

룩셈부르크의 이 탁월한 소책자는 단지 대중파업을 상세히 분석하고 찬양하는 데 그치지 않았다. 그것은 노조 관료와 영국 노동당이나 독일 사회민주당 같은 사회민주주의 정당들의 고리타분하고 보수적인 실천의 대안으로 대중파업을 제시했다.

노동조합은 노동자들의 활동을 경제적 문제로 제한했다. 그와 마찬가지로 사회민주주의 정당들은 정치를 의회 선거라는 협소한 범주로 제한했다. 둘 다 수많은 미조직 노동자들을 고려하지 않았다. 대중파업은 이런 한계들을 뛰어넘을 수 있었다.

룩셈부르크의 소책자는 혁명적 사회주의의 위대한 저작들 가운데 하나다. 그것은 대중파업이 혁명적 도전으로 발전할 수 있다고 주장한다. 노동자들이 경제·정치 권력을 획득할 수 있는 그런 도전 말이다.

이러한 아래로부터의 사회주의는 노조 지도자들과 사회민주주의 정당의 개량주의적 전통에 반대한다. 그들은 자본주의 체제 내에서 위로부터의 점진적 개혁을 추구한다.

그러나 이 소책자에 약점이 없는 것은 아니다. 대중파업을 찬양하다 보니 룩셈부르크는 대중파업이 노조 관료와 사회민주주의 지도자들을 거스를 수 있는 가능성을 과대평가하는 경향이 있었다.

물론, 룩셈부르크가 대중이 분출하면 노조와 당 관료들의 보수주의를 일소할 수 있는 잠재력이 있다고 주장한 것은 옳았다. 그러나 그녀는 일단 그러한 분출이 시작되면 결코 억누를 수 없을 것이라는 — 매우 잘못된 — 결론을 내렸다.

그녀는 이렇게 썼다. "일단 공이 구르기 시작하면 사회민주주의는 원하든 원하지 않든 결코 그것을 다시 멈출 수 없을 것이다."

이것은 개량주의 지도자들의 잠재적 영향력을 과소평가한 것이었다. 이 점은 바로 제1차세계대전 말엽 룩셈부르크 자신이 몸담았던 독일 노동운동에서 비극적으로 드러났다.

전쟁은 — 룩셈부르크가 찬양했던 러시아의 1905년 혁명보다 훨씬 더 큰 규모의 — 엄청난 혁명적 물결과 함께 끝났다. 병사와 노동자들의 평의회가 우후죽순 생겨났고, 사병 반란과 대중파업이 만연했다. 독일의 1918~19년이야말로 "공이 구르는" 때였다.

그러나, 아래로부터의 대중 운동에 반대한 사회민주주의 지도자들은 일소되지 않았다. 그들은 운동의 전면에 나섰다.

당대의 토니 블레어라고 할 수 있는 프리드리히 에베르트는 이렇게 말했다. "[나는] 명확한 목표를 위해, 즉 국가적 손실을 막을 수 있도록 파업을 신속히 끝내기 위해 파업 지도부에 참가했다." 심지어 그는 야만적 폭력으로 전투적 노동자들을 분쇄하는 데 우익 군장교들과 협력했다.

그런 장교들이 1919년 1월에 로자 룩셈부르크를 살해했다. 그 뒤 4년 반에 걸친 소요 기간 내내 사회민주주의자들은 시종일관 혁명적 물결을 가라앉히려 애썼다.

분명히 그저 대중파업의 자생성에 의존하는 것만으로는 충분치 않다. 규모가 아무리 크더라도 모든 대중 운동에는 항상 내부적 차이가 존재하기 마련이다. 일부 독일 노동자들은 혁명적 결론에 이끌렸지만, 훨씬 더 많은 노동자들은 난생 처음 집단 행동을 만끽하며 노조에 가입하고 있었다.

노조 관료들의 기반은 위협받았다. 그러나 그것은 또한 확대됐다. 운동은 전진하고 있었지만, 그 속도는 제각각이었다. 그 때문에 사회민주주의자들이 영향력을 미칠 수 있는 — 또는 도전받을 수 있는 — 여지가 생겨났다.

간단히 말해, 거대한 파업 물결이 계속되는 동안에조차 전체 노동자 운동 안에는 여전히 정치적 전투가 남아 있었다. 그러한 파업 물결은 결국 혁명적 변화라는 생각에 이끌리는 점점 더 많은 노동자들을 포괄하는 정치 조직을 요구하기 때문이다.

룩셈부르크의 소책자에 묘사된 것과는 다른 종류의 대중파업도 있다. 1905년 러시아 대중파업은 혁명의 일부였다.

그러나 비록 현장조합원들의 전투성이 가하는 압력 때문이라 하더라도 노조 지도자들 스스로 대중파업을 호소하고 조심스럽게 그 과정을 통제하다가 그들 맘대로 끝내버릴 수도 있다.

지난 달[2005년 12월] 아일랜드 노동조합총연맹(TUC) 위원장은 더블린 시위를 별 탈 없이 끝내기 위해 경찰과 협력하고 있음을 조심스레 강조했다.

수만 명이 행동 호소에 응했다. 그러나 행동은 단지 하루에 그칠 것이라는 점이 강조됐다. 심지어 아일랜드 총리조차 [파업을] 용인했다.

1926년 영국 총파업은 룩셈부르크가 묘사했던 것보다는 관료적 대중파업에 더 가까웠다. 영국 노총(TUC)은 끝까지 통제력을 유지했고, 심지어 파업이 계속 성장하고 있는 와중에 파업을 취소했다. 광부들은 혼자 싸워야 했고 결국 궤멸적 패배를 당했다.

철도노조 지도자인 지미 토머스는 파업을 끝낸 다음 날 의회에서 이렇게 연설했다. "내가 이번 파업에서 다른 무엇보다 우려한 것은 이렇다. 만에 하나 파업이 일정한 통제 능력을 지닌 사람들의 손을 벗어났다면 대체 어떤 일이 일어났을지 제 정신을 지닌 사람이라면 아마 짐작할 수 있을 것이다. 이런 일이 일어나지 않은 데 대해 신께 감사할 뿐이다."

다른 대중파업들은 관료적 형태와 혁명적 형태를 결합한다. 1968년 5월 프랑스에서는 공식 노조들이 학생들과의 연대를 위해 하루 총파업을 호소했다.

그러나 그 다음 날 좌파 활동가들이 낭트에서 공장 점거를 이끌었고, 이것은 작업장 점거와 파업의 거대한 물결을 일으켰다. [그래서] 유럽 역사상 최대 규모의 대중파업이 벌어졌다.

그러나 심지어 5월 사태 동안에도 노조와 당의 관료들은 통제력을 유지할 수 있었다. 그들은 노동자들과 학생들을 떼어놓았고, 많은 점거 작업장의 공산당 활동가들은 대다수 노동자들을 집으로 돌려보냈다.

민주적 통제도 점거된 작업장 사이의 연계도 매우 드물었다. [그래서] 노조 지도자들은 투쟁 물결을 끝내기 위한 거짓말을 파업 노동자들에게 해댈 수 있었다.

반면, 1995년 프랑스 공공부문 파업은 [1968년보다] 규모는 더 작았지만, 서로 다른 노동자 단체들의 공동 대중집회들을 통해 더 많은 상호연계와 공동 대응이 조직됐다.

대중파업의 발전은 현장조합원 활동가들이 노조 관료들로부터 통제력을 되찾아 올 수 있는 정도, 그리고 동료 노동자들을 운동 건설 과정에 참여시킬 수 있는 정도에 상당 부분 달려있다.

이러한 발전이 최고 수준에 이른 사례 가운데 하나가 1980년 폴란드에서 '연대노조'를 탄생시킨 투쟁들이었다.

지역의 '공장 연계 파업위원회들'은 정부가 자신들과 협상하도록 만들었다. 실제 협상들은 밀실이 아니라 수백 개의 점거 작업장에서 파견된 대표자들이 직접 지켜보는 가운데 진행됐고, 확성기를 통해 [협상 실황이] 방송됐다.

대중파업이 형식적인 하루 행동을 넘어설 경우, 노동자들은 종종 다양한 사회 활동에 대해 통제력을 발휘하기 시작하곤 한다. 예컨대, 1919년 미국 시애틀에서는 파업위원회의 허락이 있어야만 트럭들이 식료품을 운송할 수 있었다.

장기간의 대중파업은 식료품과 그 밖의 다른 필수적 서비스를 조직해야 하는 문제를 제기한다. 현장조합원들이 발휘하는 주도력은 새로운 세력들을 투쟁에 끌어들일 수 있다.

그러나 심지어 형식적인 하루 파업조차 유용한 기회를 제공한다. 매우 형식적인 파업조차 일상을 깨는 '사건'이다. 그것에도 동원, 선전, 집단적 행동이 필요하다.

그러한 파업도 많은 노동자들이 집단 행동에 참가할 수 있는 기회가 되곤 한다. 그래서 사회주의 사상과 활동가들의 네트워크 확대를 위한 새로운 기회도 된다.

서로 다른 대중파업 형태 사이에 만리장성 따위는 없다. 그것의 실제 발전은 활동가들이 파업을 어떻게 건설하는가, 그리고 어떻게 현장조합원들의 주도력을 위해 투쟁하는가에 달려 있다.

제2부
인민전선 비판

인민전선이란 무엇인가

　1934년 중엽 이후 스탈린이 추진한 인민전선(국민 연합) 정책은 파시즘에 반대해 부르주아 정치세력까지 포함한 모든 '민주' 세력의 대연합을 이룬다는 것이다. 그러나 부르주아 정당과 동맹하는 정책은 노동자 계급이 반동에 저항하지 못하도록 마비시킨다.

　코민테른 제3차와 제4차 대회(각각 1921년과 1922년)에서 레닌과 트로츠키의 제의로 채택된 바 있고 1920년대 말 트로츠키가 반파시즘 투쟁의 기본 원리로서 다시금 강조한 공동전선이 코민테른 제7차 대회(1935년)에서 정식으로 채택된 인민전선과 어떻게 다른가를 알 필요가 있다.

최일붕. 월간 《다함께》 17호, 2002년 10월 1일. 전국연합은 1992년 대선을 앞두고 김대중의 민주당과 "민주대연합"을 형성했다. 김대중의 패배로 이 동맹은 한 걸음도 나아가지 못했다. 그러나 2000년 남북정상회담 이후 포퓰리스트 좌파들은 냉전우익 세력에 반대해 민족화합적 자유주의 세력(노무현이 대표하는)과 국민 연합을 형성할 태세가 돼 있는 듯하다. 이 특별한 계급 연합 형태를 역사적·이론적으로 고찰해 본다.

공동전선이 노동계급 정당들 사이의 (부분적인) 행동 통일인 반면에, 인민전선은 부르주아 정당까지 포함하는 계급 협력 방침이다.

공동전선이 특정한 구체적 목표를 위해 싸운다는 실용적 합의에 바탕을 두는 반면, 인민전선은 부르주아 정부 수립을 지지하기 위한 공통의 선거 강령에 바탕을 두고 가동된다.

공동전선을 형성하기 위한 전제 조건은 완전한 정치적 독립성과 비판의 자유인 반면, 인민전선 속에서는 공산당이 동맹 관계에 있는 다른 정당들을 비판해선 안 된다.

마지막으로, 공동전선은 혁명적 당이 다른 활동을 계속해 나아가면서 수행하는, 당 활동의 단지 한 갈래일 뿐인 반면, 인민전선은 스탈린주의 정당의 총체적인 전략이다.

고전적 인민전선

프랑스에서는 1934년 봄부터 공산당과 사회당과 중간계급 자유주의 정당인 급진당 사이에 인민전선이 형성되기 시작했다. 1935~36년의 노동자 운동 고양에 힘입어 프랑스 인민전선은 1936년 5월 총선에서 승리해 정부를 구성했다.

1936년 6월, 총파업과 광범한 공장 점거 운동이 일어났다. 프랑스에서는 파리 코뮌 이래 최대 규모의 노동자 운동이었다. 이 대규모 노동 쟁의는 인민전선 정부의 한계를 넘어 자본주의 체제에 대한 도전으로 발전하고 있었다. 인민전선 정부의 총리인 사회당 대표 레옹 블룸과 공산당은 어떻게든 이 투쟁을 제어해 '질서'를 회복하려 했다. 공산당 지도자 모리스 토레스는 노동자들에게 이렇게 말했다. "인민전선은 혁명이 아닙니다. 파업을 시작했으면 끝낼 줄도 알아야 합니다." 공산당과 사회당의 계급 협력 정책 때문에 갈피를 못 잡게 된 노동자들은 사기가 저하돼 작업 복귀했다. 환멸과 냉소에 빠진 프랑스 노동계급은 결국 1940년 나치의 점령에 제대로 저항하지 못하게 된다. 스페인에서는 1931년에 왕정을 타도한 혁명이 계속 전진하고 있었다. 이 파고 위에 올라탄 인민전선 — 공산당과 사회당과 마르크스주의적 통일 노동자당(이하 POUM)이라는 노동자 정당들과 두 개의 부르주아 정당들 사이에서 이루어졌다 — 이 1936년 2월 선거에서 이겨 정부를 구성했다.

그러나 1936년 7월, 파시스트인 프랑코 장군이 군사 쿠데타를 일으켰다. 그리하여 내전이 시작됐다. 이에 즉각 대응해 노동자들은 주요 도시, 특히 바르셀로나에서 노동자 권력을 창출했다. 파시스트들은 곳곳에서 패퇴하기 시작했다.

그러나 코민테른은 선진 자본주의 나라가 아닌 스페인은 지금 전진하고 있는 노동자 혁명을 철회하고 뒤로 후진해 부르주아 혁명부터 완수해야 한다고 주장했다. 스페인의 최대 노동자 정당인 아나키스트 노동조합주의자들의 전국노동자연맹(이하 CNT)은 지역별로 인민전선 정부에 들어가기 시작했다. 이것은 인민전선 정부가 노동자 혁명을 부르주아 민주주의로 돌려놔 스페인을 '정상화'시키는 데 아나키스트들이 협조했음을 뜻한다.

코민테른의 논리는 아주 단순했다. 프랑코부터 먼저 패퇴시키고 그 다음에야 비로소 사회주의 혁명에 착수한다는 것이었다. 그러나 프랑코를 타도할 수 있는 힘은 바로 지금 눈 앞에서 권력을 행사하고 있는 노동자 투쟁이었다. 그런데 이것을 인민전선 정부가 억압했으니 도대체 어떻게 프랑코를 타도한다는 말인가.

게다가 스탈린주의자들은 소련에서의 유혈 숙청을 스페인에서도 재연했다. 스페인 스탈린주의자들의 물리적 마녀사냥은 트로츠키주의자들의 범위를 넘어 POUM과 CNT의 당원들에게까지 미쳤다.

프랑코를 타도하기 위해서는 노동자 권력이 노동자들의 혁명적 투쟁을 고무하고 농민에게 땅을 주고 모로코에 민족 독립을 허용해야 했다. 그러나 부르주아 정당과 동맹한 인민전선 속에서 공산당이 수족이 묶여 버렸으니, 노동자 권력은 확대될 수도, 계속 존속할 수도 없었다. 프랑코의 승리가 눈에 보이기 시작했다.

비판

트로츠키는 인민전선을 신랄하게 비판했다. 그는 그 방침이 "부르주아지와의 동맹을 위해 프롤레타리아를 배신하는 것"이라고 규정했다. 또한 그는 아나키스트 CNT와 반스탈린주의 극좌파 POUM도 인민전선에 참여했음에 주목했다. 그리하여 트로츠키는 인민전선이 노동자 계급 전략 문제라고 보았다. 그러므로 단순한 정체 폭로 차원이 아니라 이론적 논박이 필요한 문제라고 보았다.

트로츠키가 다룬 첫째 이론적 논점은 인민전선이 러시아 멘셰비즘의 변형이라는 것이다. 그는 공산당과 사회당을 1917년 2월 혁명과 10월 혁명 사이의 멘셰비키와 사회혁명당에 비유했다. 1917년에 멘셰비키와 사회혁명당은 카데츠(입헌민주당)를 포함한 상시적 동맹을 형성하고 있었다. 그들은 임시정부라는 연립정부를 구성하고 있었다. 반면에, 볼셰비키는 임시정부에 참여하지 않고 오히려 소비에트에 참여하고 있었다. 그리고 볼셰비키는 임시정부에 양보하지 않았다. 볼셰비키의 요구는 임시정부라는 인민전선을 분쇄하는 것, 카데츠와의 동맹을 파괴하는 것, 그리고 노동자 정부를 수립하는 것이었다.

인민전선은 노동자 혁명으로 나아가는 길을 가로막는 장애물일 뿐 아니라, 반파시즘 투쟁의 효과적인 무기도 전혀 되지 못하는 도구이다. "인민전선 이론가들은 산수의 가장 기초인 덧셈을 넘어서지 못한다. '공산당+사회당+아나키스트+자유주의자=그 각각을 단순히 합한 것'이라는 부등식이 그들 지혜의 전부이다. 그러나 산수만으로는 불충분하다. 역학 또한 필요한 것이다. 힘의 합성을 뜻하는 평행사변형에서 합성되는 힘들이 서로 다른 방향을 향한다면 합성력은 그만큼 짧아진다. 정치적 동맹들이 서로 반대 방향으로 나아가려 한다면 합성력은 제로(零)가 될 수 있다." "때때로 공통의 정치 문제를 해결하기 위해 여러 다른 노동계급 정치조직들의 동맹이 꼭 필요할 때가 있다.

특정 상황에서 그러한 블록은 프롤레타리아의 이해관계와 엇비슷한 이해관계를 갖는 피억압 프티부르주아 대중을 끌어당길 수 있다. 그러한 블록의 연합된 힘은 각 성분의 힘들의 단순한 합계보다 훨씬 더 강할 수 있다. 그러나 프롤레타리아와 부르주아지 사이의 정치 연합은 그 기본 이해관계가 180도 반대인 두 계급 사이의 동맹인지라 프롤레타리아의 혁명 세력을 마비시키는 데에만 이바지할 뿐이다." "내전에서는 적나라한 강압이 효과를 거의 못 거두기 때문에 내전의 양 당사자들에게 최고의 자기 절제심이 필요하다. 그런데 노동자와 농민은 자기 자신의 해방을 위해 싸울 때만 승리를 확신할 수 있다. 이런 상황에서 프롤레타리아를 부르주아 지도부에 예속시키는 것은 미리부터 내전에서의 패배를 확신시키는 것이 된다."

중간계급과의 동맹

트로츠키가 다룬 둘째 이론적 논점은 후진국에서 농민이나 도시 중간계급과의 동맹 문제였다. 트로츠키는 자본주의 정당과의 협정에 의해서는 프티부르주아지를 자기 편으로 끌어당길 수 없다고 주장했다. 왜냐하면 부르주아 정당은 선거에서 주로 프티부르주아지로부터 표를 끌어모으기 때문이다.

"프롤레타리아와 도시 및 농촌 중간계급 사이의 동맹은 의회에서의 그들의 전통적인 대의체 — 즉, 자본주의 정당 — 와 비타협적으로 싸울 때만 실현될 수 있다. 농민을 노동자 편으로 견인하려면 농민을 급진당 정치가들로부터 떼어낼 필요가 있다." "중간계급은 극단주의에 놀라 뒤로 나가떨어지기는커녕 오히려 가장 강력하고 가장 결연한 지도를 제공하는 사회 세력에 끌린다. 그러므로 중간계급을 견인하기 위해서는 노동계급이 파시스트들보다 강력해야 하는데, 그러려면 노동계급이 자기 역량에 대해 자신감을 가질 수 있어야 한다. 그러므로 노동계급의 혁명적 투쟁을 약화시키는 것은 중간계급을 반동 편에 넘겨 주는 것이다.

지배 계급의 구조

트로츠키가 다룬 셋째 이론적 논점은 지배계급의 구조와 관련돼 있다.

코민테른은 파시즘을 "금융자본의 테러 독재"라고 규정했다. 파시즘은 자본가 계급의 단지 일부의 이익을 대변한다는 것이다. 그리하여 자본의 다른 분파들은 프롤레타리아의 반파시스트 동맹 세력이 될 수 있다는 것이다. 흔히들 이야기하는 "민주대연합" 또는 "반독점 동맹" 따위의 이론적 근거가 바로 여기에 있다. 프랑스의 인민전선은 "2백대 가문에 맞서는 국민의 투쟁"을 주장했다.

트로츠키는 이렇게 비판했다. "물론, 인구의 98%는 아닐지라도 95%가 금융자본의 착취를 받고 있다. 그러나 이러한 착취는 위계적으로 편제돼 있다. 착취자-하위 착취자-하위 착취자의 하위 착취자 등등의 식으로. 이런 위계 체계를 통해 초착취자들이 국민의 대다수를 예속시킬 수 있다. 국민이 하나의 계급적 핵심을 중심으로 재편될 수 있으려면 이념적으로 재편돼야 하는데 이것은 프롤레타리아가 '국민' 또는 '민족' 또는 '민중'으로 용해되지 않을 때만 이뤄질 수 있는 일이다. …" "급진당 정치인들이 프랑스를 지배하는 2백대 가문에 선전포고를 할 수 있는 것처럼 말하는 것은 인민 대중을 파렴치하게 기만하는 행위이다. 그 2백대 가문은 공중에 붕 떠 있는 게 아니라 금융자본 체제의 최고 위치를 차지하고 있는 것이다. 2백대 가문을 타도하려면 경제·정치 체제를 전복해야 한다. 그런데 급진당 정치인들인 에리오와 달라디에는 플랑댕이나 들라록끄 못지 않게 그 체제의 유지에 이해관계를 갖고 있다.

 "프랑스공산당이 주장하듯이 한줌밖에 안 되는 재벌에 맞서는 국민적 투쟁이 아니라 부르주아 계급에 맞서는 프롤레타리아 계급의 투쟁이 있어야 한다. 즉, 계급투쟁이 문제이며 이것은 오직 혁명에 의해서만 해결될 수 있다." 하나의 계급 전략으로서 인민전선이 전제로 삼고 있는 이론적 근거를 분쇄하기 위해 트로츠키가 살펴본 위의 세 가지 이론적 논점들을 종합해 한 마디로 요약하면, 자본가 계급 정당과 동맹하는 정책은 노동계급이 반동에 저항하지 못하게 마비시켜 버린다는 것이다.

인민전선의 역사는
계급 협력의 위험성을 경고한다

인민전선 정책은 1935년 7~8월 코민테른(국제공산당) 7차 대회에서 처음 채택됐다.

그 직전까지 스탈린의 코민테른은 '사회파시즘'론을 채택하고 있었다. 스탈린은 "사회민주주의와 파시즘은 서로 대립하는 것이 아니라 쌍둥이"라고 말했다.

스탈린은 둘의 계급적 토대가 다르다는 점을 전혀 이해하지 못했다. 사회민주주의의 계급적 토대가 노동계급 조직이라면 파시즘은 중간계급, 미조직 노동계급 부문, 룸펜이 그 기반이었다. 그러므로 사회민주주의와 파시즘은 칼의 양날이 아니라 자본주의를 지탱하는 상호배타적 버팀목들이었다.

'사회파시즘'론은 독일에서 재앙을 낳았다. 독일공산당과 독일사

김인식, 〈레프트21〉 45호, 2010년 11월 25일. https://wspaper.org/article/8927.

회민주당은 변변한 투쟁 한번 못해 보고 1933년에 히틀러에게 권력을 내 줬다.

이 점에서 인민전선은 '사회파시즘'론이라는 백치병에 대한 반성이기도 했다. 그러나 트로츠키가 지적했듯이, "모험주의적 좌익주의가 우익 중도주의 유형의 노골적 기회주의"로 변신한 것이었다. "뜨거운 우유에 덴 고양이는 찬물도 피하는 법이다."

인민전선은 계급을 가리지 않고 모든 사람이 함께하면 파시즘의 악몽을 끝낼 수 있다는 정책이다. 실천에서 이것은 노동계급과 자유주의 자본가의 체계적인 계급 협력을 뜻했다.

과거에 사회민주당들의 민족주의적·계급협력주의적 정책에 반대해 그들과 결별했던 코민테른이 이제 사회민주주의 세력보다 더 노골적인 계급 협력 정책으로 전환했다.

이것은 코민테른의 기본 테제를 근본에서 부정한 것이었다. 레닌 등이 작성한 코민테른 가입 조건('21개 조항')에는 공산당과 자본가 정당의 연합 반대가 포함돼 있었다.

일국 사회주의

인민전선은 1935년에 채택됐지만, 그 기원은 1924년에 발표된 일국 사회주의론이었다.

일국 사회주의는 혁명 방위의 성패를 국제 계급투쟁이 아니라 소련 한 나라의 힘에 건다는 뜻이었다. 한 나라 안에서 사회주의를 건설할 수 있다면 국제 혁명은 있어도 그만 없어도 그만인 덤 같은 것이 된다.

일국 사회주의론은 각국 공산당이 민족주의로 향할 수 있는 근거를 제공했다. 그 결과 "각국의 사회주의적 애국주의 노선에 따른 코민테른 붕괴의 시발점"(트로츠키)이 됐다.

이 정책에 따라 각국 공산당들은 소련의 '국경수비대'로 전락하기 시작했다. 제국주의 국가들이 소련에 군사적 개입을 못 하도록 막는 방패 구실이 공산당의 주요 임무가 됐다.

그러자면 공산당들이 잠재적 친구들과 사이가 나빠지는 일이 없도록 혁명 활동의 수위를 낮추고 자국 자본가들에게 개혁주의적 압력이나 행사해야 했다. 이 정책은 중국 혁명 등에 치명타를 가했다. 1920년대 중엽 중국공산당은 이른바 '진보적' 부르주아 민족주의 정당인 국민당에 굴종했고, 1925~27년 중국 혁명은 분쇄됐다.

인민전선도 소련의 대외 목표와 관계 있었다. 히틀러에 반대해 소련과 군사 동맹을 맺을 가능성이 있는 다른 나라 정부들에 압력을 넣는 것이 그 목적이었다. 히틀러의 군비 증강 시도가 겨눈 목표물 중 하나가 소련이었기 때문이다.

스탈린은 영국·프랑스와 군사 동맹을 맺고자 안달했다. 마침내 1935년에 스탈린은 프랑스의 중도 우파 라발 정부와 상호방위조약을 맺었다.

스탈린은 이 관계를 공고히 하려면 공산당이 '자유주의적' 자본가 정부를 지원해야 한다고 봤다. 그것만이 파시즘의 진격을 막을 유일한 '현실적' 방도라고 봤다(그 핵심 논지는 40년 전에 베른슈타인 등이 설파한 것과 다를 바 없었다).

물론 레닌 시대의 소비에트 정부도 자본가 정부들과 조약들을 맺었다 — 1918년 브레스트-리토프스크 조약, 1920년 에스토니아와의 조약, 1920년 10월 폴란드와 체결한 리가 조약, 1922년 독일과 체결한 라팔로 조약 등.

그러나 당시 볼셰비키 지도자들 중 누구도 이 자본가 정부들을 "평화의 친구들"이라고 선전하지 않았다. 또, 독일·폴란드·에스토니아 공산당들에게 이 조약들을 조인한 자본가 정부들을 선거에서 지지할 것을 촉구해야 한다고 생각하지 않았다. 그러기는커녕 대중을 혁명적 의식으로 각성시키는 데 이용했다.

그러나 인민전선 시기 스탈린의 코민테른은 정확히 그 반대의 주장과 실천을 했다.

"현재 국면에서 많은 자본가 국가들도 평화 유지에 관심을 갖고 있다. 그래서 제국주의 전쟁의 위험에 맞서 노동자 계급과 모든 근로 민중 그리고 모든 국가들을 아우르는 광범한 전선을 창출할 가능성이 존재한다."(1936년 5월 코민테른 집행위원회)

이 '전선'은 제국주의의 현 상태를 방어하는 것이었다.

그래서 공산당은 자본가 정당들과 동맹을 맺으려고, 세계 체제를 강타한 공황에 대한 혁명적 대안들을 모두 포기했다. 혁명적 변화에 관한 논의를 먼 훗날로 미루고 자본주의 수호 임무를 지닌 정부들을 "관용"으로 대했다. 이 관용은 노동자 운동을 억누르는 것을 뜻했다.

(반半)식민지 나라들에서는 반제국주의 투쟁을 위해 노동계급을

이른바 '진보적 민족 부르주아지'에 예속시켰을 뿐 아니라 노동계급과 민족해방운동을 지구상 최대 식민제국인 영국과 프랑스에 종속시켰다(7차 대회는 6차대회에서 두드러졌던 반제국주의 미사여구들을 조심스럽게 거둬들였다).

스탈린은 1943년에 동맹국들에 보내는 우호의 표시로 코민테른을 해체했다.

산수와 역학

트로츠키는 인민전선이 고전적 멘셰비즘의 확장이라고 봤다. 그가 보기에, 1917년 2월 혁명이 인민전선의 역사적 사례였다.

1917년 2월에서 10월까지 멘셰비키와 사회혁명당은 자본가 정당인 카데츠와 연립정부를 구성해 긴밀하고 항구적인 동맹 관계를 유지했다.

당시 볼셰비키는 인민전선에 조금치도 양보하지 않았다. 그들의 요구는 좌파 정당들이 카데츠와 맺은 동맹을 파기하고 진정한 노동자 정부를 창출해야 한다는 것이었다.

그러나 스탈린은 러시아의 인민전선을 제압했던 10월 혁명의 이름으로 각국의 인민전선들을 지원했다.

인민전선을 정당화하는 논리는 정확히 산수의 법칙이었다. 마르크스주의 역사가 에릭 홉스봄은 이렇게 말했다.

"단결한 노동자 세력('통일전선')이 민주주의자들 및 자유주의자들과의 보다 넓은 선거적, 정치적 연합('인민전선')의 토대가 될 것이었다.

"독일의 세가 계속 확대됨에 따라 공산주의자들은 이러한 연합보다 훨씬 더 넓은 범위의 연합체, 즉 이데올로기나 정치적 신념과는 상관없이 파시즘(또는 추축국들)을 첫째 위험으로 간주하는 모든 세력의 '국민전선'으로 단결의 범위를 확대할 것을 고려했다."

노동자들의 단결에다 자유주의 자본가와의 단결까지 더해졌기 때문에 인민전선은 공동전선의 진보라는 것이다.

그러나 트로츠키가 지적했듯이, 정치의 영역에서는 "산수만으로 충분하지 않다. 적어도 역학 하나는 더 필요하다.

"힘의 평행사변형의 법칙은 정치에도 마찬가지로 적용된다. 우리가 알고 있다시피, 평행사변형에서 합력(合力)은 분력(分力)이 서로 다를수록 더 작아진다. 정치적 동맹자들이 반대 방향으로 끌어당기는 경향이 있다면, 합력은 0과 같아질지도 모른다."

인민전선은 이해관계가 180도 다른 적대 계급 간의 동맹이다. 그래서 동맹의 성립은 노동계급의 양보를 전제로 한다.

그래 갖고는 중간계급을 획득하지 못한다. 노동계급의 단호한 지도력 제공만이 중간계급을 획득할 유일한 방법이다.

노동계급의 힘을 극대화하는 방법으로 레닌과 트로츠키가 지도하던 초기 코민테른은 공동전선을 제안했다.

---

* 러시아 혁명의 지도자 레닌과 트로츠키가 주도해 1919년에 창립됐다. 레닌과 트로츠키가 지도하던 시절 코민테른(1~4차 대회)은 혁명적 전통의 보고였지만, 1924년 이후 스탈린이 지도한 코민테른은 스탈린 정권의 외교 수단으로 전락했다.

레닌과 트로츠키가 제안한 공동전선은 (1) 노동계급 정당들의 협력을 뜻했다. 반대로 인민전선은 자본가 정당들을 포함시키는 계급 협력 전략이었다. (2) 공동전선은 특정한 목표를 성취하려는 투쟁에 필요한 실천적 협정이었다. 그러나 인민전선은 공통의 선거 강령과 자본가 정부 지지를 포함했다. (3) 공동전선에서는 완전한 이데올로기적 독립성과 비판의 자유가 보장되지만, 인민전선에서는 그렇지 못했다. (4) 공동전선은 혁명적 당 활동의 한 부분이어서 다른 독립적 활동을 계속 수행할 수 있지만, 인민전선은 코민테른의 전체 전략이었다.

계급 연합 기구로서 인민전선은 파시즘을 저지하는 효과적 무기가 못 됐다.

예컨대, 1934년 프랑스에서 히틀러의 집권에 고무 받은 파시스트들이 의회를 공격했다. 중도 좌파 정권이 몰락하고 강경 우파 정권이 들어섰다. 이때 노동자들의 단결된 투쟁이 극우파를 수세로 몰아넣었다.

그러나 1936년에 주류 친자본가 정당인 급진당과 단결하려는 시도는 독일 사회민주당의 '관용' 정책과 똑같은 결과를 낳았다. 짧은 소강기를 거쳐 우파가 다시 주도권을 쥐었다.

물론, 노동 대중에게 인민전선이 '제3기'(사회파시즘) 백치병에 대한 반발이기도 했다. 히틀러의 승리는 정치적으로 각성한 노동자들 사이에서 단결해야 한다는 열망을 고무했다.

1935년에 열린 7차 대회가 마지막 대회였다.

이런 단결 염원 정서 덕분에 인민전선의 첫 번째 국면에서 공산당들은 큰 이득을 봤다. 프랑스공산당의 당원 수는 1934년 3만 명, 1936년 2월 9만 명, 1936년 12월 28만 8천 명으로 증가했다. 스페인공산당의 당원 수도 1934년에 1천 명을 밑돌았으나 1936년 2월 3만 5천 명, 1937년 7월 11만 7천 명으로 증가했다. 당시 공산당들은 처음으로 중간계급 당원과 동조자를 대거 획득하기도 했다.

그러나 1938년에 인민전선의 실적에 대한 환상이 깨지자 상황이 반전했다. 공산당들의 당원과 지지자가 감소했다.

최종적으로 인민전선은 파시즘을 저지하지 못했다. 프랑스와 스페인에서는 파시즘에 권력을 내 주는 비극적 결말을 맞았다. 미국에서는 공산당이 민주당의 루스벨트를 지지해 최종 독립적인 정당 건설 전망을 포기하면서 우울한 결말을 맞이했다.

인민전선의 운명은 그래서 1789년 프랑스 혁명의 지도자였던 생쥐스트의 예언, 곧 "혁명을 절반만 성공시키는 사람은 자기 무덤을 파는 사람"이라는 점을 보여 주는 사례가 됐다.

재앙으로 끝난 1936년 프랑스의 계급연합

1930년대는 위기의 시대였다. 경제는 대공황에 허우적댔고 이탈리아와 독일에서는 파시스트가 권력을 잡았다. 독일의 히틀러가 군비를 늘리며 세계대전 위험이 높아져 갔다.

프랑스도 혼란에 빠졌다. 정부 정책으로 말미암아 노동자·농민과 중간계급이 고통을 받고 있었다. 격렬한 시위가 이어졌다. 이 상황에서 극우파들도 세를 늘려갔다. 극우단체 회원이 1백만 명에 이를 정도로 프랑스에서 파시즘의 위협은 실질적이었다.

히틀러가 독일에서 권력을 잡은 것에 한껏 고무된 이들은 1934년 2월 6일 의사당에서 무력 시위를 벌였다. 이 때문에 급진당(이름과 다르게 전혀 급진적이지 않은 중간계급 기반의 친자본가 정당이었다) 달라디에 정부는 사실상 강제로 퇴진당하고 우파 정부가 들어섰다.

박건희, 〈레프트21〉 47호, 2010년 12월 23일. https://wspaper.org/article/9061.

노동자들은 저항에 나서기 시작했다. 프랑스노동총동맹(CGT)은 2월 12일 하루 총파업을 호소하고 사회당도 시위를 조직하기로 했다. 굼떴지만 공산당도 따로 시위를 준비했다. 당일 노동자 1백만 명이 파리 시내를 뒤덮으며 파시즘에 맞섰다.

따로 행진을 시작한 사회당과 공산당 대열이 행진 과정에서 합쳐지자 노동자들은 한목소리로 반파시스트 구호를 외치며 하나가 됐다. "이런 조우가 기뻐 날뛸 것 같은 열광을 촉발해 환호성이 터져 나왔다. '단결! 단결!'의 박수갈채와 구호들과 함성들."

노동자들은 단결을 원했고, 정말이지 단결이 필요한 시점이었다.

이미 코민테른(국제공산당)의 재앙적인 정책(3기 '초좌익주의')으로 독일 공산당은 사회당을 파시스트와 다르지 않은 '사회파시스트'라 규정하고는 공동투쟁을 거부한 바 있다. 이 때문에 히틀러는 손쉽게 권력을 잡을 수 있었다.

프랑스에서 이런 재앙을 되풀이하지 않으려면 공동전선 즉, 노동자 계급의 단결된 투쟁이 절실했다.

파시즘의 위협 앞에서 프랑스 좌파는 단결했다. 그런데 문제는 단결의 범위가 노동자 정당을 넘어섰다는 것이다.

공산당과 사회당뿐 아니라 중간계급 정당인 급진당도 연합을 한 인민전선이 결성됐다. 파시즘에 맞서려면 계급을 뛰어넘는 광범한 연합이 필요하다는 이유에서였다.

한편 히틀러의 권력 장악에 위협을 느낀 소련 지배자들은 영국·프랑스와 군사적 동맹을 맺어 독일을 견제하려 했다. 그래서 1935년에 코민테른은 "평화를 지키고 전쟁의 위협에 대항하기 위한 통일된 인민전선"을 채택했다. 코민테른이 애초 표방한 세계 혁명은 온데간데 없고 소련 방위만 남은 것이다.

코민테른 총서기 디미트로프는 자본가 계급을 파시즘에 가까운 분파와 '민주'적인 분파로 나누고 '민주적' 자본가들과 동맹을 주장하고 나섰다.

"모든 것이 가능하다"

1936년 5월 선거에 공산당은 "강하고 자유롭고 행복한 프랑스를 위해"라는 두루뭉술하고 민족주의적인 구호로 참가했다.

이 선거에서 인민전선은 큰 승리를 거둔다. 사회당은 97석에서 1백47석으로, 공산당은 10석에서 72석으로 의석을 크게 늘렸다. 급진당만 1백59석에서 1백6석으로 줄었다.

인민전선의 승리로 사회당 당수 레옹 블룸이 새 총리가 됐지만, 공산당은 장관을 배정받지 못했다. 블룸과 스탈린은 '빨갱이'를 장관에 앉혀 프랑스 지배계급을 놀라게 하고 싶지 않았다.

선거에서 좌파가 선전하고 제한적으로 경제가 회복하자 노동자들은 자신감을 갖기 시작했다. 블룸이 총리에 취임하기도 전인 5월부터 파업 물결이 일었다.

파업은 기계공업 부문에서 모든 산업 분야로, 프랑스 전역으로 퍼져 나갔다. 초콜릿 공장, 인쇄소, 호텔, 식당, 극장, 자물쇠 공장, 백화점 등 노동조합이 취약한 곳까지 파업이 확산됐다. 6월에는 프랑스 전체 노동자의 4분의 1인 2백만 명이 파업에 참가했다. 1871년 파리 코뮌 이후 최대 규모의 노동자 투쟁이 벌어진 것이다.

파업 가운데 4분의 3은 점거파업이었다. 요구안을 정하기도 전에 점거부터 들어갈 정도로 전투적인 투쟁에 사장들은 경악했다. 노동자들은 사장을 감금하기도 하고, 공장에 붉은 깃발을 내걸기도 했다. 노동자들은 공장에서 게임을 즐기고 노래를 부르며 파업을 즐겼다.

당시 사회당 좌파 마르소 피베르는 이 분위기를 다음과 같이 묘사했다. "모든 것이 가능하다." 실제 노동자들은 사회 전체를 바꾸고 싶어 했다.

노동조합조차 인정하지 않으려던 사장들은 결국 6월 7일 마티뇽 협정을 체결할 수밖에 없었다. 주 40시간 노동제(당시로는 획기적이었다), 2주 유급휴가제, 상당한 수준의 임금 인상, CGT 인정 등 대대적인 양보를 한 것이다.

그런데 당시 인민전선 지도부는 이런 투쟁을 고무하기는커녕 파업을 끝내고 투쟁을 정리하려 했다. 인민전선 정부의 내무장관 로제 살랑그로는 이렇게 말했다. "나로서는 질서와 무정부 상태 사이에서 이미 선택을 했다. 나는 모든 반대를 무릅쓰고라도 질서를 유지할 것이다."

총리였던 블룸은 나중에 당시 사장들이 자신을 '구세주'처럼 여겼다고 회상했다. 그러나 사장들의 진짜 '구세주'는 공산당 지도부였다.

노동자들이 이미 따낸 성과에 만족하지 않고 파업을 계속하자 공산당 지도부는 본격적으로 투쟁을 억누르기 시작했다. 파업과 투쟁이 계속돼 소련의 동맹인 프랑스 지배자들을 더욱 곤경으로 몰아넣지 않도록 하기 위해서였다.

공산당 서기장 모리스 토레즈는 "파업을 시작했으면 끝낼 줄도 알아야 한다"고 했다. 공산당 일간지 〈뤼마니떼〉는 "모든 것이 가능한 것은 아니다" 하며 "공산당은 질서를 의미한다"고 선언했다.

엉뚱한 데

새롭게 투쟁에 참가한 노동자들은 공산당을 자신들의 정당으로 생각했다. 1936년 초 9만 명이던 공산당 당원 수는 거대한 파업을 거치면서 폭발적으로 늘어나 연말에 29만 명에 이르렀다.

그러나 공산당 지도부는 자신들이 얻은 권위와 노동자들의 신뢰를 엉뚱한 데다 썼다. 노동자 계급의 잠재력을 한껏 끌어올려 투쟁을 전진시키는 게 아니라 투쟁을 통제하고 결국 잠재우는 데 이용한 것이다.

공산당 지도부는 한발 더 나아가 민족주의 관점에서 독일에 반대하는 일부 우파까지 포괄하는 '프랑스인 전선'을 구성하자고 했다.

인민전선이라는 계급연합 정책에 매인 공산당은 공공연하게 자본가 편을 든 카미유 쇼탕이 총리가 됐을 때도 지지했다. 쇼탕 이후 더 보수적인 달라디에가 총리가 됐을 때도 지지했다.

공산당이 계급연합에 빠져 허우적거리는 사이, 지배자들은 반격을 시작했다. 가장 중요한 개혁 가운데 하나였던 주 40시간 노동제를 되돌리려 했다.

노동자들은 파업으로 이에 저항했지만 처참하게 패배했다. 경찰은 체포한 노동자들에게 파시스트 식 경례를 한 채 "경찰 만세"를 외치라고 강요하기까지 했다.

이 패배 후 자행된 대규모 해고와 탄압으로 노동자 운동은 완전히 후퇴했다. 1936년 파업 시작 전 78만 명이던 CGT 조합원 수가 파업 후 4백만 명으로 늘었다가 이런 탄압을 거치며 다시 1백만 명으로 줄었다.

나아가 1939년 9월 말 의회는 공산당을 불법화했다. 1940년 6월에 의회는 앙리 페탱에게 독재권을 주기로 했고, 페탱은 파시스트들이 포함된 정부를 구성해 독일이 프랑스 북쪽 절반을 점령하는 데 협력했다.

혁명세력의 마비

프랑스에서 이 같은 재앙을 낳은 인민전선은 우리에게 뼈아픈 교훈을 준다.

첫째, 계급연합으로 우파나 파시즘의 준동을 막을 수 없다는 것이다.

히틀러와의 협잡을 한 사람은 다름 아닌 급진당 소속 총리 달라디에였다. 페탱에 권력을 줘 나치가 득세할 수 있게 한 것도 인민전선으로 선출된 의회였다.

1936년 여름 프랑스와 국경을 맞대고 있는 스페인에서 파시스트 프랑코가 쿠데타를 일으켰다. 공화국을 지키려고 스페인 정부는 바로 프랑스에 무기 지원을 요청했다.

프랑스 사회당 소속 총리 블룸은 무기를 지원하고 싶었지만, 급진당은 격렬하게 반대했다. 결국 블룸은 '비개입' 정책을 택할 수밖에 없었다.

공산당은 이에 강력히 반발했지만, 인민전선을 깨지 않으려다 보니 별다른 것을 할 수 없었다. 프랑스 인민전선 정부가 스페인에서 파시스트 군대가 일으킨 반란을 못 본 체한 덕분에 파시스트들은 독일과 이탈리아 무기로 무장 할 수 있었다.

둘째, 인민전선은 노동자 투쟁을 억누르며 그 잠재력과 가능성을 갉아먹었다.

실제 프랑스 공산당의 활동과 주장은 인민전선이 설정한 한계 즉, 급진당이 용인할 수 있는 한계에만 머물렀다. 이는 노동자 계급의 패배와 사기저하로 이어졌다.

프랑스 노동자들의 거대한 총파업은 분명히 자본주의를 타도할 수 있는 가능성을 보여 줬다. 그러나 인민전선에 매인 공산당은 혁명이 아닌 '질서'를 택할 수밖에 없었다.

그래서 러시아 혁명을 지도했던 트로츠키는 인민전선을 이렇게 비판했다. "프롤레타리아와 부르주아지 사이의 정치연합은 그 기본 이해관계가 1백80도 반대인 두 계급 사이의 동맹인지라 프롤레타리아의 혁명세력을 마비시키는 데에만 이바지할 뿐이다."

재앙으로 끝난 인민전선 전략을 민주노동당 지도부를 비롯해 한국의 진보진영 일부가 여전히 추구하는 것은 아이러니하다(민주노동당은 1930년대 프랑스 공산당에 견주면 영향력이 현저히 떨어지므로 민주당 바짓가랑이를 잡다 뒤통수만 맞고 비웃음거리로 전락할 수 있다).

노동자 정당이 취해야 할 태도는 계급 동맹을 시도하는 것이 아니라 트로츠키가 주장했던 공동전선 즉, 노동자 계급 내의 동맹을 통한 공동 투쟁이다.

프랑스 인민전선을 두고 한 트로츠키의 말은 70년이 훌쩍 지난 오늘날 여전히 유효하다.

"노동계급 정당은 파산한 정치꾼 정당을 구하려는 가망 없는 노력에 정신을 쏟아서는 안 된다. 이와 반대로 모든 힘을 다해 대중이 급진당의 영향력에서 해방되는 과정을 가속화시켜야 한다."

스페인에서 노동자 혁명의 목을 졸라 버린 인민전선

1936년, 프랑스에서 노동계급의 전진을 가로막았던 계급동맹 전략이 스페인에서는 노동자 혁명의 목을 직접 졸랐다.

20세기 초 스페인은 낡은 봉건적 잔재가 있었고 산업 발전이 미약했다. 봉건 영주와 귀족들은 과거의 영광에 안주하고 매달리기만 할 뿐이었다. 그렇다고 신흥 산업 자본가들이 봉건 지배계급과 단절할 의지나 능력이 있었던 것은 아니다.

그들은 노동자와 농민들이 저항에 나서는 것을 더 두려워했기 때문에 봉건 영주와 귀족들과 기꺼이 손을 잡았다.

그래서 스페인에서는 낡은 왕정 체제가 사라지지 않았다.

그럼에도 스페인 노동계급은 20세기 초부터 혁명적 잠재력을 드러냈다.

김문성, 〈레프트21〉 48호, 2011년 1월 6일. https://wspaper.org/article/9092.

1909년에는 모로코전쟁에 반대하는 파업이 일어났다. 1917년에는 러시아 혁명이 스페인에 저항의 불바람을 몰고 왔다. 총파업이 스페인 사회를 흔들었다.

이 운동은 3년 만에 진압되고 1923년 미겔 프리모 데 리베라의 군사독재가 시작됐다. 취약한 경제 때문에 독재는 오래 가지 못하고 1929년 대공황의 여파로 순식간에 허물어지고 만다.

스페인 민중은 이 기회를 놓치지 않고 공화정을 요구하며 저항에 나섰다. 알폰소 13세가 도망가고 1931년 공화국이 선포됐다. 신흥 자본가들이 권력을 잡은 것이다.

그러나 집권한 '공화주의자'들은 농민들에게 토지를 나눠 주지도, 노동자들의 생활 수준을 높이지도 못했다. 여전히 봉건적 지배자 노릇을 하는 교회를 억압하지도 못했다.

그러다가 스페인은 1932년부터 경제 위기로 빠져들었다.

이 위기를 틈타 우익들은 더 우경화한 우익연합을 결성해 1933년에 집권했다. 우익 세력들은 3년간 시늉만 낸 개혁조차 뒤엎으려 했다.

스페인 북부 아스투리아스에서 광부들이 다이너마이트로 무장하고 봉기를 일으키며 저항했다.

저항은 갈수록 격렬해졌고 그러자 우익들 사이에선 더 극단적인 파시스트들이 성장했다. 결국 1936년 2월 선거에서 우익연합을 이기고자 인민전선이 결성됐다.

우익연합의 반동에 맞선다는 명분으로 공화주의 자본가들과 스페인 좌파들이 동맹을 맺은 것이다.

인민전선에는 중도우파 자본가당인 공화연합부터 개혁주의 정당인 사회당(PSOE)과 이 당과 연계된 노동총동맹(UGT), 그리고 극좌파인 공산당과 마르크스주의통일노동자당(POUM)이 모두 참여했다.

그러나 우익을 저지한다는 명분으로 계급을 뛰어 넘어 구성된 연합체가 진정으로 우익을 저지할 수 없다는 사실이 곧 드러나기 시작했다.

반파시즘 투쟁의 동학

인민전선 내각의 자본가 장관들은 온건한 개혁 조처조차 우익과 기업주들이 반발하면 뒤로 물러섰다.

연합의 유지를 위해 좌파 정당들과 장관은 제 목소리를 내지 못했다.

이런 상황에서 자신감을 얻은 우익 군부와 봉건적 교회, 왕정 복고파와 파시스트들은 마침내 7월 17일에 프랑코가 이끄는 군사쿠데타를 시작했다.

인민전선 정부는 불법 쿠데타를 두고 우왕좌왕하기만 했다. 정부

---

* 마르크스주의통일노동자당(POUM): 이 당의 지도자 안드레스 닌은 트로츠키가 이끄는 국제 좌익반대파 소속이었으나 결별하면서 지지자들과 POUM을 결성했다. 이 당은 스탈린의 반혁명 정책에는 반대했으나 혁명적 경향과 개혁주의 경향 사이에서 동요하다가 투쟁의 기회를 놓쳤다.

의 확신 없는 태도는 쿠데타 모의에 참가하지 않았던 군부와 지방정부들을 동요시켰다.

자본가들도 갈수록 프랑코 독재를 통해 스페인 자본주의가 처한 문제들을 해결하는 게 낫다는 방향으로 이끌리기 시작했다.

공장과 토지의 옛 주인들은 도망가거나, 소유권은 보장해 줄 거라는 기대감으로 파시스트 편에 섰다.

결국 단숨에 수도 마드리드를 점령하려던 프랑코의 파시스트 군대를 막아선 것은 인민전선 정부가 아니라 노동자와 무토지 농민들이었다.

카탈루냐, 발렌시아 등 지역에서 노동자들은 스스로 저항을 조직했다.

저항에 나선 노동자와 농민 들은 도시와 공장, 토지를 자주적으로 통제·관리하기 시작했다.

기층 노동계급이 주도하는 반파시즘 투쟁은 스페인에서 새로운 권력 수립, 즉 노동자 혁명을 일정에 올렸다.

그러나 이번에도 공산당의 계급동맹 정책이 문제가 됐다.

공산당은 자본가계급과 동맹해서 인민전선 정부를 유지한다는 목적에 매달리며 오히려 노동자 혁명의 가능성을 가라앉히는 구실을 했다.

공산당은 '혁명은 나중이다' 하며 노동자·농민에게 공장·토지 점거와 자주 관리를 그만두라고 요구했다.

자본가들과 동맹을 유지하려, 적당한 수준에서 투쟁을 멈춰야 한다고 주장했다.

이런 재앙적 정책은 혁명적 열기로 달아오르던 스페인 노동자·농민의 투쟁에 찬물을 끼얹고 김을 빼는 구실을 했다.

결국 기층의 활력이 꺾이자 인민전선 정부는 더 노골적으로 혁명을 파괴하기 시작했다. 좌파 정당들은 불법화되고 그 지도자들은 처형당하거나 살해됐다.

스페인 혁명의 패배는 세계사의 줄기를 바꾸는 패배였다.

1939년 스페인에서 파시스트 군사 반란이 성공하자마자 히틀러와 무솔리니는 제2차세계대전의 도화선을 당겼다. 스페인에서는 인민전선 정부 지지자를 포함해 수십만 명이 학살됐고, 노동계급 투사 한 세대가 절멸했다.

혁명이냐, 파시즘이냐

노동자들이 너무 급진적으로 행동해서 반파시즘 진영이 분열하고 자본가들이 도망간 것이 패인은 아닐까?

반파시즘 투쟁이 혁명으로 발전한 과정을 살펴 보면 그렇지 않다는 게 드러난다.

파시스트 군대는 노동자들이 단호하게 나서 정규군에게 무기를 넘겨 받고 지역을 통제하며 저항한 곳에서 패배했다.

내전 초기, 카탈루냐 지방정부 수장 콤파니스는 노동운동의 지도자들을 불러 "모든 것이 여러분 수중에 있습니다. … 지금의 나와 내 충성심을 믿어 주십시오" 하고 말해야 했다.

반대로 인민전선 정부는 처음부터 동요했다. 노동자들에게 무기 지급하기를 거부하다가 내각이 교체되기도 했다.

자본가들은 스스로 투쟁에 나선 노동자들보다 차라리 파시스트를 선호한다는 것이 드러났다. 이들의 지지가 프랑코 진영으로 넘어가자 인민전선 정부는 대변할 사회 세력이 없는 껍데기가 됐다.

좌파는 인민전선 정부에 들어가지 말고 각 지역 혁명위원회들을 연결망으로 하는 전국적 대안 권력을 창출해야 했다.

인민전선 정부를 위해 혁명적 투쟁을 자제하는 것은 자멸의 길이었다.

노동자와 농민에게 이 전쟁에서 싸워 이겨야 하는 이유가 있다면 그것은 이 전쟁이 사회혁명이었기 때문이다.

옛 주인들이 떠난 곳에서 이들은 공장과 토지를 접수하고 모든 공공서비스와 치안을 통제했다. 이제 선택지는 혁명이냐, 파시즘이냐 둘 뿐이었다.

그러나 스탈린주의 공산당과 인민전선 정부는 노동자들에게서 가장 강력한 투쟁의 동력인 사회혁명의 열망을 제거하려 했다.

주요 책략은 좌파를 인민전선 정부에 포함시켜 발목잡고 뒤통수치는 것이었다.

혁명의 위력이 가장 강했던 카탈루냐에서 이베리아아나키스트연합(FAI)과 POUM은 지역판 인민전선 정부에 들어갔다가 그런 꼴을 당했다.

인민전선 정부는 POUM을 중앙정부에서 쫓아냈고 얼마 안 가 불법화한 뒤 그 지도자 안드레스 닌을 살해했다. 배신의 마지막 희생자는 공산당 자신이었다.

한편, 프랑코 진영의 주력 부대는 모로코 주둔군과 모로코인 용병이었기 때문에 인민전선 정부가 모로코 독립을 선언한다면 전세가 달라질 수 있었다.

그러나 스페인령 모로코의 해방은 프랑스령 모로코에 영향을 미칠 것이었다.

프랑스 자본주의를 불편하게 하면 안 된다는 인민전선 정부와 소련의 판단으로 이 해방적 조처는 거부됐다.

스페인 인민전선 정부가 이렇게 행동했는데도 '반파시즘'을 자처하던 프랑스와 영국, 미국의 자본가들은 결코 스페인의 노동자들을 지원하지 않았다.

이 압력에 굴복해 프랑스 인민전선 정부도 스페인 인민전선 정부의 군사 지원 요청을 거부했다.

이렇게 인민전선 정책 때문에 스페인 노동자들의 손발이 묶여 있는 사이에 독일과 이탈리아의 파시스트 정부는 최신 무기와 병사 수만 명을 프랑코에게 지원했다.

스탈린과 인민전선

스탈린의 일국사회주의 노선에서 핵심은 혁명의 국제적 확산을 포기하고 '사회주의 모국'인 소련을 군사적으로 보호하는 것이었다.

코민테른은 이를 위해 각국 공산당을 동원하는 수단으로 전락했다.

특히 나치 독일의 위협이 현실이 되자 히틀러를 막으려고 서방과 맺는 동맹에 집착한 스탈린은 서방 자본가들에게 혁명의 위협을 느끼게 하고 싶지 않았다.

심지어 스탈린은 스페인 내전 초기인 1936년 사회당 소속인 수상 카바예로에게 사유재산 보호를 요구하는 편지를 보내기도 했다.

스탈린은 인민전선 정부를 위해 혁명을 교살하는 구실을 공산당에게 맡겼다.

공산당은 반파시즘 투쟁이 혁명으로 발전하는 것을 필사적으로 막았는데, 막상 인민전선 정부는 국내외 자본가계급에게 충성했다.

그리고 그 국제 자본가들과 이른바 '민주' 진영 정부들은 볼셰비즘의 공포보다 파시즘의 승리를 보는 게 낫다고 결정했다.

요컨대, 인민전선 전략은 애초부터 그 목표가 체제 위기를 혁명으로 해결할 노동계급의 잠재력을 억제하는 데 있었다.

중국의 '국공합작'이 인민전선의 성공을 보여 줬는가?

지금 부르주아 정당을 포함하는 민주대연합을 주장하는 사람들은 종종 중국의 항일 국공합작을 비슷한 사례로 언급한다. 좀더 사악하고 강한 적(일본 제국주의)에 맞서 '진보적', 혹은 '민족적' 부르주아와 연합했기 때문에 항일전쟁에서 승리했고 덕분에 나중에 국민당을 물리칠 기반을 마련할 수 있었다는 것이다.

그러나 국공합작은 두 차례 — 1920년대와 1930년대 — 였다. 그 중 첫 번째 것은 철저히 실패로 끝나면서 중국 현대사의 방향을 바꿨다. 또, 두 번째 것도 인민전선 정치를 정당화하는 근거가 될 수 없다.

제1차 국공합작은 참담한 비극이었다. 어느 누구도 이 사실을 부정할 수 없다.

김용욱, 〈레프트21〉 65호, 2011년 9월 22일. https://wspaper.org/article/10193.

1927년 4월 장제스가 이끄는 국민당군은 상하이의 노동자들을 대학살했다. 장제스와 연관된 깡패 조직인 두예셩의 청방은 노동조합 사무실을 급습해서 조합원들을 마구 죽이고 심지어 산 채로 땅에 묻었다.

사실, 수적으로 열세인 국민당 군대가 당시 서구 열강과 손을 잡고 중국을 분열시킨 군벌들을 상대로 연전연승을 거둘 수 있었던 것은 노동계급이 지원한 덕분이었다. 노동자들이 힘이 없어 어쩔 수 없이 당할 상황은 아니었다.

문제는 이 일이 발생하기 직전에 노동자들은 공산당 지도부의 권고에 따라 스스로 무장해제를 했다는 것이었다. 어떻게 이런 어처구니없는 일이 발생할 수 있었을까?

인민전선의 정치 자체에 그런 비극이 잉태해 있었다. 1차 국공합작은 1930년대 스탈린주의 제3인터내셔널(코민테른)이 인민전선이란 표현을 사용하기 이전에 시작됐지만 기본 원리는 동일했다. 즉, 공통의 적에 맞선다는 명분 아래 이른바 '진보적', 혹은 '민족적' 부르주아의 이해에 노동계급의 이해를 종속시키는 것이었다.

당시 스탈린주의자들은 이것이 원래 레닌의 1921년 '민족과 식민지에 관한 테제'를 중국에 적용한 것이었다고 강변했지만 레닌은 식민지와 반식민지에서 공산당과 노동계급 운동이 부르주아와 일시적 동맹을 결성할 때도 정치적·조직적 독립성을 지켜야 한다고 분명히 지적했다.

그러나 당시 중국 공산당은 개인 자격으로 국민당에 입당하는 조건으로 국공합작을 결성했다. 더 큰 문제는 이런 형식적 제약이 아니라 정치적 자기 제약이었다.

1925년 2월 말 상하이의 일본인 소유 공장에서 시작된 파업은 5월 30일 중국시위대를 향한 영국군의 발포로 촉발된 '5·30 사태'를 계기로 급진화돼 심지어 일부 작업장에서는 노동자 자주 관리 요구가 제기됐다. 반제국주의 투쟁과 계급투쟁이 상호 결합하면서 노동계급 혁명의 분위기가 무르익고 있었다.

노동계급의 힘

중국 노동계급은 전체 인구에서 차지하는 비중이 작고 전통적 수공업에 고용된 경우가 많았지만, 그중 일부는 상하이와 같은 연안 공업 지역의 경제적으로 중요한 대형 공장에 밀집돼 있어 막강한 잠재력을 가지고 있었다.

동시에, 후난성 등 일부 농촌에서는 농민들이 군벌뿐 아니라 지주들에 맞서 투쟁을 벌이고 있었다. 노동계급이 토지 개혁 요구를 내걸고 싸운다면 인구의 다수를 차지하는 소농과 빈농, 농업 노동자들을 든든한 원군으로 확보할 수 있었다.

그러나 공산당 지도자들은 국민당과의 연합을 깨지 않으려고 이들의 투쟁을 자제시켰다. 공산당 서기장 천두슈가 코민테른에게 국공합작을 깨거나 최소한 정치적 독립성을 늘릴 것을 요청했지만 스탈린 일파는 이를 받아들이지 않았다.

물론, 국민당의 부르주아들은 공산당처럼 합작의 원칙에 충실하면서 '자제'할 생각은 없었다.

국민당 내에서는 노동자와 농민의 급진화에 경각심을 드러내면서 운동을 파괴하려는 움직임이 나타났다. 그 자신이 지주이거나 지주와 연관된 자본가 인사들이 많았던 국민당 자본가들은 기층 투쟁이 일부 확산되자 위협을 느꼈다.

예컨대, 일본인 공장에서 파업이 벌어졌을 때는 그것을 지지하던 상하이의 부유한 중국인 상인들은 파업이 확산되자 거부감을 드러냈다.

그들은 지주와 연관된 상하이의 부유한 금융 투기꾼인 군인 장제스가 이 상황을 다룰 적임자라고 여겼다. 장제스는 총부리를 노동자와 공산당 활동가에게 돌렸다.

중국 국공합작의 역사는 여기서 끝나지 않았다. 보통 1937년부터 시작해 1945년까지 지속된 제2차 국공합작(항일 통일전선)은 1차와 달리 성공으로 여겨진다.

공산당은 항일 전쟁을 주도했을 뿐 아니라 이를 바탕으로 성장해서 이후 인민전선의 동맹이었던 국민당과의 내전에서도 승리했다는 것이다. 따라서 인민전선은 잘하면 성공할 수도 있다는 것이다.

그러나 2차 국공합작의 내용은 다른 인민전선과 달랐다. 예컨대, 공산당은 자신의 자율성을 포기하거나 국민당의 움직임에 종속되지 않았다. 무장해제를 한 것이 아니라 끝까지 '총을 쥐고' 있었던 것이다.

1935년 마오쩌둥은 좀더 인민전선에 가까운 정책 — 공산당군의 국민당 소속 — 을 요구하는 장궈타오의 주장을 비난했다.

그러나 당시 공산당이 지킨 것은 노동계급의 자율성이 아니라 당의 군사적 자율성이었다. 전자는 인민전선의 틀 내에서 지킬 수 없지만 후자는 가능하다.

사실, 공산당은 더는 지킬 만한 노동계급 정치를 가지고 있지 못했다. 공산당은 1920년대 후반 노동계급 기반을 완전히 잃고 농촌 변두리를 떠돌면서 끊임없이 크고 작은 전투를 치렀다.

그들이 주로 관계를 맺는 주요 집단은 노동자에서 다양한 농민 집단으로 변했다. 공산당은 게릴라 전투와 반제 민족주의를 뼈대로 한 정당으로 변모했다. 처음에는 노동자 운동의 패배 때문이었지만 나중에는 지도부가 의식적으로 이 방향을 추구했다.

예컨대, 1920년대 말 마오쩌둥 등은 리리싼이 대표하는 도시 노동계급을 조직하려는 경향에 맞서 투쟁을 벌여 승리를 거뒀다. 리리싼이 재앙적인 스탈린주의 3기 정치에 물들어 실수를 반복한 덕분에 마오쩌둥이 쉽게 승리를 거둘 수 있었다.

따라서 1930년대 일부 국민당 통치 지역에서 노동자들이 때때로 격렬한 파업을 벌였지만 공산당은 오지에 근거지 — '소비에트'라 잘못 부른 — 를 만들고 군사력을 기르는 것에 역량을 집중했다.

동시에, 지식인 출신이 많은 공산당 지도자들은 노동계급 투쟁과 유리되면서 자신들이 원래 가진 민족주의 정치로 후퇴했고, 대중의 민족주의적 반제국주의 정서에 공감하는 수준이 아니라 그 자신이 능동적인 민족주의의 수호자가 됐다.

물론, 공산당의 정책에 급진적 측면이 없었던 것은 아니다. 지주들과의 관계 때문에 그럴듯한 토지 개혁안을 전혀 내놓을 수 없었던 국민당에 비해 공산당은 토지 분배 정책을 내놓고 실천했다. 전체 인구에서 농민이 차지하는 비중을 봤을 때 급진적 토지 개혁 입장을 취한 것은 절대적으로 옳았다. 그러나 '농사짓는 사람이 자기 땅을 갖는 것'이 사회주의는 아니었다.

국공합작 직전에 공산당은 숨 돌릴 여유가 절실히 필요했다. 거창한 이름과 달리 국민당 공격에 밀려 정신없이 후퇴하는 과정이었던 '대장정' 동안 공산당은 대부분의 당원을 잃었다.

난징 함락

그때 일본이 본격적으로 중국 점령 작전을 펴기 시작했다. 일본은 다른 열강을 제치고 중국을 독식할 작정으로 1931년부터 도발을 감행했고 1937년에는 전면전을 시작했다. 일본군은 무기력한 국민당 군을 물리치고 난징을 함락했고 6주 동안 민간인 30만 명을 학살했다.

평범한 중국인들의 분노가 폭발했다. 사람들은 장제스 정부가 일본과 싸우기보다 공산당을 공격하는 데 더 열심인 것에 분노했고 단결을 요구했다.

국민당의 청년 장교들도 장제스를 납치했고 그가 항일 전쟁을 정책의 우선순위로 삼을 것을 요구했다. 이때 장제스가 살아남은 것은 부분적으로는 공산당 지도부가 청년 장교들에게 그를 죽이지 말라고 달랬기 때문이었다. 결국 1937년 국민당과 공산당은 2차 국공합작을 선언했다.

그러나 사실, **국공합작은 항일 투쟁에 별로 기여한 것이 없다**. 국민당은 국공합작을 시작한 뒤에도 항일 전쟁을 제대로 벌이지 않았다.

장제스는 여전히 '내부의 적'(공산당)을 제1의 적으로 삼는 정책을 버리지 않아 1938년 이른바 '반일 용공 단체'를 금지했고 반정부 단체의 활동을 제한하는 법률을 정했다.

국민당 최정예 부대 50만 명은 공산당 근거지인 연안과 화북 지역에서 꼼짝도 하지 않았다. 장제스는 충칭의 꼭두각시 정부와 끊임없는 비밀협상을 벌였고 일본의 전면 침략이 시작된 지 5년 뒤인 1941년에서야 대일 선전포고를 했다.

반면에 공산당은 막대한 희생을 치르면서 일본군과 치열한 전투를 치렀고 항일 운동의 상징으로 떠올랐다. 그러나 공산당 지도자들은 항일 의지가 박약하고 부패한 국민당의 약점을 이용하고 국민당 치하 노동자·민중의 투쟁을 고취하려는 노력을 거의 하지 않았다.

공산당의 이런 정책은 국민당의 부패와 억압 정책이 민중의 반일 의지를 꺾을 가능성이 있는 상황에서 매우 위험천만한 것이었다.

실제로, 1944년 일본군이 허난성을 공격했을 때 주민들은 부패한 국민당 지휘관의 군대가 참패하는 것을 보고도 수수방관했고 심지어 반국민당 소요를 일으켰다. 오직 일본 제국주의의 끝없는 만행이 대중의 투쟁 의지를 유지시켰을 따름이다.

공산당이 이런 정책을 편 근본적인 이유는 군사적 고려를 우선시하는 공산당의 입장에서 봤을 때 도시에서 참을성 있게 아래로부터 노동계급과 민중 운동을 건설하는 것은 우선순위가 될 수 없었기 때문이었다.

이런 경향은 공산당이 1946년부터 국민당과 내전을 벌이는 방식에도 지대한 영향을 미쳤다.

한편으로 공산당은 주된 작전지역인 농촌에서는 토지 개혁을 급진화했다. 반면에, 몇몇 용감한 공산당원들이 벌인 개별적 노력을 제외하면, 도시 노동계급을 조직하려는 노력은 여전히 뒷전이었다.

장제스가 도시 지역에서 통제력을 완전히 잃게 된 것은 측근 4대 가문이 연루된 엄청난 부패와 물가폭등 등 자체의 모순 때문에 통치 체계가 내부적으로 붕괴했기 때문이었다.

공산당 지도부의 노동계급 운동에 대한 미온적 입장이 단지 군사적 편의성의 문제만은 아님이 점점 뚜렷하게 드러났다. 상명하달식 군사 작전에 익숙해지고 민족주의 이데올로기에 흠뻑 젖으면서 공산당이 아래로부터의 노동계급 투쟁을 바라보는 시각도 변한 것이었다.

1949년 승리 이전에도 공산당은 자신이 장악한 지역에서도 노동자들이 자본가들에 맞서 격렬한 투쟁을 벌이는 것을 꺼려 했는데, 공산당 지도자들은 노동계급 운동이 크게 성장하면 이후 자신이 나라를 통치하는 데 어려움을 겪을 것이라고 정확하게 이해했다.

그들은 소련 스탈린주의 관료들과 종종 갈등을 빚었지만 '제국주의 열강과 대등하게 겨룰 수 있는 강국 건설'이라는 궁극적 목표는 동일해졌다. 부강한 민족국가 건설에서 전투적 노동계급의 존재는 더는 필요하지 않았다.

그래서 중국 공산당이 추구한 것은 민족해방 혁명이었지 자기의식적인 노동계급이 주도하는 사회주의 혁명이 아니었다.

　1949년 국민당과 미국 제국주의에 맞서 승리한 중국 혁명이 노동계급의 정치적 독립성을 희생시킨 권위주의 정권의 탄생과 또 다른 착취 체제로 왜곡되면서 빛이 바랜 것은 이 때문이었다.

해방 직후 좌우합작과
민족통일전선론의 비극

해방 이후 한국은 온갖 모순이 중첩돼 왔다. 그중 하나는 제국주의 세력이 한반도를 분단시켰다는 것이다. 당시 좌익과 우익은 각각 소련과 미국의 힘에 편승하려 했고, 결국 이것이 통일된 독립국가를 건설하지 못하게 했다는 인식이 광범하다.

이런 인식은 통일 독립국가를 건설하려면 좌익과 우익이 협력을 해야 하고, 모든 계급이 자신의 이익을 앞세우지 말고 민족적 대의 앞에 서로 양보해야 한다는 주장으로 나아가기도 한다. 여전히 한국이 분단 국가라는 사실이 해방 당시 좌우합작과 계급협력을 할 필요성이 있었다는 주장을 꽤 설득력 있게 만들기도 한다.

이런 생각은 아마 상식에 가까울지도 모른다. 예를 들어, 오늘날 당시 여운형의 좌우합작 운동을 지지하는 정치적 스펙트럼은, 대다

―――
한규한. 〈레프트21〉 58호, 2011년 6월 2일. https://wspaper.org/article/9768.

수 자주파, 좌파 민족주의자(대표적으로 서중석 교수), 진보신당의 일부 PD 이론가(장석준)에 이르기까지 폭이 넓다.

그러나 당시 좌우합작과 민족통일전선론으로 표현된 계급협력 노선은 결과적으로 성사되지 못했다. 많은 사람들이 당시 격렬한 좌우 대립, 특히 공산당의 '비타협성'에서 그 원인을 찾는다.

그러나 분단을 저지하고, 친일·반동 세력을 청산하고, 사회·경제적 모순을 과감하게 개혁하는 데 좌우합작과 계급협력이 효과적이었을까? 사실, 당시 역사는 오히려 계급협력과 민족단결 논리가 이런 과제를 해결하는 데 전혀 효과적이지 않았음을 보여 준다. 이를 간단히 살펴보겠다.

제2차세계대전에서 일본이 패망하면서 조선은 식민지에서 해방됐다. 식민지 시절 억눌렸던 조선 민중은 새로운 독립국가에서는 마땅히 과거 일제에 부역했던 자들을 배제해야 한다고 생각했다.

당시 민중은 새로운 독립국가가 정치적으로 자주적이어야 할 뿐 아니라, 오랜 사회 경제적 모순을 동시에 해결해야 한다고 생각했다. 예를 들어, 군산 종연조선 노동자들은 다음과 같이 말했다. "해방은 누구를 위한 해방 … 이냐? 노동자에게서 직장을 빼앗고 빵을 주지 못하는 독립이라면 무슨 기쁨이 있고 무슨 의의가 있으랴. … 노동자 대중에게 완전한 해방을 가져오는 그날을 위하여 끝까지 싸우기를 여기에 맹서한다."

스탈린의 국제 노선

그들은 이런 과제를 누가 대신해 줄 때까지 앉아서 기다리지 않았다. 노동자들은 공장과 작업장을 접수해 스스로 운영하려 했다. 일본인 소유 작업장은 물론 친일 조선인 자본가 소유의 작업장도 접수 대상이었다. 가혹한 식민지 소작제에 시달렸던 소작농민들도 대지주에 맞서 투쟁을 벌였다.

그러나 일본을 대신해 조선을 점령한 미국과 소련 양대 제국주의는 조선 민중이 스스로 민족 독립 국가를 건설할 권리를 부정했고, 노동자와 빈농이 급진화하는 것을 내버려 두지도 않았다.

안타깝게도 당시 좌파들은 제국주의적 점령에 맞서 저항하지 않았다. 여운형 등의 중도좌파든 공산당이든, 거의 모든 좌파들이 제국주의 세력을 활용해 독립국가를 건설할 수 있다고 생각했다.

특히 조선공산당은 당시 스탈린의 국제노선에 충실했다. 제2차세계대전 직후 미국과 소련의 대립은 아직 본격화하지 않았다. 미국과 소련의 전후 세력권 조정 협상은 끝나지 않았고, 이를 위해 소련과 미국의 '협력' 관계는 일정 기간 유지됐다. 따라서 각국의 공산당들은 이 협력 관계를 해칠 급진적 주장과 실천을 회피해야 했다.

스탈린의 국제노선을 따라 조선공산당은 당면 혁명의 과제를 부르주아 민주주의 혁명으로 제한했다. "조선의 객관적 정세는 우리로 하여금 무조건하고 부르주아 민주주의 혁명의 제 과업의 수행을 강경히 요구하고 있는 것이요 조선에서는 프롤레타리아 혁명의 단계는 아직 오지 않고 있다는 것을 힘있게 주장한다."

조선공산당이 부르주아 민주주의 혁명을 실현하기 위해 아래로부터의 힘에 의존한 것도 아니었다. 조선공산당은 당시 미국과 소련의 협상을 통해 평화적으로 독립국가를 건설할 수 있고, 이 국가가 수행할 각종 개혁 조처들을 미국과 소련이 지원할 것이라고 생각했다. 즉, '스탈린-루즈벨트의 국제혁명 노선' 덕분에 "조선과 같은 데에 있어서는 평화적으로 혁명의 성공이 가능하다"는 것이다.

이에 따라 조선공산당은 소련군만 아니라 미군도 "해방자"로 환영했다. 미국을 "우리 민족의 직접 원조자로서 해방자로서 … 우리의 역사에 빛날" 것으로 칭송했다.

조선공산당은 새로 건설될 국가는 좌우합작, 민족통일전선, 즉 계급연합이어야 한다고 주장했다. "우리는 언제든가 민족적 범죄자인 친일 분자만을 제하고는 누구든지 환영한다."

그래서 조선공산당은 이승만을 그들이 선포한 인민공화국의 대통령으로 삼으려 했다. 심지어 공산당은 자신이 '반동적 민족자본가'로 규정했던 김성수를 내각에 영입하려고까지 했다.

이승만은 공산당의 제안을 단칼에 거부했다. 오히려 공산당에게 민족단결을 해칠 행위는 하지 말라고 훈계했다. "급격한 분자가 선두에 나서서 농민이 추수를 못하게 하고 공장에서 동맹파업을 일으키는 일도 있다. … 국체를 회복하여 국토를 찾자는 일점에 대동단결치 않으면 안 될 것"이다. 공산당은 합작의 파트너를 김구로 바꿨지만, 결과는 마찬가지였다.

조선공산당이 민족 단결을 내세우며 우파와 '상층 통일 전선'을 추구하는 것에 노동자·농민 운동 지도부도 보조를 맞췄다. 당시 노동조합 전국조직인 조선노동조합전국평의회(전평)와 전국농민조합총연맹(전농) 지도부는 공산당이 통제했다. 전평은 민족통일전선을 형성하는 데서 계급대립이 장애물이라고 말했다. "1)도시에서 자본가와 노동자의 대립이요, 2)농촌에서 농민과 지주의 대립이다. 이 두 모순을 잘 조정하는 것이 통일전선의 기초를 쌓는 것이다."

이에 따라 전평은 투쟁을 자제하고 "양심적 민족자본가"와 협력해 생산에 힘쓰라고 강조했다. 노동자들의 공장관리운동 역시 급진적 방향으로 발전시키기보다는 자본가와 공동관리를 강조했다.

해방 직후 분출했던 농민들의 토지 접수 시도는 제지됐다. 또, 공산당은 "일제 및 비친일적 대지주에 대한 소작료 불납 투쟁을 극좌적 오류"라고 규정해, 농민 운동을 소작료 인하 운동으로 억제했다.

투쟁 자제

민족통일전선을 위해 계급 대립을 조정해야 한다는 생각은 일종의 자기기만이었다. 자본가들은 그럴 생각이 전혀 없었기 때문이다. 일제시대 조선인 자본가들은 일본 제국주의 질서에 편승하거나 통합돼야만 자본을 모을 수 있었다.

조선인 자본가들은 해방 뒤 친일잔재 청산이라는 대중의 요구가 필연적으로 자신의 사회·경제적 기반을 위협할 것임을 거의 본능적으로 느꼈다. 이들은 노동자들의 투쟁에 알레르기 반응을 보였고, 이를 막아 줄 미군정과 우익 폭력집단을 전폭적으로 지지했다.

트로츠키는 스페인 혁명의 경험에서 다음과 같이 지적한 바 있는데, 이는 조선공산당의 계급연합 추구에도 적용할 수 있다. "정치적으로 매우 놀라운 것은 스페인 인민전선은 실제로 힘의 사변형조차 없었다는 사실이다. 자본가계급의 자리에는 그 그림자뿐이었다. 스페인 자본가계급은 스탈린주의자, 사회주의자, 무정부주의자를 매개로 인민전선에 참여하라고 귀찮게 조르지 않고도 노동자계급을 자신에게 종속시켰다. 온갖 정치적 색조를 띤 착취자들의 압도 다수는 공공연하게 프랑코 진영으로 넘어갔다."

따라서 공산당과 전평이 추진한 민족통일전선은 사실상 공산당 지지 세력의 결집체로 귀결될 수밖에 없었다.

공산당이 민족자본가의 그림자와 연합을 하려는 동안, 미군정과 우익들은 노동자와 빈농의 운동을 무자비하게 탄압했다. 해방 직후 궁지에 몰려 있던 친일·반동 세력들은 미군의 점령과 이에 편승한 우익 폭력, 그리고 좌파의 계급타협 정책 덕분에 숨을 돌릴 여유를 찾았다. 그리고 그들은 새로 등장할 분단 국가에서 좌익과 민중운동을 절멸시키리라 결심했다.

조선공산당의 태도는 1946년 7월 들어 변한다. 이른바 '신전술' 채택이다. 즉 그동안 미군정과 우익의 폭력에 대한 최소 저항 노선에서 벗어나 적극적으로 방어투쟁을 전개하겠다는 것이었다.

그러나 공산당이 신전술을 채택했다고 해서 미국과 전면적으로 대립하거나, 좌우합작을 원천적으로 부정한 것은 아니었다. 공산당은 여전히 소련과 미국 간 협의(미소공동위원회)에 매달렸다.

미소공동위원회가 결국 최종 결렬됐을 때, 공산당의 운명은 거의 결정된 것이나 다름없었다. 미국과 우익은 자신들의 분단 국가를 위협할 모든 잠재 세력을 문자 그대로 척결하려 했다. 공산당은 뒤늦게 모든 힘을 다해 투쟁해 보지만, 세력균형은 이미 매우 불리했다. 공산당의 협조 노선 와중에 노동자, 농민 운동은 탄압으로 상당히 약화됐고, 분단이 기정사실이 되자 상당수 대중은 낙담하고 사기가 떨어졌다. 1948년 제주도에서 벌어진 항쟁은 고립됐고, 미국과 이승만은 주민들을 대량 학살했다.

당시 좌우합작론과 민족통일전선론의 근본적 모순 중 하나는 양대 제국주의에 대한 의존이었다. 여운형과 같은 온건 좌파든, 공산당이든 그들의 프로젝트는 결국 미국과 소련의 협상에 근거한 것이었다. 미국과 소련이 갈라섰을 때, 그들의 노선은 파산할 수밖에 없었다.

좌우합작론과 민족통일전선론에서 더 중요한 모순은 그것이 계급투쟁을 억제하는 구실을 한다는 점이다. 당시 좌파들은 민족 독립국가 건설을 최우선으로 내세우면서 계급투쟁을 부차화했다. 이는 민족국가 건설과 계급투쟁을 분리시킨 것이다. 국가 건설은 좌우 합작을 통해, 그리고 미국과 소련의 협상에 따라 건설될 것이기 때문이었다.

계급투쟁을 억제하는 논리는 결국 미군정과 우익을 강화했을 뿐이었다. 좌파가 계급투쟁을 억제하는 틈을 타 우익은 세력을 결집시켰고, 친일 반동 세력은 전열을 재정비했고, 미군정은 각종 노동자 민중 조직을 파괴할 수 있었다.

결국 당시 민중이 요구한 과제들을 해결하는 데서 좌우합작과 계급협조는 전혀 적절하지 않았다. 먼저, 통일 국가 건설이라는 과제를 해결하려면 미국과 소련 점령군에 맞선 투쟁이 필요했다. 둘째, 친일 잔재 청산과 사회 경제적 개혁을 위해서는 조선인 자본가와 대지주, 그리고 우익에 맞선 투쟁이 필요했다. 그리고 그 둘은 서로 떨어져 있지 않았다. 특히 남한에서 친일 반동 우익 세력은 미국 제국주의에 밀착했고, 미국은 이들을 비호했기 때문이었다. 좌우합작과 민족통일전선론은 이런 과제를 아래로부터 해결할 수 있는 대안(즉, 연속혁명)을 봉쇄하는 데 일조했을 뿐이다.

제3부
혁명적 당

왜 혁명적 당이 필요한가?

왜 당이 필요한가

마르크스에 따르면, 혁명을 해낼 수 있는 유일한 계급은 노동자 계급이다. 그러나 대부분의 노동자들은 자신들을 혁명적이라고 생각하지 않으며, 또한 전체로서 노동자 계급은 자신이 혁명적 계급이라는 점을 깨닫지 못한다.

만일 노동자들이 자신들의 잠재력을 의식하고 있다면, 사회주의자들의 임무는 훨씬 더 쉬워질 것이다. 그러나 어떤 사회든지 그 사회의 지배적인 사상은 지배계급의 사상이기 때문에, 노동자들은 온갖 종류의 서로 다른 사상들을 머리 속에 가지고 있다.

일부 노동자들 — 보통 상대적으로 적은 소수 — 은 자신들을 지배하는 자본가 계급의 가치들을 거의 다 받아들인다. 그들은 지배

이 글은 《혁명적 사회주의를 위한 주장들》(1994년 발행)에 실린 것이다.

하는 사람과 지배 받는 사람은 타고나는 것이라고 생각한다. 그들은 자본주의 사회에 고유한 모든 분리 — 성·인종·민족 등의 분리 — 를 받아들인다.

다른 일부 노동자들 — 역시 적은 소수 — 은 대중매체, 교육제도, 그리고 사회의 여타 모든 주요 기구들을 통해 제시되는 지배적인 세계관을 거부한다. 그 대신 그들은 그러한 지배적 사상에 도전하는 견해를 발전시키고, 세계를 보는 대안적 방식을 제시한다.

그러나 대다수 노동자들은 대부분의 시기에 이 두 가지 완전한 견해 가운데 그 어느 것도 취하지 않는다. 그들은 지배계급의 어떤 사상들은 거부하지만 다른 사상들은 받아들인다. 그들은 체제의 기본 골격은 받아들이면서도 그 가장 나쁜 결과들은 완화하고 싶어한다.

사상들의 이러한 뒤섞임은 비록 노동자 계급이 잠재적으로 혁명적 계급일지라도 잠재력과 현실 사이에는 육중한 장벽이 가로놓여 있음을 뜻한다.

노동자들은 자본주의 사회에서 자신들의 삶을 통제할 힘도 거의 없고 자기가 생산한 노동생산물에서 소외되어 있는 착취당하는 계급이다. 이러한 지위 때문에 그들은 자신들의 상황을 변화시키기 위해 할 수 있는 일이 거의 없다고 믿게 된다.

물론, 그러한 지위는 또한 노동자들이 노동조합과 노동계급 정당들을 통해 집단으로 조직되도록 만들기도 한다. 그렇지만 노동자들이 집단적 조직과 집단 행동의 힘을 언제나 명백히 이해하고 있는 것은 아니다.

사회주의자들은 이것을 어떻게 극복하는가? 어떻게 노동자들은 행동보다는 투표가 변화를 가져다 주리라고 기대하는 수동성에서 벗어나서 그들 자신의 해방을 위한 투쟁에 능동적으로 참여하게 될까?

어떻게 노동자들은 자신들에게 사태를 바꿀 힘이 있음을 깨닫고 계급의식을 획득하게 될까? 즉 하나의 계급으로서 의식적이게 될 수 있을까?

역사는 노동자들이 자발적으로 혁명을 일으킨다는 것을, 그리고 혁명이 진행되는 과정에서 하나의 계급으로서 의식의 발전을 이룬다는 것을 거듭해서 보여 주었다.

역사는 또한 노동자들이 최초의 반란에서 출발해 그들 자신의 노동자 국가 ― 착취가 아니라 필요를 위한 생산에 기초한 국가 ― 를 운영하는 데에까지 나아가기 위해서는 일관된 이론과 조직이 필요함을 보여 준다.

이러한 이론과 조직을 공급하는 것이 혁명적 당의 임무이다.

다른 종류의 당

혁명적 당은 특수한 종류의 노동자 정당이다. 그것은 많은 점에서 다른 노동자 정당들과 다르다.

한 가지 핵심적 차이는 혁명적 당이 자본주의의 혁명적 전복을 주장한다는 것이다. 다른 하나의 차이는 그것이 노동자들의 사상 ― 그들의 계급의식 수준 ― 이 불균등하다는 것을 인정하고 그에 따라 조직한다는 것이다.

혁명적 노동자 정당은 체제에 맞서 싸우고자 하는, 계급 내부의 능동적 소수에 기반을 둔다. 이것이 결정적으로 중요한데, 왜냐하면 대부분의 일상 시기에는 오직 아주 적은 노동자들만이 직접 투쟁에 참여하기 때문이다.

능동적인 소수 노동자들의 규모는 파업에 참여하는 수십만 또는 수백만 명으로부터 한 공장 안의 아주 적은 수에 이르기까지 상당히 다를 수 있다. 그러나, 만일 그러한 싸우고자 하는 노동자들을 중심으로 명확히 조직화하지 않는다면, 혁명가들은 자신들의 노력이 아무런 결실도 맺지 못하는 것을 보게 된다.

좌익의 많은 사람들, 특히 모종의 '진보정당'을 만들려고 하는 사람들은 도무지 이러한 종류의 당을 이해할 수가 없다. 그들은 말한다. 모든 노동자를 대표하는, 따라서 모든 노동자를 포함할 수 있는 대규모 정당을 만드는 것이 왜 안 되는가?

이러한 접근방법이 왜 문제가 있는가는 서구의 사회민주주의 정당들을 보면 알 수 있다. 사회민주당은 노동자들이 현재 갖고 있는 사상의 기초 위에서 모든 노동자를 대표하고자 나선다. 그러나 자본주의 아래서 노동자 계급의 의식은 불균등하다. 그래서 노동자 계급 전체를 대표하는 것은 지배계급의 사상을 대부분 거부해 온 노동자들뿐 아니라 그것을 받아들이는 노동자들도 대표하게 된다.

이것은 왜 사회민주당이 항상 민족주의와 성차별주의에 맞서 싸우는 노동자들뿐 아니라 그것을 옹호하는 노동자들도 그 대열 속에 포함시켜 왔는가를 설명해 준다.

따라서 사회민주당은 노동자들의 투쟁과 능동성을 대표하지 않고 오히려 그들의 수동성을 대표한다.

이것 때문에 사회민주당이 대규모 조직이 될 수도 있겠지만, 다른 한편으로 바로 이런 이유 때문에 사회민주당은 자신의 당원들이 원하는 것을 위해 진정으로 싸울 수도 또 그것을 성취할 수도 없는 점점 더 무력한 조직으로 전락하게 된다.

이것은 사회민주당이 실제로는 결코 노동자 계급 전체를 대표하지도 않는다는 것을 뜻한다. 오히려 사회민주당은 노동자들의 가장 후진적인 부분에 영합한다. 그리고 노동계급 투쟁들은 대부분 사회민주당의 영향 밖에서 시작된다. 비록 개별 사회민주당원들이 그 투쟁들에 적극적인 지지를 보내는 경우는 있었지만, 당 자체는 기껏해야 항상 수동적인 지지를 제공하는 것에 머물렀다.

이와는 반대로, 진정한 혁명적 당은 당원들에게 능동적으로 계급투쟁의 범위를 확대하고 그 수준을 높이기 위해 노력하라고 요구한다. 혁명적 당은 또한 미래의 행동 지침을 제시하기 위해 과거의 여러 투쟁 경험들에서 그 정수(精髓)를 뽑아낸 이론을 필요로 한다.

혁명적 당은 노동자 계급에 뿌리박아야 하고 또한 그 일부이어야 하며, 그리고 노동자 계급 내부에 있는 최상의 활동가들과 최상의 경험을 끌어모은다는 의미에서 전위정당이다.

혁명가들은 노동자 계급의 여러 부분 속에서 활동을 통해 자신들의 생각을 구현하기 위해 싸워야 한다. 그들은 일상으로 파업, 항의, 그리고 사상투쟁을 통해 기존 체제에 도전해야 한다.

그러므로 진정한 혁명적 당은 그들의 직장과 그 밖의 어느 곳에서든 최대한의 효과를 내기 위해 함께 행동할 수 있는 투사들의 조직이어야 한다. 혁명적 당은 또한 "노동자 계급의 기억"(트로츠키) — 계급의 역사가 토론되고 그 투쟁의 교훈이 체득되는 장 — 이어야 한다.

혁명의 경험이란 무엇인가?

금세기에 노동자들은 이미 여러 번에 걸쳐 떨쳐 일어나 체제 전체에 도전해 왔다. 1917년에서 1923년 사이에 러시아·독일·헝가리·이탈리아에서 수백만의 노동자들이 스스로 사회를 운영함으로써 자신들의 삶에 대한 통제권을 거머쥐려 했다. 그들은 노동자평의회를 조직했고, 공장을 점거했으며, 낡은 질서를 전복했다.

1920년대말에 중국 노동자들은 자신들의 지배자들에 맞서 떨쳐 일어났다. 1936~39년 스페인에서 내전이 일어났을 때 산업 노동자들과 토지 없는 농업 노동자들은 우익 쿠데타에 맞서 싸우면서, 나아가 사회의 통제권을 거머쥐고 자신들에게 이익이 되도록 사회를 운영하기로 — 특히 바르셀로나를 중심으로 한 지역에서 — 결정했다.

제2차세계대전 후에 이탈리아와 그리스 노동자들은 나치 점령군에 맞선 투쟁을 평등을 위한 투쟁으로 전환시켰다.

그 이후에도 계속 많은 혁명적 상황들이 있었다. 2차대전이 끝난 직후 베트남 같은 과거 식민지들의 해방운동으로부터 1956년 헝가리에서 스탈린주의에 맞선 투쟁, 1968년 5월 프랑스, 그리고 1974~

75년의 포르투갈 혁명 등과 같은 투쟁들이 일어났다.

1980년대초에는 폴란드와 이란에서 노동자 권력의 맹아들이 나타났다. 그리고 1980년대말 동유럽에서는 노동자 계급의 정치적 진출이 스탈린주의 정권들의 붕괴를 가져왔다. 특히 루마니아에서는 노동자들이 무장봉기를 통해 차우셰스쿠 정부를 타도했다.

그러나 이 모든 투쟁들 가운데 노동자 혁명이 국가권력을 장악하는 데 성공한 것은 단 한 번뿐이었다 — 러시아의 1917년 10월혁명.

결과에서 이러한 결정적 차이는 어떤 특수한 역사적 또는 국가적 조건에 좌우된 것이 아니다. 러시아에서는 혁명적 당 — 레닌의 볼셰비키당 — 이 노동자 계급을 국가권력 장악으로 이끌 수 있었다는 데 그 차이가 있다.

1917년초에 볼셰비키는 노동자 계급 내의 아주 작은 소수파였다. 농민이 압도적인 비율을 차지하는 전체 인구 속에서 볼 때는 그야말로 한줌밖에 안 되는 존재였다.

페트로그라드 노동자들이 2월에 혁명을 일으켰을 때, 그 행동은 볼셰비키에게 거의 기습적으로 다가온 것이었다. 그리고 처음에 혁명은 노동자 권력을 지향하지 않았고, 훨씬 더 제한된 목표 — 차르 전제정의 종식, 진정한 민주주의, 그리고 유럽에서 유혈 전쟁의 종식 — 에 맞추어졌다.

그러나 사회의 위기는 노동자와 농민의 그 제한된 열망조차 충족할 수 없을 정도로 심각했다. 노동자 계급의 불충분한 의식화와 조직화 때문에 권력이 부르주아 "임시정부"의 수중에 들어갔지만, 그들은 노동자와 농민에게 평화와 빵과 토지 가운데 그 어느 것도 가져다 줄 능력도, 의사도 없었다. 한편 새로운 권력 형태 — 소비에트 즉 노동자평의회 — 가 신속히 출현했다.

처음에 볼셰비키는 소비에트 내에서 고립된 소수에 지나지 않았다. 그러나 그들은 곧 대중적 지지를 획득했다. 볼셰비키의 사상과 행동이 노동계급 대중의 필요에 맞아떨어졌기 때문이다.

그들은 전진하는 유일한 길이 옛 국가기구 — 군대와 소유 체제에 의존하는 — 를 분쇄하고 노동자 권력에 바탕을 둔 새로운 국가를 수립하는 것임을 이해했다.

정세에 대한 볼셰비키의 명확한 인식과 점점 더 확고하게 뿌리내린 노동계급적 기반은 볼셰비키당을 대중적인 혁명적 당으로 발전시켰다.

볼셰비키가 정세 판단을 잘 할 수 있었던 것은, 논쟁은 공개적으로 치열하게 하되 어떤 통일된 결론에 이르게 되면 곧바로 일사불란하게 행동통일을 했기 때문이다.

그래서 그들은 가장 정치적인 노동자들 사이에서 옛 국가기구를 전복하고 노동자 국가를 세우라고 주장할 수 있었다.

볼셰비키당이 성공할 수 있었던 것은 부분적으로 그 당이 규율 있는 조직이었기 때문이다. 볼셰비키 조직은 옛 국가기구를 분쇄하고 소비에트로 대체해야 할 필요에 꼭 들어맞는 조직이었다.

그것은 자본주의 내에서 근본적인 권력관계를 변경시키지 않고서 기존 제도를 단순히 떠맡는 것을 자신의 목표로 삼는 이전 "사회주의" 당들과 대조되었다. 이전 "사회주의" 당들은 자본가 계급이 장악하고 있는 공장에 대한 통제권을 그대로 놓아둔 채 "사회주의적" 조치를 실시할 수 있다고 생각했다.

모든 혁명적 상황에서 혁명가들은 아주 작은 소수로서 시작한다. 그러나 혁명이 지속되고 사회가 양극화함에 따라 그들의 사상은 점점 더 많은 사람들에게 영향을 미치게 된다.

그 때는 기존 체제를 개혁할 것인가 아니면 그것을 혁명으로 전복할 것인가의 문제가 매우 첨예하게 제기된다. 많은 노동자들이 이제 혁명을 원하게 될 수도 있지만, 다른 대안이 없을 경우 그들은 옛 지도자들에게 기대어 이들이 자신들의 요구를 충족시켜 주리라고 기대한다.

이 같은 상황에서, 노동자 계급이 혁명을 일으키기 전에 건설된 응집력 있는 혁명적 당의 존재는 사활적인 중요성을 갖는다. 그것은 여러 해 동안 전략과 전술에 대해 토론하고 논쟁해 온, 그러면서 또한 수많은 각종 쟁점들을 둘러싼 일상 활동에 관여해 온 수천 또는 바라건대 그 이상의 당원들과 지지자들을 가지고 있는 당일 것이다.

그렇다고 혁명적 당이 혁명 과정 속에서 어떤 오류도 범하지 않을 것이라는 뜻은 아니다. 그러나 단순히 투쟁의 열기 속에서 형성되는 경우보다 상황의 왜곡과 반전 — "우여곡절" — 을 다루는 데 훨씬 더 잘 무장될 수는 있다.

이것이 바로 원칙이 확고한 혁명적 당을 건설하는 것이 오늘날에도 중요한 이유이다. 이것은 또한 왜 국제사회주의자들(IS)이 자신의 당 이론의 그렇게도 많은 부분을 레닌과 볼셰비키의 경험으로부터 끌어오는가에 대한 이유이다.

볼셰비키당을 건설하는 데 — 종종 아주 불리한 상황 속에서 —

보낸 시간과 정력은 결국 그 당이 노동자 계급을 승리로 이끌 수 있었던 것으로 보상받았다. 이것은 레닌주의 당이 그 시대의 다른 당들과는 아주 다른 원리들에 바탕을 두고 건설되었기 때문이다. 볼셰비키당은 자신의 당원들한테서 일정 수준의 헌신과 적극성을 요구하였다. 그리고 볼셰비키당은 당의 결정들이 실천에서 효과를 내게 해 준 민주적 중앙집중주의 사상에 기초했다.

민주적 중앙집중주의란 무엇인가?

민주적 중앙집중주의라는 말은 용어상의 모순처럼 보인다. 그러나 실제로는 전혀 그렇지 않다.

중앙집중주의는 진정으로 민주적인 토론의 논리적 결과이다. 쟁점들이 논의되고 때로는 그것을 둘러싼 투쟁이 이루어진다. 그러나 일단 결정이 나면, 누구나 — 논쟁 과정에서 어떤 입장을 갖고 있었든 간에 — 그 결정에 승복하고 그것에 따라 행동해야 한다.

이것은 자본주의 사회의 민주주의와는 완전히 다르다.

우리는 각종 선거에서 투표권을 가지고 있다. 그러나 자본주의 선거를 통해 바꿀 수 있는 것은 거의 없다. 실제로 대부분의 결정은 우리가 전혀 통제할 수 없는 사람들에 의해 내려진다. 그리고 우리는 우리의 삶에 영향을 미치는 대부분의 결정에 대해 아무런 발언권도 갖고 있지 않다.

우리는 공장 문을 닫을 것인지 말 것인지, 핵발전소를 만들 것인지 아닌지, 버스 노선을 이렇게 바꿀 것인지 저렇게 바꿀 것인지 결정할 권리가 없다.

이처럼 민주적 결정 과정이 빠진 민주주의는 속빈 강정이다. 자본주의 아래서는 진정한 민주주의가 있을 수 없다. 왜냐하면 다수가 아니라 소수 — 부자와 권력자 — 가 가장 중요한 일들에 대해 모든 것을 결정하기 때문이다. 4~5년 만에 한 번씩 하는 투표는 이러한 현실을 은폐하고 정당화하기 위한 수단일 뿐이다.

개량주의 정당들은 이 점에서 자본주의 사회를 반영한다. 그 당들에서도 개별적인 토론이나 논쟁은 있을 수 있지만, 그러한 토론의 결과는 개인들에게 아무런 구속력도 없다. 말과 행동이 일치할 수 없고 각자가 제멋대로 행동한다. 이런 상황에서는 당의 관료적 기구들이 실질적인 힘을 갖게 된다.

당의 조직형태는 그것이 사회에서 수행하는 역할에서 비롯하는 것이다. 개량주의 정당들은 의회를 통해 현존 사회를 떠맡아 운영하는 것을 자신의 역할로 본다. 따라서 그러한 당들은 이러한 역할에 적합한 조직형태를 취한다.

그러나 혁명적 당은 이와 다른 역할을 하고 민주적 중앙집중주의는 그 역할에 맞게 당을 무장시킨다. 혁명적 당은 두 가지 전제에 바탕을 두고 있는데, 첫째는 노동자 계급이 단순히 기존 국가를 떠맡아 자신에게 이익이 되게 운영할 수 없다는 것이다. 둘째는 어느 사회에서든 그 사회의 지배적인 사상은 지배계급의 사상이라는 것이다.

이것은 아래로부터 노동자 권력을 위해 — 기존 국가를 전복하고 노동자평의회를 세우기 위해 — 싸울 수 있도록 당을 조직해야 한다는 것을 뜻한다. 그 당은 또한 지배계급의 사상에 맞서 싸우는, 언제나 노동자 계급 내부의 조직된 소수파일 수밖에 없다.

혁명적 당은 노동자 계급 내부의 불균등을 극복하기 위해 존재한다. 혁명적 당은 자본주의 사회의 본질과 그것에 맞서 싸우는 수단, 이 둘 모두에 대해 가장 잘 이해하고 있는 사람들의 경험을 일반화해야 한다.

혁명적 당은 결코 어떤 시기에도 자본주의 사상과 구조를 받아들여선 안 된다. 오히려 혁명적 당은 이론과 실천 모두에서 자본주의 사상에 맞서 의식적인 투쟁을 해야 한다.

노동자 계급 내의 불균등성을 극복하기 위해 당은 두 가지 일을 해야 한다. 그것은 먼저 "계급의 기억"이어야 한다. 노동자 투쟁의 거의 모든 역사가 숨겨져 있다. 학교에서는 이런 것들 — 즉 남한과 외국에서 일어났던 파업과 노동조합 조직 그리고 노동자들의 승리 등에 대해 — 을 배울 수 없다. 배울 때조차도 왜곡되게 배운다.

당이 정말 필요한 이유는 그것이 노동계급의 역사를 알리고 그 교훈을 체득하도록 해 주기 때문이다.

이것이 바로 혁명적 당을 지향하는 국제사회주의자들(IS) 같은 정치조직이 혁명적 전통과 노동계급 역사의 교훈 그리고 마르크스주의 사상의 전파를 그토록 중요하게 여기는 이유이다.

당이 해야 할 두 번째 일은 노동계급으로부터 배우는 것이다. 이러한 정식화는 혼동을 일으키는 경향이 있다.

만일 당이 노동자 계급 정당이고 계급의 기억이라면, 오히려 노동자들이 그 당으로부터 배워야 — 그 반대가 아니라 — 하지 않겠는가?

노동자 계급을 당이 축적한 지식의 수동적인 수령자로 보는 것은 결국 엘리트주의적인 생각이고, 나아가 '누가 가르치는 자를 가르치는가' 하는 문제를 회피하는 것이다.

현실에서 당과 계급의 관계는 유동적이고 열려 있으며, 계급이 가지고 있는 정말 생생한 경험에서 당이 배우는 것에 따라 좌우되는 관계이다. 이것은 당이 노동자들과의 연관을 만들고 유지하기 위해 모든 노력을 기울인다는 것을 전제로 한다.

이것은 단순히 노동자들이 대중파업, 공장점거 등을 통한 투쟁에 참여하고 있을 때에만 진실인 것은 아니다. 계급투쟁의 수준이 낮은 상태에 있을 때도 마찬가지로 중요하다.

진정한 혁명적 당은 항상 노동자들과의 접촉을 유지하려고 노력할 것이다. 공장 안팎에서 신문을 팔고, 공장 내의 여러 문제들을 다룬 회보나 유인물은 물론이고 전쟁이나 경찰 폭력 같이 공장 밖의 문제들을 다룬 유인물도 만들어 노동자들에게 배포하는 일을 그렇게도 강조하는 것은 바로 이런 이유 때문이다.

당은 이런 식으로만 노동자들의 투쟁으로부터 배우는 것과 동시에 노동자 계급의 기억이 될 수 있다.

지도

레닌주의 당 이론에서 가장 큰 특징은 지도라는 개념이다. 이것 또한 종종 혼동을 일으키는데, 레닌주의에 반대하는 자들은 지도가 위계제와 엘리트주의를 가져온다고 말한다.

레닌주의에 대한 다른 많은 통속적인 견해들처럼, 그러한 주장 역시 아주 잘못된 것이다. 지도는 혁명적 당에서 필수적인데, 왜냐하면 바로 노동자 계급 내에 의식상의 불균등이 존재하기 때문이고 또한 어느 사회든 그 사회의 지배적인 사상은 지배계급의 사상이기 때문이다.

그래서 모든 당원들은 자신을 지도자 — 직장에서, 학교에서 그리고 지역에서 — 로 여겨야 한다. 지도는 모든 차원 — 지역과 전국 모두 — 에서 존재하며, 당연히 민주적 중앙집중주의에서 도출된다. 그것은 당을 건설하는 사람들이 당 내에서 그리고 노동자 계급 내에서 그들의 사상과 전술을 위해 싸워야 한다는 것을 뜻한다. 따라서 혁명적 당은 언제나 모든 것을 다 아는 고정불변의 지도부로 이루어져 있지 않다.

레닌주의적 지도 개념은 자본주의에서 통용되는 엘리트적 지도 개념과는 근본으로 다르다. 지도는 대부분의 노동자들이 일상 시기에 받아들이는 지배계급의 사상과 어떻게 싸우는가에 대해 아는 것을 뜻한다. 그것은 또한 소규모 파업을 통해서든 또는 무장봉기를 통해서든 지배계급의 권력에 도전하기 위해 어떻게 행동해야 하는가에 대해 아는 것을 뜻한다.

혁명적 당의 당원들은 이런 식으로 지도하기 위해 다른 누구보다도 훨씬 더 이론적으로 무장해 있어야 한다. 이것은 그들이 항상 그러하다거나 또는 그들이 항상 옳다는 것을 뜻하지는 않는다.

종종, 특히 상승하는 계급투쟁의 시기에, 시종일관 사회주의 정치를 주장해 온 혁명가들이 노동자 계급 내의 전투적인 분위기를 알아차리는 데 가장 뒤늦은 축에 끼는 수가 있기도 하다.

심지어 1917년 볼셰비키당의 경우에도 그랬다. 트로츠키는 그의 《10월의 교훈》에서 가장 풍부한 경험을 지닌 볼셰비키 지도자들 가운데 얼마나 많은 사람들이 그렇게 뒤늦었고 보수적이었나를 묘사하면서 그 이유를 이렇게 설명한다.

각각의 당 — 가장 혁명적인 당조차도 — 은 불가피하게 조직 보수주의를 낳게 마련이다. 왜냐하면, 만일 그렇지 않을 경우 당은 필수적인 안정성을 결여할 것이기 때문이다. 이것은 전적으로 그 정도의 문제이다. 혁명적 당에서 보수성이라는 없어서는 안 되는 쓴 약은, 판에 박힌 일상으로부터 완전한 자유, 지향에서 창발성 그리고 과감한 행동과 결합되지 않으면 안 된다.

그는 계속해서 이렇게 말한다. "보수성과 혁명적 창발성은 모두 당의 지도적 기관들에서 가장 집중적으로 나타난다."

그러나, 일반적으로 혁명가들은 성공적으로 투쟁을 지도하기 위해 가능한 한 최선두에서 싸운다. 이것이 혁명가들의 사상이 실천에서 검증 받을 수 있는 유일한 길이다.

계급 내의 지도는 당 내의 지도와 병행한다.

때때로 어떤 사람들은 레닌주의 당에는 잘못된 지도에 대한 방어 장치가 없고, 이 때문에 정치적으로 그릇된 그리고 단순히 "지도부"임을 들어서 자신을 정당화하는 지도부가 영구히 자리를 차지할 수 있게 된다고 주장한다. 그리고 결국 이것이 스탈린 치하 러시아에서 일어난 일이 아니냐고 그들은 묻는다.

그러나 스탈린이 지배한 공산당은 볼셰비키와 레닌이 대표했던 모든 점에서 완전히 정반대였다. 스탈린은 민주적 토론과 진정한 노동자평의회 그리고 논쟁의 자유를 말살했다.

이것은 결코 지도의 불가피한 결과가 아니라 스탈린이 러시아를 끌고 간 특정한 방향의 산물이었다.

무오류의 지도는 없다. 죽기 직전에 코민테른에서 한 마지막 연설에서 레닌은 "우리는 그 동안 여러 어리석은 잘못들을 저질러 왔다."고 말했다.

진정으로 중요한 것은 오류를 범하지 않는 것이 아니라, 오류를 깨닫고 그것을 인정하며 그것에서 배우는 것이다. 이것은 노동자 계급으로부터 항상 배움으로써만, 그리고 자신의 이론들과 행동들을 실천 속에서 검증함으로써만 가능하다.

그렇게 할 때만 혁명가들은 당 내부와 그리고 계급 내부에서 진정한 지도력을 획득할 수 있다. 그래서 혁명적 당 안에는 어떠한 위계제도 존재할 수 없다.

뛰어난 지식과 경험과 연설능력으로 지도력을 발휘하는 사람들이 있다. 그러나 그들이 모든 문제에 대한 해답을 갖고 있지는 않다. 오히려 그들은 많은 실수를 하는데, 왜냐하면 항상 새로운 상황과 새로운 문제들에 직면하기 때문이다.

당이 노동계급 속에 뿌리내리면 내릴수록, 진정한 투쟁에 연루하면 할수록 잘못을 저지를 가능성은 더 많아진다. 그러나 이것은 또한 당이 그러한 실수에서 배울 수 있는 가능성도 그만큼 더 많아지고 미래에 똑같은 잘못을 되풀이하지 않을 가능성도 더 커진다는 것을 뜻한다.

어떠한 투쟁에도 참여하지 않는다면 정치적 원칙을 보존하는 것은 매우 쉽다. 그러나 노동자들의 일상 투쟁에 연루하면서 정치적 원칙들을 유지하는 것은 정말 어려운 일이다.

이것이 바로 혁명적 당의 발전에서 전술에 대한 끊임없는 고민과 토론이 중요한 이유이다. 계급투쟁에 개입할 수 있으려면 민주집중적인 토론 과정이 필수적이다.

어떻게 당은 자신의 영향력을 확대하는가?

혁명적 변화를 준비하는 사람들이 마주치는 가장 큰 문제들 가운데 하나는 혁명조직의 규모와 영향력에 관한 문제이다.

혁명적 당은 보통 작다(상대적으로 큰 당들도 수천 명을 넘지 못한다). 대규모의 사회민주당 — 그리고 얼마 전까지 많은 나라들의 공산당 — 과 비교해 볼 때 혁명적 당들의 규모는 정말 보잘것없다.

이 문제를 쉽게 극복할 지름길은 없다. 노동계급 투쟁이 일정 시기 동안 침체 국면에 있을 때 원칙 있는 혁명적 정치와 노동자 계급의 자주적 활동에 바탕을 둔 조직은 규모가 작을 수밖에 없을 것이다. 그러나 일단 투쟁이 상승할 때는 문제가 달라진다.

그러면, 혁명적 당은 어떻게 성장하는가?

첫째, 노동자들의 생각은 투쟁 속에서 변화한다. 파업, 공장점거, 파시즘이나 군사 쿠데타에 맞선 투쟁 같은 활동들, 또는 전쟁 같은 사건들은 많은 사람들이 세계를 다른 방식으로 보게끔 만든다. 그들의 집단적인 활동은 그들을 연대의 사상에, 따라서 사회주의의 사상에 문을 열어 놓게 한다.

이것이 바로 혁명 조직의 성장이 높은 수준의 투쟁, 즉 급진화의 시기와 일치하는 이유이다.

그러한 시기에 성장은 단순히 조직원의 증가만이 아니라 보통 질적 비약, 즉 노동계급의 상당수가 낡은 개량주의·중도주의·종파주의 정치와 결별하고 혁명적 변화에 자신들을 투신해야 한다고 생각하게 되는, 질적 비약으로도 나타난다.

그러나, 혁명가들이 유리한 상황을 고대하고 그저 노동자들이 합류하기를 기다려서는 안 된다.

혁명적 당은 또한 침체된 계급투쟁의 시기에도 자신의 조직원과 영향력을 확대하기 위해 노력해야 한다. 이것은 소규모 투쟁이라도 거기에 관여함으로써 그리고 자본주의 사회에 의문을 제기하기 시작한 사람들과 토론함으로써 — 때때로 장기간에 걸쳐 — 이루어진다.

거대한 투쟁의 시기에도 기존 정당들로부터 혁명적 정치 쪽으로 노동자 대중을 획득하려는 노력을 기울이지 않으면 안 된다.

그러나 이것은 혁명가들이 제시한 사상과 전술이 기본으로 옳음을 실천 속에서 그들에게 입증해 보임으로써만 이루어질 수 있다. 따라서, 독립적인 혁명적 당을 건설하는 일을 철저히 수행함과 동시에 가능하면 '공동전선' 속에서 활동해야 한다.

이것은 구체적인 요구들이 담긴 강령에 기반해 노동자 계급을 단결시킬 수 있는 특정한 쟁점 — 가장 유명한 것으로 1930년대 파시즘에 맞선 투쟁 — 으로 그들을 조직한다는 것을 뜻한다. 트로츠키가 표현한 것처럼, 그것은 "파업은 함께 하되 행진은 따로 하는" 것이다.

공동전선을 이용함으로써 혁명가들은 자신의 정치적 원칙과 명확성을 유지하면서도 비혁명적 정당에 속해 있는 사람들과 한두 가지 쟁점을 놓고 협력할 수 있다. 그 과정에서 — 혁명가들은 개량주의 정당의 지도자들보다 이러한 쟁점들을 둘러싸고 어떻게 싸워야 하는가를 훨씬 더 잘 알고 있기 때문에 — 그들은 상당수의 노동자를 혁명적 정치 쪽으로 획득할 수 있다.

전통을 되찾아

레닌으로 하여금 볼셰비키당을 건설하게 만들었던 사회적 상황들은 오늘날에도 변함없다.

우리가 그 밑에서 살고 있는 착취 체제는 자본가 지배를 유지하려고 애쓰는 국가라는 기구에 의해 지켜지고 있다.

의회 — 국가권력에 도전할 수 있었던 적이 결코 없는 — 가 아니라 노동자평의회에 기초한 중앙집중화된 조직만이 국가에 맞설 수 있다. 노동자평의회는 권력의 대안적 원천 — 생산의 노동자 통제 — 의 중심이 될 수 있다.

자본가 국가와 대결해서 그것을 분쇄할 필요가 있다는 점이 바로 혁명적 당을 건설하지 않으면 안 되는 기본적인 이유이다.

혁명적 당을 건설하는 것에 반론을 펴는 사람들은 또한 국가가 노동자들이 떠맡아서 운용할 수 있는 중립적인 기관이라고 믿는 — 120년 전에 마르크스가 논박했는데도 — 사람들이기도 하다.

역사의 모든 경험은 이러한 접근방식의 위험성, 즉 평화적 개혁이 어떻게 폭력적 반혁명으로 바뀔 수 있는가를 보여 준다.

살바도르 아옌데 치하 칠레의 교훈은 모든 사회주의자들의 의식 속에 깊이 각인되어야 한다. 1973년 미국의 후원을 받은 칠레 군부는 민주적으로 선출된 사회당 대통령 아옌데 정부를 전복하고 수만 명의 노동계급 활동가들을 도살했다.

거듭해서 아옌데와 사회당은 쿠데타에 대비하라는 경고를 받았다. 그러나 탱크부대가 대통령궁으로 쳐들어올 때까지 그들은 군대가 헌법에 충성할 것이며 라틴 아메리카의 가장 오래된 민주주의를 전복하지 않을 것이라는 말만 되풀이했다.

그러나 혁명적 당은 단지 강렬한 계급투쟁의 시기에만 필요한 것이 아니다. 계급투쟁의 수준이 훨씬 낮은 상태에 있을 때에도 사회주의자들이 일정한 영향을 미칠 수 있기 위해서는 혁명적 당이 결정적으로 중요하다.

첫째, 혁명적 당은 혁명적 사회주의자들과 노동계급 운동 사이에 연관을 유지해 준다. 둘째, 혁명적 당은 함께 결집된 — 노동조합에서, 캠페인에서, 작업에서 — 사회주의자들이 특정 입장이나 전술을 주장할 수 있게 해 준다. 따라서 사회주의자들이 좀더 효과적으로 활동할 수 있게 해 준다.

혁명적 당은 또한 자본주의 사회 내 정치와 경제의 분리를 극복하려고 한다. 정치투쟁이 노동자들의 경제투쟁과 별개라는 생각은 틀린 것 — 자본가 계급은 정치적인 것과 경제적인 것을 분리해서 보지 않는다 — 일 뿐 아니라 노동자들을 분열시키고 그들의 반격 능력을 약화시키기도 한다.

계급투쟁은 여전히 사회를 사회주의적으로 변화시키는 데 있어서 가장 중요한 요소이다. 그리고 계급투쟁은 혁명적 당이 존재하든 안 하든 일어난다. 그러나 의식적인 혁명가들의 조직화된 개입은 결과에서 엄청난 차이를 가져올 수 있다.

노동자 계급 속에 뿌리박은 당은 그러한 개입과 궁극적인 성공의 핵심이다.

이것이 바로 사회의 근본적인 변화를 원하는 사람들이 레닌주의 조직의 일부여야 하는 이유이다.

레닌주의 조직의 통상적인 이미지는 스탈린주의에 의해 왜곡되어 왔다. 오늘날 우리는 레닌주의 조직이 여전히 가장 민주적이고 노동자들에게 가장 활짝 열려있으며 사회주의를 위한 투쟁에서 노동자 계급을 성공적으로 지도할 수 있는 유일한 수단이라는 점을 거듭해서 주장해야 한다.

1990년대에 사회주의는 진정한 레닌주의 전통을 재건하는 것을 뜻한다.

우리가 건설해야 할 당

 지난해 11월 이탈리아 피렌체에서 열린 유럽사회포럼에서 가장 규모가 크고 흥미진진한 모임 가운데 하나는 '당과 운동'에 관한 것이었다. 축구장만한 홀에 5천 명이 빼곡히 들어찼다. 그것은 여러 모로 '당과 계급'에 대한 아주 오래된 논쟁이 되풀이된 것이었다.
 이런 논쟁은 새로운 대중 운동에 참가한 사람들이 견고한 정치 조직들이 운동을 교묘하게 이용하고 있다고 느끼는 아주 자연스러운 감정에서 비롯한다. 이런 우려는 사회민주당이나 스탈린주의 정당의 손에 운동이 이용당한 오랜 경험 때문에 더욱 커졌다. 그러나 문제는 여기서 끝나지 않는다. 모든 진정한 대중 운동은 무엇을 해야 하는가를 둘러싸고 매우 다른 견해를 지닌 다양한 사람들을 포함한다. 각각의 사람들은 자신이 옳다고 생각하는 행동 방침을 주장한

크리스 하먼. 월간 〈다함께〉 21호, 2003년 2월 1일. https://wspaper.org/article/580.

다. 어떤 사람은 먼저 시위나 파업을 제안할 것이다. 또 다른 사람은 행동에 나서기에는 아직 이르다고 생각한다. 제3의 인물은 권력자들을 믿으며 아무 행동도 하고 싶어하지 않을 것이다. 운동은 밖에서 지켜보는 사람들에게는 자생적인 것처럼 보인다. 그러나, 이탈리아의 혁명가 안토니오 그람시가 지적했듯이, 운동을 안에서 보면 거기에는 서로 다른 방향으로 운동을 이끌려는 수많은 개인들의 시도가 들어 있다.

게다가, 운동이 발전하면서 운동의 진로에 대한 특정 견해를 공유하는 사람들은 결국은 그런 사상을 표현하는 비공식적 조직들에 수렴되는 경향이 있다. 그래서 역사적으로도, '자생적으로' 시작한 많은 위대한 대중 봉기는 조만간 서로 경쟁하는 경향들로 양극화했다: 프랑스 혁명에서 지롱드 파와 자코뱅 파, 챠티스트 운동에서 '물리력 파'와 '도덕파', 제1차세계대전 말의 혁명기에 '사회민주당'과 '공산당', 1960년대 말에서 1970년대 초 운동에서 '유러코뮤니스트', '게바라주의자', '마오쩌둥주의자', 다양한 종류의 트로츠키주의자. 설사 운동 내에서 사람들의 분열이 분명한 목적·계획 없이 되는 대로일지라도, 사실상 '정당'이라 할 수 있는 것이 생겨날 것이다. 그러나 운동 내의 분열은 결코 임의적이지 않다. 기성 사회의 압력 때문에 그 속에서 발생하는 운동에는 분열이 구조화된다.

우리는 모두 기성 자본주의 사회에서 살고 있다. 가능한 것과 가능하지 않은 것에 대한 관념이 우리의 의식에 뿌리 깊이 배어 있다. 그람시도 지적했듯이, 흔히 말하는 '상식'은 이런 관념을 의심 없이 받아들인 것이다. 투쟁을 통해 사람들은 이런 가정 가운데 일부를 의심하기 시작한다. 그러나 사람들은 즉각적으로 가정 전체를 의심하지는 않는다. 훨씬 더 흔하게는, 일부에 대해서만 의심하고 그 나머지는 고스란히 받아들이거나, 체제의 일부에 맞서 싸울 수 있지만 체제 전체에 맞서 싸울 수는 없다고 믿는다. 개량주의 정치 — 기성 체제의 제도를 이용해 체제를 개혁할 수 있다는 믿음 — 는 이런 '모순적' 의식의 논리적 결론이다.

시애틀 시위 이후 폭발적으로 성장해 온 운동도 이런 전반적 패턴에서 예외일 수 없다. 이 운동에는 자본주의를 증오하는 배짱 두둑한 혁명가들이 있다. 그러나 많은 사람들은 처음에는 개혁을 둘러싸고 경쟁하는 많은 계획들에 이끌린다 — 생산의 '현지화', 자유무역 원칙에 따른 유럽의 식료품 시장 개방, IMF의 개혁, IMF를 유엔개발위원회(UNCD)로 대체하기, 기성 국가에 압력을 넣어 세계의 빈곤을 해결하고 금융 거래에 '토빈세'를 부과해 위기를 막기, 일부 다국적 기업과 동맹을 맺어 다른 다국적 기업을 반대하기, 30년 전처럼 국가가 자본주의 발전을 직접 지도하는 형태로 신자유주의를 되돌려놓기 등.

공식적으로 인정받든 그렇지 않든 간에, 비공식적이고 조직돼 있지 않은 다양한 개량주의 '정당들'이 운동 안에서 출현했다. 그리고 공식적이고 고도로 조직돼 있는 다양한 개량주의 정당들이 그 옆에서 기회를 엿보고 있다. 이 정당들은 자신들의 강력한 기구와 광범한 지지망을 통해 운동을 이용하려 하고 있다. 운동에서 '정당들'을 막는다고 해서 개량주의 정당들이 운동을 이용하는 것을 막지는 못할 것이다. 새로운 개혁 프로그램에 열의를 보이는 사람들은 필연적으로 기성 정치 제도들에 영향을 미쳐 그런 프로그램을 실행하려 할 것이다. 토빈세를 바라는 사람들은 논리적으로 프랑스 대선에서 좌파 드골주의자인 슈벤느망에게 투표하거나(아탁의 지도자 베르나르 카상이 그랬듯이), 적어도 '복수 좌파' 정당들에 투표할 것이다(대부분의 운동 지도자들이 그랬던 것처럼).

정당 배제 때문에 가장 어려움을 겪는 정당은 자본주의 사회의 '상식'과 그 개량주의적 산물에 맞서 가장 강력하게 투쟁하는 정당들이다 — 혁명 정당. 1918년 독일 혁명 때 '정치인들'은 노동자 평의회 회의에 참석할 수 없었다. 좌파 지도자인 로자 룩셈부르크는 회의장에 들어가지 못했다. '정치인' 배제는 군부와 협력해 노동자 평의회 권력을 파괴하고 있던 사회민주당 지도자들의 영향력을 배제하지는 못했다.

1월에 있을 포르투 알레그레 세계사회포럼은 정당들의 공식 대표단을 허용하지 않을 것이다. 이것은 브라질 노동자당의 개량주의 지도자들에게는 전혀 문제 되지 않을 것이다. 왜냐하면 그들은, 특히 새 대통령 룰라가 연설함으로써, 이 행사에 막대한 영향력을 미칠 것이기 때문이다.

영어에서 '지도'와 '지배'라는 말은 종종 혼동되곤 한다. 진정한 혁명가들은 기성 사회는 오직 대중의 자주적 행동을 통해서만 대체될 수 있다고 믿는다. 혁명가들은 지배에 아무 관심 없다. 우리는 한무더기의 쓰레기를 또 다른 쓰레기로 바꾸려는 게 아니다. 모든 대중 투쟁 때마다 사람들은 놀라운 자발성을 보여 준다. 그들은 스스로 새로운 조직 방식을 만들어 내고 자기 주위의 세계를 바꾼다. 그러나 낡은 찌꺼기는 마술처럼 단숨에 사라지지 않는다. 그래서 사람들은 혁명적 대안을 만들어 내기 시작하는 순간에도 옛 국가 기구와 개량주의 정치인들에게 의지한다. 우리는 투쟁을 한층 밀고 나가기 위해 자발성을 일반화하려 한다. 그러나 여전히 눌어붙어 있는 찌꺼기 — 여성 차별, 유색인종 차별, 권위주의에 굴종하기 — 를 제거하지 않고서는 그렇게 할 수 없다.

바로 이 때문에 우리의 관심사는 다양한 개량주의 세력들이 제시하는 것과는 다른 방향으로 나아가도록 운동을 고무하는 것이다. 우리는 사람들이 특정 방향으로 움직이도록 설득한다는 의미에서 지도하기를 원한다. 그러기 위해서는 민첩함과 규율이 있어야 한다. 왜냐하면 지배 계급과 그들의 중앙 집권화한 국가를 패퇴시키기 위해서는 민첩함과 규율이 필수적이기 때문이다.

우리는 우리의 사상을 공공연하게 주장함으로써만 그렇게 할 수 있다 — 개량주의 계획을 지지하는 사람들은 '정당 반대' 구호 뒤에 숨지 말고 공공연하게 자신의 사상을 설파해야 한다고 주장해야 한다. 우리는 운동을 지배할 생각이 없다. 그것은 운동 안에서 상이한 사상의 상호 작용을 가로막는다. 그러나 우리는 조직하고 싶고 사람들을 우리 주장 쪽으로 끌어당기고 싶다. 그리하여 새로운 활동가들에게 싸워 이길 수 있는 방법을 알려 주고 싶다.

어떠한 당이 필요한가?

만약 이 세계를 변화시키기 원한다면, 혼자의 힘으로 그것을 할 수는 없다. 당신은 같은 생각을 하는 다른 사람들과 함께 행동할 필요가 있다. 그것이 정당을 건설하고자 하는 근본적 이유이다.

각각의 다른 정당들은 서로 다른 목적을 가지고 있다. 민자당은 이 사회의 계급 착취와 계급 분화를 계속 유지하려고 한다. 민주당은 단지 자본주의 사회를 약간 개조하고자 한다. 당신이 이 세계를 뒤엎기 원한다면, 그러한 당은 아무런 도움이 되지 않는다. 우리가 만들려고 하는 혁명조직의 모델은, 1917년에 이르기까지 레닌에 의해 지도되고 성장한 러시아의 볼셰비키당이다.

레닌과 볼셰비키당의 실제 의미는, 지금까지 널리 퍼져 있는 신화들과 크게 다르지 않은 것처럼 보일 수도 있다.

음모적이고 비밀스러운 그룹이라는 이러한 신화들은 혁명가들의

필자 및 출처 미상.

명성에 손상을 입히려는 지배계급에 의해 만들어졌다. 또한 1917년 러시아혁명의 패배를 통해 등장한, 흉칙한 스탈린주의 정권이 그런 신화를 부채질했다.

그렇다면 레닌과 볼셰비키당의 진정한 의미는 무엇인가?

사회주의 정당에 대한 레닌주의의 정수는, 사회주의자가 모든 노동계급의 투쟁에 연루되어야 한다는 것이었다.

레닌은 다음과 같이 주장했다. "시위와 파업은 선거보다 더 중요하다. 왜냐하면, 그것들은 노동자들이 스스로의 힘으로 투쟁하는 것을 뜻하기 때문이다."

그러나 볼셰비키는 단순히 모든 노동자들의 투쟁에 투신하는 것만으로 그치지 않았다. 그들은 또한 사회주의의 원칙이 아무리 인기 없고 대중적이지 않을 때라도 그것을 확고히 유지하고 주장하는 것을 고집했다.

그들은 사회주의자들에게 열려 있는 가능성이 어떤 것인지를 이해했다. 그래서 그들에게 필요한 조직은 계급투쟁의 성쇠에 따라 재빨리 변화할 수 있는 것이어야 했다.

레닌과 볼셰비키는, 노동자들이 싸우지 않을 때 사회주의자들은 노동계급 내의 소수가 되는 것이 불가피하다는 것을 이해했다.

이것은 20세기초에 볼셰비키가 등장했을 때도 정확하게 들어맞는 경우였다. 러시아는 차르 전제 하에 지배되고 있었다. 러시아에서는 의회 선거가 없었을 뿐 아니라 노동조합을 만들기도 어려웠다. 그러나 레닌은 러시아 노동자들이 가지고 있는 거대한 힘을 알았다. 그들은 임금·노동시간·노동조건 등 무엇이든지 투쟁으로 밀어붙였다.

필요한 것은 이제 소수의 사회주의자들을 끌어당기고, 거대한 투쟁이 분출했을 때 광범위한 층의 노동자들이 체제에 맞선 투쟁에서 승리할 수 있도록 하는 준비된 당이었다.

그 당은 1903년 망명지에서 러시아사회민주당이 분열한 이후 모양을 갖추게 되었다. 한 쪽은 멘셰비키라 불리워진, 유럽의 사회민주당이나 전국연합과 같이 크고 광범위한 조직을 건설하려 했다. 또 다른 한 쪽은, 사회주의자들이 필요로 하는 조직은 바로 "모든 당원은 당에 책임을 지고 당은 모든 당원에게 책임을 지는" 조직이라고 생각했다. 이 조직은 레닌이 주도했다.

레닌은 이 때 볼셰비키 — 다수파를 의미하는 — 라는 이름을 얻었다.

볼셰비키는 매우 적은 수로 시작했다. 1905년초 수도인 성 페테르부르크에는 300명도 채 안 되는 볼셰비키가 활동하고 있었다.

그러나 볼셰비키는, 1905년 러시아에서 갑자기 거대한 대중 반란이 분출했을 때, 노동계급의 일부를 조직하고 급속히 뻗어 나갈 수 있었다.

1905년 혁명은, 신부에 의해 주도된 시위대에 군대가 발포하면서 시작됐다. 그것은 총파업으로 나아갔고 아울러 노동자평의회가 처음으로 세워졌으나, 봉기는 실패했다.

1905년 혁명이 막 시작되었을 때, 레닌은 망명지에 있었고 볼셰비키는 거의 조직화를 하지 않고 있었다.

수만의 노동자들은 그들 자신의 경험을 통해 현실이 변화할 수 있다는 가능성을 갑자기 깨닫기 시작했다.

레닌은 당도 역시 재빨리 변화해야만 한다고 주장했다.

당의 문을 열자. 모든 낡은 습관을 벗어 던지자. 수백 개의 써클을 만들고 그들이 활동에 전력을 다하도록 고무하자.
우리가 해야만 하는 모든 것은 더 젊은 사람들을 더 광범위하게 더 대담하게 받아들이는 것이다.

볼셰비키는 불과 몇 달 사이에 수만 명으로 성장했다.
레닌이 말했듯이 "모든 파업에 참여하고 대중의 모든 요구에 응해서 끊임없이 선동하는 능력"에 의해 그들은 성장했다.
그러나 결국 노동자 계급은 매우 미숙하고 당은 너무 어리다는 것이 확인되었다. 혁명은 실패했다.
그러나, 그 경험은 1917년 혁명이 성공하기 위해 꼭 필요한 것이었다. 레닌은 후에 그것을 "예행 총연습"이라고 불렀다.
레닌은 "수백만의 사람들이 혁명적 대중투쟁의 생생한 경험을 얻었다", "1905년 혁명은 다시 올 것이다"고 썼다.
그럼에도 불구하고, 1905년 혁명의 패배는 무시무시한 반동기를 가져왔다. 당은 금지되었고 당의 지도자들은 다시 유형에 처해져 망명지로 떠나야 했다. 파업 건수는 감소했고 당원 수도 마찬가지였다. 페테르부르크에서는 8,000명에서 400명 미만으로 줄었고, 모스크바에서는 5,300명에서 150명으로 줄었다.
이 때가 볼셰비키의 역사에서 가장 어려운 시기였다. 다시 한 번 당은 변화해야만 했다. 노동자들이 패배했기 때문에 사회주의자들이 소수가 되는 것은 불가피했다. 그러나, 단순히 아무것도 안 하면서 거대한 투쟁의 나날들이 다시 오기만을 기다리는 것은, 아무런 소용이 없는 일이었다. 막다른 상황 — 반동기 — 에서도 역시 혁명적 원칙들을 지키고 발전시키는 것이 사활적인 문제였다.

사실, 그들은 그리 오래 기다리지 않았다.

1911년에 학생들의 시위는 공장으로 퍼져 나갔고, 파업 건수는 1912-14년에 걸쳐 수십만의 노동자들이 참여하는 것으로 계속 늘어났다.

볼셰비키는 다시 성장하기 시작했다.

모든 하강기와 상승기에 사회주의 정치신문은 볼셰비키 사업과 조직의 중심이었다. 신문은 당에 없어서는 안될 지주였다. 그것은 단지 사실을 전달하고 사회주의를 주장하는 것이 아닌, '집단적인 조직가' 그 자체였다. 신문을 배포하고 네트워크를 구축하는 것은, 당 건설과 당의 영향력을 확대하는 데 없어서는 안 되는 것이었다.

레닌은 정치신문을 '건축중인 건물 주위에 세워진 비계'에 비유했다. 때때로 투쟁이 거의 없는 시기에 신문은 사회주의 정치에 대해 논쟁하고 당원들을 조직하는 데 핵심적이었다.

그러나 투쟁이 상승하고 있는 시기에 신문은 변화해야만 했다. 1912년 노동자들의 운동이 다시 분출하기 시작했을 때, 볼셰비키는 일간지인 〈프라우다〉를 발간했다.

레닌은 그것이 어떻게 노동계급의 신문이 될 수 있는가를 명확하게 설명했다.

다양한 노조와 다양한 지방 조직의 노동자들에게 어떻게 싸울까에 대한 대안을 제시해 주어야 하고, 이와 함께 노동자의 생활과 노동자 민주주의에 대한 다양한 문제 제기를 해야만 한다.

1914년 전쟁의 발발로 투쟁은 잠시 중단되었다가, 1917년에 새로운 힘으로 분출되었다.

처음으로 노동자들이 반란을 일으켜 차르를 타도하고, 노동자 권력의 쟁취로 나아간 것을 통해 볼셰비키가 승리했음이 입증되었다.

볼셰비키는 수십만의 대중적 사회주의 노동자당으로 성장했고, 1917년 10월혁명을 승리로 이끄는 데 결정적인 역할을 했다.

그것은 볼셰비키가 고립된 소수로 있었던 시기와 대중적으로 성장하던 시기, 투쟁의 상승기와 하강기에 적응할 수 있었기 때문에 가능했던 것이다. 볼셰비키는 기회가 올 때마다 그것을 정확히 포착했고, 다른 사람들의 얘기에 귀를 기울였다.

1917년 러시아혁명은 고립되었기 때문에 불과 몇 년 안에 비참하게 질식당했다. 그것의 가장 중요한 이유는, 레닌과 볼셰비키가 러시아에서 만들었던 것과 같은 혁명적 당을 유럽의 다른 곳에서 사회주의자들이 건설하는 데 실패했기 때문이었다.

그러나, 1917년 러시아혁명을 이끈 볼셰비키당은 오늘날 사회주의 쟁취를 위해 싸우는 우리들에게 귀중한 영감이 되고 있다.

크리스 하먼 칼럼 - 위기는 어떻게 아래로부터의 혁명으로 발전할 수 있는가

사람들은 기존의 사회주의자 집단이 조금씩 커지다가 갑자기 변화를 일으키는 것이 혁명인 것처럼 말하곤 한다. 1960년대 말, 사람들은 체 게바라를 따라 "네가 혁명가라면 혁명을 만들어라" 하고 말했다. 오늘날 그 사람들 가운데 다수는 "혁명을 일으키기에는 우리 수가 너무 적어. 정부에게 압력을 넣어서 개혁을 성취하면 됐지 뭐." 라고 말할 것이다.

그러나 혁명은 한 무리의 혁명가들 때문에 일어나는 게 절대 아니다. 혁명가들의 규모가 크건 작건 말이다. 혁명은 전에는 혁명의 '혁' 자도 생각하지 않던 수많은 사람들이 정치 활동의 중심으로 뛰어들 때 일어나는 것이다.

크리스 하먼. 격주간 〈다함께〉 51호, 2005년 3월 16일. https://wspaper.org/article/1893.

1789년 프랑스 대혁명은 한줌의 공화주의자들 때문에 시작된 것이 아니었다. 혁명은 파리 빈민가의 수많은 민중이 베르사유 궁전으로 행진하기로 결심했을 때 시작됐다. 1917년 러시아 혁명은 초저임금과 장시간 노동에 신물이 난 여성 직물 노동자들이 파업에 들어가면서 시작됐다. 여성 노동자들은 남성 노동자들에게 밖으로 나와 함께 행진하자고 호소하기 위해 그들이 일하는 공장 창문에 눈덩이를 던졌다.

이런 사건들은 자생적으로, 다시 말해 노동 대중의 다수가 자신들이 행동에 나서야만 원하는 것을 얻을 수 있다고 깨달았을 때 일어난다. 이럴 때는 혁명적 변화를 주장해 왔던 사회주의자들조차 다른 사람들과 마찬가지로 상황의 갑작스런 변화에 놀라곤 한다.

이런 대중 봉기들은 더 넓은 사회적 변화의 결과로 사람들이 예전처럼 행동하기를 거부할 때 발생한다. 러시아 혁명의 지도자 레닌은 1917년 격변이 벌어지기 2년 전인 1915년에 이러한 변화 과정을 검토했다.

레닌은 사람들의 행동에서 이러한 변화가 일어나기 위해 필요한 두 가지 조건을 지적했다. 첫째, 평범한 사람들이 자신이 살고 일하는 조건을 더는 견딜 수 없다고 느끼는 지점에 이르러야 한다.

그러나 이것만으로 대중 봉기가 발생하지는 않는다. 생활수준이 크게 하락했을 때, 사람들은 투쟁에 나서기보다 사기저하돼 서로 반목할 수도 있다.

그렇기 때문에 레닌은 둘째 조건을 강조했다. 거대한 경제적·정치적 위기가 단지 사회 밑바닥에만 고통을 가하는 것은 아니다. 이럴 때는 지배 계급도 혼란에 빠져 어떻게 해야 할지 알지 못한다.

이런 위기들은 가장 강력한 자본가들 사이에 두려움을 불러일으킨다. 그래서 그들은 쉽게 이길 수 없는 장기전에 빠져들게 된다.

그런 상황에서 지배자들은 사태의 책임을 둘러싸고 서로를 비난하기 시작한다. 각각의 자본가들은 대중을 억압하는 한편, 경쟁 자본가를 희생시켜 위기에서 탈출하려고 한다.

극단적인 경우에 이런 내분 때문에 지배자들의 선전·억압 기구가 마비될 수도 있다. 지배 계급의 각 분파들은 자신의 경쟁자에 대항해 언론과 비밀 경찰을 이용하려 든다. 그리고 경쟁자를 제거하려는 계획을 뒷받침하기 위해 대중을 동원한다.

하지만 이런 상황까지는 아니더라도, 지배 계급이 내분에 휩싸인다는 것은 대중의 요구를 가로막고 서 있던 장벽이 더는 강고하지만은 않다는 것을 뜻한다. 이것은 대중에게 전투적 행동을 통해 변화를 일으킬 수 있다는 자신감을 준다.

혁명적 상황은 이 두 가지 조건이 결합될 때, 즉 레닌의 말처럼 "하층 계급이 더는 기존 방식으로 살기를 바라지 않고, 상층 계급은 기존 방식대로 살 수 없을" 때 창출된다.

그 어떤 사회 계층도 기존 질서에 만족하지 않는다. 모든 사람이 해결책을 갈구한다. 그것이 아무리 "극단적"일지라도 말이다.

세계 대전과 대공황이 발생한 20세기의 전반기 동안 그런 혁명적 상황이 발생했다. 무정부적인 생산과 금융의 세계화와 함께 21세기 초 자본주의에서도 그런 상황이 일어나고 있다.

2001년 아르헨티나 위기는 앞으로 수십 년 동안 어떤 일이 벌어질 수 있는지 보여 주는 대표적인 사례다.

1990년대 동안 아르헨티나는 세계화한 국민 경제의 모델이었다. 아르헨티나의 대통령과 장관들은 탈규제, 사유화, 해외 자본 유치 정책을 신속하게 도입해 제도권 경제학자들로부터 칭송을 받았다.

그리고 나서 아르헨티나는 지구 반대편 태국으로부터 시작된 금융 위기의 여파에 타격을 입었다. 아르헨티나의 외채가 정신 없이 불어났다. 국내 상품 시장이 붕괴했다. 실업률이 치솟았다. 국가는 전체 은행 계좌를 동결했다. 그리고 무엇을 해야 할지 둘러싸고 지배 계급이 분열했다.

바로 그 때 전에는 단 한번도 거리로 나설 생각을 하지 않았던 사람들 — 실업자, 육체 노동자, 공무원, 중간 계급 일부 — 이 대통령 궁으로 행진했고 하루 종일 경찰과 싸웠다. 그리고 정부를 몰아냈다.

아르헨티나는 유일한 사례가 아니다. 알바니아, 인도네시아, 세르비아, 에콰도르, 볼리비아에서도 똑같은 특징을 볼 수 있었다. 그리고 앞으로도 계속 비슷한 일들이 일어날 것이다.

동일한 시기에, 어떤 나라는 평화와 안정을 누리고 있는 것처럼 보일 수 있다.

그러나 사실 그들은 두 거대한 파도 사이에 떠 있는 뗏목일 수 있다. 파도가 갑자기 뗏목을 덮칠지도 모른다.

그런 상황에서 대중은 아무도 예상치 못했던 방식으로 갑자기 정치 활동에 뛰어들 수 있다. 다음 번에 나는 이러한 상황에서 혁명가들의 구실을 검토할 것이다.

크리스 하먼 칼럼 -
혁명의 성공은 조직에 달려 있다

지난 글(51호)에서 지적했듯이, 혁명은 단지 사회주의자 단체들의 노력으로 시작되지 않는다. 러시아 혁명가 레닌이 지적했듯이, 거대한 사회적 위기 때문에 "하층 계급이 더는 낡은 방식대로 살고 싶어 하지 않고" "상층 계급"들도 "낡은 방식으로 살아갈 수 없는" 상황이 벌어질 때 혁명은 일어난다.

전 세계 모든 지역에서 지배 계급을 더 한층의 예측불능과 불확실성으로 이끄는 자본주의 세계화 때문에 21세기에도 그런 거대한 사회적 위기는 피할 수 없다.

자본주의의 정신 나간 동인 때문에 때로 "혁명적"이거나 "준혁명적"인 상황 같은, 사회적 격변이 더 많이 일어날 것이다.

그러나 "준혁명적인 상황"이 모두 사회주의 혁명의 성공으로 끝나

크리스 하먼. 격주간 〈다함께〉 52호, 2005년 3월 30일. https://wspaper.org/article/1931.

지는 않는다.

대중 파업과 자생적인 봉기를 통해 수많은 사람들이 갑작스럽게 정치적 삶으로 뛰어들게 되면 전에는 볼 수 없던 수준의 토론이 벌어진다.

사람들이 모이는 곳이면 어디든 끊임없이 정치에 대해 말한다. 버스 정류장에서, 가게에서, 공장과 사무실에서, 학교에서, 온갖 친목 모임에서 혁명적이지 않은 시기에 살던 사람들이 감히 상상도 할 수 없는 방식으로 토론이 벌어진다.

한편에서는 현 체제에 대한 혐오와, 다른 한편에서는 함께 파업하고 시위한 경험 덕분에, 노동자들은 자신들이 집단적·민주적으로 사회를 책임질 수 있다는 생각을 진지하게 받아들이게 된다. 갑자기 사회주의 사상들이 그들의 경험과 부합한다.

그러나 사람들이 혁명적 사회주의 사상만을 만날 수 있는 것은 아니다. 지배 계급의 분파들도 위기에서 자신들을 구하기 위한 치유책을 찾기 마련이다.

그들은 군사 쿠데타를 꿈꾸는 장군들이나 대중의 고통이 종교적·인종적 소수자로 향하도록 애쓰는 정치적 모험주의자나 저급한 언론인들을 지원하기 시작한다.

사회가 자본주의가 아닌 방향으로 변해야 하지만, 직접적인 충돌이 아니라 타협과 합법 절차를 통해 천천히 변해야 한다고 말하는 사람들은 두 극단 사이에서 머뭇거린다.

최초의 위대한 민중 봉기가 일어난 뒤에는 항상 이런 "개량주의적" 방식이 광범한 청중을 발견해 왔다.

봉기에 가담한 사람들은 계급 사회에서 자랐고, 자신들은 세상을 운영하는 데 적합하지 않다는 말을 들어 왔다. 하룻밤 사이에 그들의 생각이 완전히 바뀌지는 않는다. 심지어 정부를 전복한 뒤에도, 대부분의 사람들은 여전히 그들의 요구에 덜 적대적인 것처럼 보이는 새로운 정부에 희망을 걸 가능성이 높다.

진정한 사회적 위기는 "협력 관계"에 기초한 "평화적"이고 "온건한" 해결책이 가능하지 않은 상황을 뜻한다. 하지만 많은 사람들이 처음에는 혁명을 철저하게 밀어붙이는 것보다 이런 방식이 "더 효과적"이며 "덜 폭력적"이라고 생각한다.

그래서 1917년 2월 러시아에서 자생적인 봉기로 차르 체제가 무너진 뒤에도 사람들은 처음에는 전쟁으로 돈을 번 르포프 공이, 그다음에는 자본주의를 고스란히 유지하는 데 헌신하던 변호사 케렌스키가 이끌던 정부를 신뢰했던 것이다.

2001년 12월에 낡은 자본주의 정치 체제에 속해 있던 네 명의 대통령을 끌어내린 아르헨티나에서도 민중은 결국 비슷한 배경을 가진 다른 두 명의 대통령 두알데와 키르히너를 받아들이게 됐다.

혁명적 격변에서 사람들이 도저히 성공할 수 없는 불완전한 해결책을 신뢰하는 중간 단계가 없었던 경우는 없다.

그 사이에 최초의 위대한 봉기를 낳은 그 모든 고통이 다시 쌓이기 시작한다.

그러나 이제 그 고통은 두 가지 방향으로 나아갈 수 있다. 사회의 "질서 회복"을 위해 반동적인 방식을 모색하는 자본주의적 당파들을 지지하는 데로 나아갈 수도 있다. 아니면 혁명을 완성할 필요성을 알고 있는 사람들이 권력을 획득함으로써 정부 전복을 넘어 체제를 전복하는 데까지 나아갈 수도 있다.

오늘날 각기 자생적인 것처럼 보이는 운동들은 세 가지 경향으로 형상화된다 — 그들이 정당이라는 말을 쓰든 안 쓰든 사실상 세 종류의 정당인 혁명 정당과 반동적인 정당, 그리고 이 둘 사이의 간극을 메우려고 시도하는 개량주의 정당이 존재한다.

혁명적 상황의 결과는 이 세 정당 사이의 투쟁에 달려 있다. 개량주의적 선택이 아무런 해결책도 제시하지 못하는 거대한 위기 상황에서 지지자들에게 영향력을 미치기 위한 전투가 벌어진다.

사상이 중요하기는 하지만, 이것은 단순히 사상 투쟁만은 아니다. 근본에서 이것은 실천 투쟁이다. 지배 계급은 우위를 차지하기 위해 노동계급을 분열시켜 집단적으로 세계를 운영할 수 있는 능력에 대한 자신감을 와해하는 데 의존한다.

혁명적 상황에서 노동 계급은 작업장과 거리에서 통제력을 장악하기 위한 투쟁 경험을 통해서만 그런 장애물을 극복할 수 있다. 가장 '비정치적인' 노동자들조차 그들이 새로운 사회를 창조할 수 있는 운동의 일부라고 느끼게 되는 것이야말로 함께 앞으로 나아갈 수 있는 추동력이 된다.

바로 그렇기 때문에 운동의 속도를 늦추려는 개량주의적 시도는 심각한 재앙이 될 수 있다. 개량주의자들은 노동자들의 자신감에 제동을 걸고 그리 되면 다시 분열이 찾아온다. 이 때문에 지배 계급 분파들이 퍼뜨리는 반동적인 사상이 다시 주도권을 잡게 된다.

따라서 혁명은 언제나 앞으로 나아가거나 후퇴하기 시작하는 사활적인 순간을 맞게 된다. 그리고 여기서 후퇴란 과거보다 더 나쁜 방식으로 낡은 자본주의 질서가 부활한다는 것을 뜻한다.

혁명을 시작하는 데에는 혁명 정당이 필요하지 않을 수 있다. 그러나 혁명을 승리로 이끌기 위해서는, 사회주의와 야만 사이에서 올바른 선택을 하게끔 하는 혁명 정당이 반드시 필요하다.

크리스 하먼 칼럼 -
모든 투쟁의 중심에 있어야 할 혁명적 네트워크

나는 지난 글에서 혁명을 시작하는 데는 혁명적 당이 필요하지 않지만, 혁명을 승리로 이끌기 위해서는 혁명적 당이 반드시 필요하다고 주장했다.

그렇다면 혁명적 당은 과연 무엇인가? 이 의문에 대한 두 가지 흔한 이해 방식들이 있으나 모두 틀린 주장이다.

첫째는 혁명적 사회주의 정당이 영국의 노동당이나 유럽 대륙의 사회민주주의 당과 같은 — 그러나 좀더 좌파적인 — 모습이어야 한다는 것이다.

이 관점은 1백여 년 전 영국의 첫 마르크스주의 정당인 사회민주주의연맹의 방식이었다. 1950년대 초 구 공산당도 "사회주의에 이르는 영국적 길"을 표방하며 이렇게 하려 했다.

크리스 하먼. 격주간 〈다함께〉 53호, 2005년 4월 13일. https://wspaper.org/article/1977.

의회에서 벌이는 선거 활동은 혁명적 사회주의자들이 계급투쟁 사상을 수많은 사람들에게 전파하는 기회일 수 있다. 그러나 그것이 작업장이나 거리에서 실제로 벌이는 투쟁을 대체할 수는 없다.

수많은 사람들을 정치로 끌어들이는 대규모 사회적 위기에서 전투가 벌어지는 곳은 의회 회의실도 아니며, 그런 전투가 의회 일정에 맞춰 일어나는 것도 아니다. 선거 운동에 초점을 둔 협소한 전략은 잘해야 비효과적일 뿐이고, 최악의 경우에는 재앙을 부를 수도 있다.

혁명적 당에 대한 둘째 관점은, 노동자들에게 혁명의 필요성을 주장하고 자신들이 노동자들을 위해 혁명을 만들겠다고 공언하는 엄격히 조직된 단체가 곧 혁명적 당이라는 것이다.

이러한 단체들은 상황이 진짜로 절박해지면 노동자들이 결국 자신들에게 의지하게 되리라고 기대한다. 그 때까지 그들은 행여라도 노동자들에게 개혁에 대한 환상을 심어 주게 될까 봐, 자본주의의 특정한 폐해에 맞선 투쟁들에는 관여하지 않는다.

이것은 19세기 프랑스 혁명가 오귀스트 블랑키의 관점이자 1920년대 초 가장 유명한 이탈리아 공산주의자이던 아마데오 보르디가의 관점이기도 했다.

여러 면에서 이 좌파 엘리트적 방식은 좌파 선거주의적 방식의 거울 이미지다. 그들은 모두 혁명가들이 대중을 대리해 사회를 변혁한다는 생각을 바탕에 깔고 있다. 그들에게 평범한 사람들이 하는 구실은 좌파 성향의 국회의원이나 무장한 좌파 투사에게 수동적인 지지를 제공하는 것뿐이다.

진정한 혁명적 방식은 이와 매우 다르다. 이 방식으로는, 오직 노동자들이 자기 손으로 권력을 장악할 때만 계급사회의 공포와 결별하는 것이 가능하다. 그리고 노동자들이 권력을 잡기 위한 힘과 인식을 얻을 수 있는 방법은 그들 자신의 투쟁을 통해서밖에 없다.

거대한 사회적 위기와 혁명적 격변이 일어나는 시기에는 대다수 노동자들이 혁명가들의 주장에 동조하고 지배계급을 전복하기 위해 필요한 행동을 취할 수 있다.

그러나 혁명과는 거리가 먼 시기에도 혁명적 사회주의에 이끌릴 수 있는 소수의 노동자들이 항상 있다.

자본주의는 민중이 자신이 받는 압력에 맞서 사소한 방식으로나마 끊임없이 저항하게 만든다. 이러한 저항은 임금 인상을 위한 단기간의 파업이나 주택 사유화에 맞선 운동, 인종차별에 맞선 시위, 제국주의 전쟁에 대한 항의로 나타날 수 있다.

그러나 어떤 시점이든 여러 투쟁들이 존재하기 마련이다. 그러한 투쟁들 속에서 사람들은 체제의 우선순위에 도전하게 된다. 이 과정에서 그들은 체제 전체를 어떻게 바꿀 수 있을 것인가 하는 의문을 스스로 던지기 시작한다.

진정한 혁명 조직은 이러한 사람들을 규합하려고 노력한다. 그렇게 함으로써 그들이 사상을 명확히 하고 체제에 맞서 성공적으로 투쟁하는 방법을 집단적으로 배울 수 있게 말이다.

그러려면 토론이 필요하고 과거의 투쟁 경험에서 배우기, 체제를 분석하기, 체제에 맞선 오늘날의 투쟁들을 분석하는 것이 필요하다. 또, 결론과 사상들을 다시 나날이 벌어지는 투쟁에 적용하는 것도 필요하다.

혁명적 당의 목표는 각각의 작업장과 지역에 가장 전투적인 사람들의 네트워크를 형성해 서로 힘을 강화하고, 서로 약점을 보완하며, 서로 경험을 통해 배우는 것이다.

이러한 방식으로 혁명가들은 현재 일어나고 있는 서로 다른 투쟁에 개입하고 그 투쟁들을 더욱 긴밀히 연결하는 작업을 할 수 있다. 그들은 노동자들을 분열시키려는 지배계급과 언론의 시도도 막아낼 수 있다.

이러한 구실은 투쟁의 수위가 낮을 때조차 매우 중요하다. 패배한 경험은 노동자들을 분열시키고 반동적인 절망에 더욱 쉽게 빠지게 한다. 그러나 승리한 경험은 지배계급이 노동자들과 빈민을 완전히 제압하는 것을 더욱 어렵게 한다.

투쟁이 최고조에 이르렀을 때 모든 작업장과 지역에 활동가들의 네트워크가 있는 혁명조직의 존재는 결정적으로 중요할 수 있다.

어떤 사람들이 '전위' 조직에 반대한다고 말할 때 그들이 진정으로 말하고자 하는 것은 가장 투쟁적인 노동자들이 그들의 힘을 결합해서 체제에 맞서 효과적으로 싸우는 것을 원치 않는다는 것이다.

이러한 싸움은 여러 형태를 띤다. 오랜 기간 이러한 싸움은 이탈리아 혁명가 안토니오 그람시가 말한 "진지전" — 더디게 전진하는 장기전 — 의 형태로 나타날 수 있다.

그 기간에 혁명가들은 노동계급의 조건을 개선하고 한두 명이라도 더 많은 사람들을 혁명적 정치로 설복하기 위해 수많은 소규모 전투에 개입한다.

이러한 전투의 전형적 형태는 노동조합에서 적극적으로 활동하는 것이나 복지삭감에 반대하는 투쟁, 인종차별에 맞선 투쟁, 파업에 대한 연대 건설 등이다. 선거 공간을 활용해 광범한 대중에게 좌파적 초점을 제시하는 것도 이에 포함될 수 있다.

그러한 활동은 자본주의 체제를 전복하려는 사람들의 네트워크를 조금씩 성장시킨다. 이 네트워크들은 "진지전"이 그람시가 말한 "기동전" — 수많은 사람들의 정서가 하룻밤 사이에 변할 수 있는 갑작스럽고 긴박한 대결 — 으로 전환될 때 그 진가를 드러낸다.

혁명조직이 약하거나 없으면 민중의 희망은 절망으로 바뀔 수 있고 모든 것은 예전으로 돌아간다. 그러나 혁명조직이 강력하면 수많은 사람들에게 사회 전체를 전진시키는 데 필요한 방향을 일러줄 수 있다.

혁명적 사회주의자들이 정당으로 힘을 결집하고 현실의 투쟁과 운동에 뛰어들어 정당을 건설하는 일이 그토록 중요한 이유도 바로 이 때문이다.

민주집중제에 관한 메모

■ 우리 그룹[영국 IS]은 오랫동안 순전한 선전 조직이었다. 책과 이론적 저널을 발행하고 정치학교를 개설하는 등의 사업이 조직의 주된 활동이었던 것이다. 이러한 상황에 적합한 구조는 느슨한 연방적인 것이었다. 모든 브랜치(branch)는 하나의 줄에 꿰인 염주알 같았다.

■ 지난 1-2년에 걸쳐 우리는 선동으로 나아갔다. 이것은 다른 종류의 조직 구조를 요구한다. 혁명적 전투 조직은 — 특히 그것이 당이 되려면 — 민주집중적 구조를 필요로 한다.

■ 제1인터내셔널에서 프루동주의자들과 바쿠닌주의자들(둘 다 아나키스트)은 연방적 구조를 원했다. 그리하여 논리적으로 그들은, 인터내셔널은 노동자들의 조직이고, 그 조직의 성원 및 대표자들은

이 글은 IS Internal Document 1968년 6월호에 실린 Tony Cliff의 "Notes on democratic centralism"을 우리말로 옮긴 것이다. 1966년 후반부터 일어나기 시작한 학생운동과 반전운동에 힘입어 이때쯤 영국 IS는 약 800명 정도가 되었다고 한다.

오직 노동자만이 될 수 있다고 주장하였다.

마르크스는 자본주의 하에서 지배적인 이데올로기는 지배계급의 이데올로기이므로 혁명적 정치는 계급의 현재 사상을 반영하지 않는다고 주장하였다. 혁명적 이론 없이는 혁명적 운동은 있을 수 없으므로 인터내셔널의 지도부는 반드시 노동자일 필요는 없고, 또한 연방적 원리에 따라 대의원이 지도부를 구성해서도 안 된다.(그리하여 마르크스는 러시아인도 아니었고 러시아에 가본 적도 없는데도 인터내셔널 총평의회의 러시아 대의원이었다. 그리고 볼셰비키당의 중앙위원회에는 단지 한 사람의 노동자만이 있었고, 모든 중앙위원은 한 도시 출신이었다. 멘셰비키나 룩셈부르크의 스파르타쿠스단도 마찬가지였다).

■ 연방제 원리 — 혁명 조직의 집행위원회가 한 브랜치 당 1인의 대의원으로 구성되어야 한다는 사상 — 는 지지될 수 없다.

(가) 그것은 비민주적이다.

한 브랜치가 중대한 쟁점을 놓고 26대 24로 갈린 50명의 멤버를 가지고 있다고 할 때 한 사람의 대의원이 50표를 던지는 것에 무슨 민주적인 것이 있는가?

전체적으로 조직의 소수파 — 예컨대 20% — 가 다수파와 구분되는 일련의 정책을 가지고 있는 경우 그 소수파는 집행부에 자신들의 대표를 한 사람도 내놓지 못하거나 아니면 기껏해야 조롱거리만 될 정도의 인원을 내놓을 수밖에 없거나 둘 중 하나일 것이다.

(나) 대단히 긴요한 사상투쟁이 쟁점들로부터 조직상의 결정불이행['개기기' 또는 한 귀로 듣고 한 귀로 넘기기]과 컴바인내셔널리즘[이것도 저것도

다 필요하다는 식으로 넘어가 버린다.

(다) 조직이 일정 규모를 넘어서 성장할 수 없다. 예컨대 1,000명의 멤버와 100개의 브랜치가 있는 경우, 어떤 집행위원회도 돌아갈 수 없다.

(라) 그것[연방제]은 세포 구조와 양립할 수 없다. 세포 구조는 작고 타이트해야 한다.(그것은 아마 활동과 교육의 단위로서의 브랜치를 대체할 것이다)

(마) 그것은 전문화 및 분업과 양립할 수 없다. 너무 바빠서 지역 브랜치 활동에 참여할 수 없는 마르크스와 엥겔스, 레닌과 트로츠키, 룩셈부르크와 리프크네히트 같은 사람들은 만일 연방제 하에서라면 그 어떤 혁명 조직의 집행위원회에도 선출되지 못했을 것이다.

(바) 결론적으로, 연방적 구조는 불안정하고 비효율적이다.(우리가 만일 연방제 하에 있다면, 그룹의 팽창 및 세포 구조로의 이행과 함께 정치위원회의 반은 — 우리의 선동 주간지 〈소셜리스트 워커〉 편집자를 포함하여 — 지역 브랜치에서 활동하지 못할 가능성이 많으므로 집행부에 선출될 수 없을 것이다. 한 혁명조직의 양대 위원회 — 집행위원회와 정치위원회 — 가 상반된 원리에 따라 선출된다면 그 조직은 효과적으로 돌아갈 수 없을 것이다.)

■ 민주집중적 구조는 다음과 같은 것에 바탕을 두고 있다.

대의원 협의회 — 1년에 한 번 또는 두 번 모임 — 는 정책 — 조직의 원칙과 전략 — 을 결정한다.

집행위원회, 정치위원회 등은 협의회에 의해 개인들로서 선출되거나 또는 분파들이 있는 데서는 후보자 명단에 따라 선출된다. 각 대의원 그룹들은 협의회에서 그들이 점하는 비율에 따라 위원회에 들어갈 인원을 선출할 자격을 갖는다.

협의회의 모든 결정, 그리고 한 협의회와 다음 협의회 사이에 있는 집행위원회의 결정은 모든 조직원들에게 구속력을 갖는다.

혁명적 전투 조직은 매일 매시간 전술적 결정의 필요에 직면하며, 따라서 더욱더 중앙집중이 필요하다.

혁명 정당에게 가장 중요한 결정 — 국가 권력을 장악하기 위한 결정 — 은 볼셰비키당 중앙위원회에 의해 내려졌다. 혁명적 상황에서는 하루도 허비할 수가 없다(한 달 — 협의회를 조직하는 데 드는 시간 — 은 말할 것도 없고). 전쟁 또는 강화에 관한 결정 — 브레스트-리토프스크 관련 토론 — 도 또한 볼셰비키당 중앙위원회에 의해 내려졌다. 파리 코뮌에 관한 제1인터내셔널의 역사적 성명도 마르크스에 의해 작성되었고, 그 내용에 대한 동의도 총평의회의 한줌 밖에 안 되는 사람들에 의해 — 인터내셔널의 민족지부들에게 묻지 않고 또 그 지부들의 평조직원 대중에게는 말할 것도 없고 — 이루어졌다.

브랜치들의 소수파 — 예컨대 20% — 가 비상 협의회를 소집하는 것이 필요하다고 주장하는 경우에 집행위원회는 이를 집행해야 한다. 새로운 결정과 새로운 선출이 나올 수 있다.

■ 실제에 있어 [영국]IS의 규모와 불균등성으로 인해 우리는 과도적 — 연방제로부터 민주집중제로의 — 구조를 가지지 않으면 안 된다.

현재로서는 10명의 멤버 또는 그 이상의 인원을 가진 모든 브랜치는 3개 브랜치 — 이스트 런던, 크로이던, 리치몬드 — 를 제외하고서 집행위원회에 멤버를 갖는다.

런던 지역위원회 — IS 멤버의 약 반수를 포괄하는 — 는 강화되어야 한다(그것은 시위, 정치학교 등을 조직할 수 있을 것이다. 한 브랜치 당 한 사람의 대의원이라는 원리에 따르느라고 그 런던 지역위원회는 제대로 기능하는 것이 보장되지 못했다).

특수 분야들에서의 동지들의 모임이 소집되어야 한다(교사들이 정규적으로 하는 것처럼).

쌍방 의사소통이 긴요하다. 지금까지는 집행위원회 및 정치위원회로부터 브랜치들로 가는 정보가 역 방향으로 가는 정보보다 훨씬 더 많다. 비판과 자기비판이 절대적으로 긴요하다. 무엇보다도, 더 많은 정치, 더 많은 이론이 필요하고, 따라서 더 많은 집중주의가 필요하다(최악의 '경제주의'와 조직상의 결정 불이행이 완전히 자율적인 많은 지역 활동 속에서 나오고 있다).

조직자 〈소셜리스트 워커〉

레닌은 노동자들의 조직자로서의 사회주의 신문에 대해서 이야기하였다. 그는 세 측면에서 이 점을 보았는데, (1) 신문의 필자로서의 노동자, (2) 신문의 판매자로서의 노동자, (3) 신문 제작비의 기부자로서의 노동자가 그것이다. 그러면, 이 세 측면에서 〈소셜리스트 워커〉의 역할에 대해 살펴보자.

의심할 바 없이, 〈소셜리스트 워커〉는 노동자들이 그것을 위해 글을 쓰는 데 연루된다는 차원에서 지난 수년간 발본적인 향상을 보았다. 이 나라[영국]에서 그것이 지난 십여년 동안 좌파 내에서 단연 최고의 사회주의 신문이었다는 데는 의심의 여지가 없다. 그러나

이 글은 영국 IS 그룹(현재의 SWP[사회주의노동자당]의 전신)의 내부회보인 *IS Internal Bulletin* 1974년 4월호에 실린 토니 클리프(Tony Cliff)의 글을 우리말로 옮긴 것이다. 〈소셜리스트 워커〉는 그룹의 기관지였으며, 현재 SWP의 기관지로 이어져 주간신문으로 발행되고 있다. 1966년쯤 1백50명 남짓했던 IS는 68년에 800여 명으로, 그리고 1970-74년의 산업투쟁들에 힘입어 이 글이 쓰여질 때쯤에는 3천을 훨씬 넘어서고 있었다.

여기에 만족해서는 안 된다. 아직까지도 상당 부분 노동자들의 글쓰기는 신문의 작은 영역에 한정되어 있다. 때때로, 노동자들이 쓴 우수한 글들이 '언더 디 인플루언스(술 취한 상태에서)' 란과 노동자들이 쓴 다른 기사들에 실린다. 노동자들이 써 보낸 매우 중요한 새 기고는 당연히 독자투고란인데, 이것은 지난 몇 달간 괄목할 만한 향상을 보았다. 그러나, 트로츠키가 1939년 5월 27일에 미국의 〈소셜리스트 어필〉지에 가한 비판은 〈소셜리스트 워커〉에게도 완전히 무관하지는 않다. 물론 〈소셜리스트 어필〉보다야 〈소셜리스트 워커〉가 훨씬 낫지만 말이다. 트로츠키의 말을 인용해보자.

실제로 여러 필자들 — 그들 한 사람 한 사람은 매우 훌륭한 필자들이다 — 에게 신문의 기사가 분담되지만, 그러나 집단으로 볼 때 그들은 노동자들이 〈소셜리스트 어필〉의 지면에 침투해 오는 것을 허용하지 않는다. 그들 각자는 노동자들을 위해서 이야기한다.(그것도 아주 잘 이야기한다.) 그러나 그들 가운데 아무도 노동자들의 이야기를 듣지 않는다. 그 문학적 화려함에도 불구하고 얼마만큼은 그 신문은 판에 박힌 저널리즘에 사로잡히게 되었다. 당신들은 노동자들이 어떻게 살아가며, 어떻게 싸우고 경찰과 충돌하는지 또는 어떻게 술을 마시는지에 대해 전혀 듣지 않는다. 이것은 당의 혁명적 도구로서의 신문에 매우 위험한 일이다. 이 점에서 풀어야 할 과제는 숙련된 편집진의 일치된 힘을 통해 신문을 만드는 것이 아니라 노동자들로 하여금 스스로 이야기하도록 북돋우는 것이다. 성공하기 위해서는 근본적이고 과감한 변화가 필요하다. …

IS 조직원의 거의 절반이 육체 노동자라는 사실이 신문에 충분히 반영되고 있지 못하다. 노동자들이 그들의 직장에서 일어나는 파업에 대해뿐만 아니라 그들의 자녀와 자녀 교육에 대해서, 그리고 그들의 생활과 관련된 모든 것에 대해서 글을 쓰는 것이 중요하다. 많은 부분에서 신문은 노동자의 일기가 되어야 한다. 물론 노동자들은 글 쓰는 것을 어렵다고 여긴다. 흔히 그들이 이야기하는 것을 보면, 그들이 글을 쓰는 것보다 비할 바 없이 더 나은데, 그 이유는 말로 할 때는 그들의 구체성, 그들의 다채로움, 그들의 개별성이 드러나 보이기 때문이다. 결국, 마르크스주의에서 진실은 항상 구체적이지 않은가! 흔히 노동자들이 글을 쓰는 것을 보면, 그들은 그들의 문체를 어떤 정해진 규격에 맞추려고 하고, 그리하여 글은 생생함을 잃어 무뎌지고 난해하게 된다. 따라서 녹음기를 이용하고, 이야기의 정취를 그대로 살리면서 편집하는 것이 대단히 중요하다. 물론, 이것은 우리 신문의 기자들에게 끔찍한 부담을 뜻할 것이다. 예컨대, 폴 풋(클리프가 이 글을 쓸 당시 〈소셜리스트 워커〉의 편집자 — 옮긴이)의 경우 한 페이지를 메울 노동자들의 글 대여섯 편을 편집하는 것보다 그 스스로 페이지 전체를 쓰는 것이 더 쉬울 것이다. 따라서, 더 많은 노동자의 글을 싣는다는 것은 아마 더 많은 기자들이 필요하다는 것을 뜻할 것이다. 현장에 있는 우리의 조직자들이 자신들의 역할을 해야 할 것이다. 모든 공장 브랜치는 이야기, 기사, 편지 등을 신문에 공급해야 할 것이다. 당이 불법화되어 있었고 노동자계급의 규모도 우리보다 훨씬 더 작았던 1912년 당시의 레닌의 〈프라우다〉는 한 해에 노동자들이 쓴 11,000편의 글을 발행해냈다. 볼셰비키가 우리보다 훨씬 더 나은 기반을 가지고 있었던 것은 사실이지만, 그러나 우리가 예컨대 한 주에 노동자들이 쓴 50편의 글을 신문에 싣는다면, 볼셰비키의 경우가 결코 우리가 도달할 수 없는 것만은 아닐 것이다. 이를 위해 아마 우리는 신문 편집진과 조직자들이 들이는 더 많은 노력이 필요할 뿐 아니라 무엇보다도 노동자들이 쓰거나 이야기한 항목들이 신문에 어떤 방식으로든 실리지 않으면 안 된다는 명확한 결정이 필요할 것이다.(물론, 이 경우에조차도 예외는 있다.) 이 나라에 3,000명 이상의 리포터를 둘 수 있는 자본가 신문은 없다. 그러나 우리는 가능하다.

노동자들이 신문을 위해 글 쓰는 문제는 노동자들이 신문과 일체감을 가져야 한다는 문제를 제기한다. 부르주아 신문에서는 데스크의 몇 사람이 수백만 수요자의 필요를 충족시킨다는 위계적 개념이 지배적이다. 노동자 신문에서는 '수요자'의 참여라는 문제가 중심적 사항이다. 즉 제작자와 수요자 사이의 간극을 없애는 것이 중심적인 사항이다. 그러므로, 직장에서 자신의 바로 곁에 근무하는 아마 단지 몇십 명의 노동자들에게 직접적으로 흥미를 끌, 노동자가 쓴 이야기는 커다란 중요성을 갖는다. 이런 방식으로 신문은 계급 속에 더 깊이 뿌리내리게 되는 것이다.

그러면, 이제 신문 판매자로서의 노동자의 문제를 보자. IS 조직원의 거의 절반이 육체 노동자라는 사실은 신문의 판매에서 전혀 반영되고 있지 못 하다. 직장 내에서의 신문 판매가 20%도 안 된다는 것은 매우 매우 심각한 문제다. 어느 정도 이것은 독자와 필자로서의 노동자들 사이의 문제에서 비롯한 결과이다. 그러나 어느 정도는 그 자체에서 비롯한 문제이다. 지난 몇 년 동안 우리는 노동자가 거의 없는 조직을 노동자가 그 안에 포함된 조직으로 전환시키느라고 바쁜 나머지 우리의 외곽 지지자들을 충분히 효과적으로 이용하지 못했다. 현실에서 우리는 어느 노동자에게나 두 가지 가능성을 제시했다. 즉 IS에 가입해서 기부금을 내고 모임에 참가하는 등등, 이것이 아니면 신문을 한 부 구입하라는 것 말이다. 이제 우리는 우리의 외곽 지지자에게 다가가야 하고, 그들 누구에게나 신문 몇 부를 가져가기를 요청해야 한다. 우리가 가령 석달 동안에 IS 조직원이 아닌 1,000명의 사람들 — 각자 가령 신문 두세 부를 가져갈 사람들 — 에게 손이 미칠 때 이것은 우리 위치의 중요한 변화일 것이다.

신문 한 부를 사는 노동자는 신문 두 부를 파는 노동자와는 신문에 대해 매우 다른 태도를 갖는다. 신문을 사는 것만으로는 반드시 신문을 읽는다는 보장이 없고, 또 신문에 실린 다른 견해에 대해 반드시 입장을 취한다는 보장도 없다. 그러나 그가 만일 신문을 판다면, 항상 그는 신문을 구입한 사람들 가운데 누군가가 신문에 대해 그와 토론하려고 할 수도 있는 가능성에 직면하기 때문에 당연히 신문을 읽고 신문의 내용에 대해 자신의 입장을 가지지 않을 수가 없을 것이다. 실제로 사람들은 어떤 사상을 위해 싸울 필요가 없다면, 그 사상을 명확하게 이해하지 못하며, 따라서 신문이 한 부 팔릴 때 그것은 사상의 충돌을 낳지 않지만, 만일 다섯 부가 같은 장소에서 팔리면 그것은 명백히 사상의 충돌을 낳는다. 따라서, 그것은 사상과 그 사상을 선전하는 조직에 대한 개인의 관계에서 일어나는 단지 양적인 변화가 아니라 근본적인 질적 변화인 것이다.

셋째로, 노동자들이 신문에 돈을 내는 것에 관한 문제이다. 레닌은 모금이 정규적이고 체계적으로 이루어지는 것이 매우 중요하다고 명확하게 이야기한다. 〈프라우다〉를 사는 모든 사람들로부터 매주 1코펙 — 영국 화폐 단위로 1페니에 해당 — 의 돈이 들어온다는 예상이 가능했다. 그리고, 이것은 말하자면 당에 대한 기부금이었다. 영국에서는 명백한 이유들로 인해 그 같은 기부자 망을 조직하는 것이 훨씬 더 어렵다. 따라서 아마 우리는 훨씬 더 수수한 목표, 예컨대 봉급날에 모금되도록 매월 10페니로 시작해야 할 것이다. 이것은 단지 돈의 문제가 아니다. 그것은 무엇보다도 정치의 문제이다. 돈을 냄으로써 노동자들은 진정으로 신문과 자기 자신을 동일시하고 있음을 선언한다. 그들이 돈을 낼 때 신문을 더 비판적으로 보며, 동시에 신문의 진가를 더 잘 인식하게 된다. 왜냐하면, 자신이 낸 돈이 신문 발행을 가능케 하는 데 이바지한다는 것을 그들이 알게 되기 때문이다. 그러므로, 그 같은 작은 시작으로부터 아주 장기적인 결과물이 나올 수 있는 것이다. 우리가 만일 앞으로 여섯 달에 걸쳐 가령 1천명의 기부자를 얻는다면, 그것은 아주 중요한 교두보가 될 것이다.

위의 변화들은 모두 우리 조직의 운영 전반에 아주 중대한 변화를 가져올 것이다. 무엇보다도 그것은 노동자들이 우리 조직 운영의 전면에 나서는 것을 가능케 할 것인데, 왜냐하면 폴 풋이나 로리 플린 같은 멤버들의 기사가 점점 줄어들 것이고 그만큼 조직이 모든 면에서 노동자 조직으로 변모할 것이기 때문이다. 노동자들이 우리의 입장에 관해 이야기하는, 조직의 주요 대변자들이 되도록 북돋우어져야 할 것이다. 그리고, 그들의 이름이 신문에 점점 더 자주 나오고,

그에 따라 폴 풋이나 로리 플린, 그리고 토니 클리프 같은 필자명은 줄어들어야 할 것이다. 동시에, 신문의 교육자 역할을 결정하는 데 그들이 미치는 영향력은 시간이 가면서 커질 것이다.

위의 모든 변화들은 캠페인에 의해 이루어질 수 없다. 그것은 캠페인의 문제가 아니다. 우리가 조직을 산업활동 쪽으로 전환시키는 데는 몇 년간의 투쟁이 따를 것이다. 그 사이에 IS를 노동자당으로 만들기 위해 〈소셜리스트 워커〉를 노동자 신문으로 만들어야 하는데, 이것 또한 오랜 시간이 걸릴 것이다. 그렇다고 해서 몇몇 기술적이고 즉각적인 조치들이 필요하지 않다는 얘기는 아니다. 우리가 생산성 향상 정책[당시 영국 지배계급의 경제정책을 일컫는 말 — 옮긴이]에 관한 책을 발행했다고 해서 그것이 우리 조직을 노동자 조직으로 탈바꿈시키는 것은 아니지만, 그 과정에 이바지하기는 했다. 우리가 즉각 취하지 않으면 안 되는 결정들을 말해 보면, 모든 공장 브랜치는 매달 한 번씩 적어도 한 편의 기사나 보도 또는 이야기를 보내야 한다는 것, 모든 조직자는 그의 분야로부터 기사거리를 알려줘 우리가 매주 적어도 한 편의 기사나 이야기를 입수할 수 있도록 힘써야 한다는 것이다. 여기서 만일 필요하다면, 신문 기자들의 수를 늘려야 — 그들이 현장에 있어야 한다는 점을 강조하면서 — 할 것이다. 브랜치나 지구에 무의미한 개별 할당목표를 두지 말고 신문 구입자를 판매자로 탈바꿈시키는 것을 조직해야 할 것이고, 우리의 성공과 실패를 점검·평가해야 할 것이다. 셋째로, 신문 구입자로부터 가령 매월 10페니의 모금을 조직해야 할 것이다.

이런 것들이 당장 조직되어야 할 기술적인 사항들이다.

혁명적 조직 건설의 ABC ①
왜 혁명적 조직이 필요한가

마르크스가 말했듯 "노동계급의 해방은 노동계급 자신의 행동을 통해 가능하다". 이집트에서 무바라크의 30년 독재를 단 몇 주 만에 끝낸 대중 항쟁과 노동자 투쟁은 사회를 바꿀 힘이 어디에 있는지 분명히 보여 줬다. 지난해 희망버스 투쟁 등 크고 작은 개혁을 이루는 핵심 동력은 바로 아래로부터 대중 투쟁이었다.

이렇게 노동계급의 대중 운동이 사회를 바꿀 진정한 힘이라면 혁명조직은 왜 필요할까? 실제로 꽤나 많은 사람들이 대중운동이면 충분하다고 생각한다.

혁명조직이 필요한 가장 핵심적인 이유는 바로 노동자들의 의식이 불균등하기 때문이다.

어떤 사람은 자본주의에 맞서 싸우려고 하는 반면 또 다른 사람은 체제에 순응하는 관념을 더 많이 받아들인다.

―――――
정선영, 〈레프트21〉 82호, 2012년 5월 28일. https://wspaper.org/article/11258.

러시아 혁명가 트로츠키는 자신이 만난 다섯 명의 노동자를 통해 사회주의 조직이 필요한 이유를 알게 됐다고 설명했다. 그가 만난 한 노동자는 인종차별과 여성차별에 반대하고 사회주의를 추구하는 노동자였다. 다른 한편에는 파업에 적대적이고 여성차별, 인종차별을 지지하는 반동적인 노동자가 있었다. 그리고 나머지 세 노동자는 이 두 노동자 사이에서 오락가락했다.

혁명조직은 사회주의자들이 결집해 이처럼 동요하는 사람들을 선진 부위로 끌어당겨 투쟁을 전진시키기 위해 존재한다. 구체적인 현실, 노동계급 투쟁의 역사적 경험, 마르크스주의 이론을 바탕으로 민주적 토론과 행동을 통해 이 과제를 효과적으로 수행할 수 있다.

모든 투쟁의 과정에서 논쟁이 벌어진다. 파업을 벌이고 아래로부터 투쟁을 확대할 것인가, 국회 로비와 선거에 더 기댈 것인가? 등록금 인상을 막기 위해 대학 본관 점거 투쟁을 벌일 것인가, 투쟁하지 않으려는 학생들의 뒤꽁무니를 좇으며 투쟁을 접을 것인가?

선택의 기로에서 다양한 정치 경향들은 자신이 바라는 방향으로 투쟁을 이끌려 한다. 개혁주의자들은 투쟁을 조직하기도 하지만 투쟁이 어느 순간에 이르면 후진 부위의 눈치를 보며 절충하고 타협해 오히려 투쟁하려는 부위의 사기를 꺾는 일을 벌이곤 한다.

2008년 6월 10일 1백만 명이 모인 촛불 시위 이후에 일부 개혁주의자들은 촛불을 "제도화"해야 한다며 거리의 촛불 투쟁을 더욱 확대시키기를 한사코 거부했고, 이명박의 집요한 탄압과 김빼기에 밀려 촛불은 안타깝게 사그라들고 말았다.

국제 노동자 투쟁의 역사에서 이런 일은 비일비재하다. 1968년 5

월에 프랑스 공산당 관료들은 노동자들이 파업을 중단해야 한다고 주장했고 드골 정권은 위기를 벗어날 수 있었다.

반면 혁명조직은 선진 부위의 노동자와 대중을 고무하며 일관되게 투쟁을 전진시키려 한다. 2008년 촛불의 과정에서도 다함께는 촛불운동이 거리 행진으로 발전하는 데 중요한 기여를 했고, 촛불이 이명박 퇴진 요구를 내걸고 노동자 투쟁으로 확대 발전하도록 하기 위해 노력했다.

그런 점에서 혁명조직은 무엇보다 실천을 위한 조직이다. 혁명조직의 구성원은 투쟁을 건설하는 능동적인 활동가여야 한다.

이는 당비를 내고 몇 년에 한 번 열리는 지도부 선거에 투표하는 수동적인 당원들이 대부분인 사회민주주의 정당과는 질적으로 다르다. 말만 "혁명, 혁명"을 외치지만 이런 저런 핑계를 대며 현실 운동에 뛰어들기를 거부하는 초좌파적인 조직과도 다르다.

혁명조직의 실천은 혁명적 정치를 바탕으로 이뤄져야 한다. 레닌이 "혁명적 이론 없이 혁명적 실천 없다"고 했던 것처럼 혁명조직에서는 이론이 구체적인 행동 지침과 연결돼야 한다.

이런 전통은 이론이 부차화되고 조직이라는 논리가 우선하는 스탈린주의와는 근본적으로 다른 것이다. 옛 소련과 같은 사회를 추구하던 각국 스탈린주의 공산당들은 옛 소련을 방어해야 한다는 논리를 어떤 이론보다 우선시 하며 소련의 국경 수비대 구실을 자처했다. 그래서 이론은 행동을 사후 정당화하는 수단인 경우가 많았다.

또 혁명적 정치를 바탕에 둔다는 말은 전체 노동계급의 관점에서 사고하는 것이다.

혁명조직은 계급 전체의 이익을 가장 우선시하며 부문주의를 뛰어넘어 노동자들이 투쟁 속에서 단결하도록 돕는다.

레닌은 1905년에 이를 구현할 가장 효과적인 수단으로 '혁명적 신문'이 필요하다고 했다. 다음에는 '혁명적 신문'이 혁명조직을 건설하는 데서 어떤 구실을 할 수 있는지 살펴 보겠다.

혁명적 조직 건설의 ABC ②
혁명적 조직과 혁명적 신문

이 연재의 지난 꼭지에서 혁명 조직의 실천은 혁명적 정치에 바탕을 둬야 한다고 설명했다. 그리고 그것은 전체 노동계급의 관점에서 사고하는 것이라고 했다. 혁명적 신문은 이 과제를 수행할 수 있게 하는 수단이다.

자본주의에서 사람들은 매일 학교, 가정, 직장 등에서 지배적 이데올로기와 편견들을 접한다. 또, 주류언론은 매일 벌어지는 낱낱의 사건들이 별개의 것인 양 그 연결성을 해체시켜 놓는다. 체제의 불평등과 모순에 문제를 느끼는 사람들의 상당수도 자본주의의 문제점을 일부 손보는 개혁주의에 그치는 경우가 많다.

반면, 혁명적 신문은 혁명적 관점에 기초해 나날이 벌어지는 사건들을 분석하며 자본주의의 지배적 관념에 도전한다. 또, 낱낱이 흩어져 있는 문제들의 이면에 무엇이 있고, 자본주의 체제와 어떤 연관

김지태, 〈레프트21〉 84호, 2012년 6월 23일. https://wspaper.org/article/11377.

이 있는지를 다룬다. 혁명적 신문은 일상적으로 대중에게 혁명적 주장을 알리고 투쟁을 건설하는 수단이다. 그래서 러시아의 혁명가 레닌은 혁명적 신문이 "집단적인 선전가, 선동가"라고 했다.

혁명적 신문은 다른 언론들은 결코 다루지 않는 노동자들과 억압받는 사람들의 투쟁 경험과 투쟁의 역사를 다룬다. 러시아 혁명가 지노비예프는 1921년에 이렇게 말했다. "우리는 부르주아 신문과 사회민주당 신문들이 제공해 줄 수 없는 우리만의 독특한 요소를 도입해야 한다. 그것은 바로 공장과 작업장에서 남녀 노동자들이 보내거나 또는 병사들이 보내는 편지다."

혁명적 신문은 단지 투쟁 소식을 싣고 자본주의 체제의 문제점을 폭로할 뿐 아니라, 실천 과제를 제시한다. 즉, 혁명적 원칙과 노동자들의 경험과 당면 투쟁 과제를 연결하는 것이다.

활동가 네트워크

혁명적 신문은 소수 혁명가들이 대중과 관계 맺는 수단이다.

모든 혁명가들이 신문을 냈던 것은 아니다. 게릴라 투쟁을 중시했던 체 게바라가 신문을 냈다는 이야기를 들어본 적이 없을 것이다.

오직 대중 운동을 중시했던 혁명가들만이 신문을 냈다. 마라의 〈민중의 벗〉, 마르크스의 〈신라인 신문〉, 로자 룩셈부르크의 〈적기〉, 레닌의 〈프라우다〉 등이 대표적이다.

이들은 신문을 통해 대중을 설득하고 행동에 나서도록 호소했다.

어떤 시기에는 그런 노력이 큰 성공을 거두기도 했다. 프랑스 대혁명 당시 마라는 〈민중의 벗〉을 통해 줄기차게 혁명이 위험에 처한 사실을 경고해, 그에 맞선 대중의 행동을 이끌어 냈다.

그런데 많은 진보적인 활동가들조차 〈레프트21〉과 같은 사회주의 신문을 판매하는 행위를 폄훼한다. 심지어 "신문 팔이"라고 비하한다.

이것은 혁명적 신문 판매의 정치적 의의를 전혀 모르고 하는 말이다.

신문이 조직자 구실을 하려면 그 지지자들이 판매해야 한다. 신문은 절대 스스로 발이 돼 조직할 수 없다. 소수가 고립돼 신문을 만든다면 그 신문은 한 달도 못 가서 발행이 중단될 것이다. 독자들이 신문을 판매해야 하고, 기고자와 정보원이 돼야 하며, 신문을 후원해야 한다. 이것은 다른 언론과는 구별되는 사회주의 신문만의 특징이다.

신문을 판매해야 하는 이유가 단지 돈 때문만은 아니다. 신문을 판매하면서 사회변혁 활동가들은 독자들과 소통할 수 있다. 신문을 판매하는 과정에서 사상의 충돌이 벌어지고, 그런 충돌은 사상을 발전시킨다.

이런 일상적인 신문 배포망은 혁명적 정치를 지지하는 활동가 네트워크가 될 수 있다. 레닌은 혁명적 신문을 조직 건설 수단으로 삼은 최초의 혁명가였다.

레닌은 혁명적 신문을 정기적으로 배포하는 단순한 일이 "사실적인 관계"를 창출할 것이라고 했다. 혁명적 신문이 곳곳에 있는 활동가들 사이를 연결할 것이다. 경험·자료·역량·자원 등을 교환할 수 있고, 한 지역의 성공을 다른 지역의 활동가들이 배울 것이다. 이 과정에서 사회변혁 활동가들이 양성될 수 있다. 그야말로 혁명적 신문은 "집단적 조직가"인 것이다.

실제로 레닌은 혁명적 신문의 배포망으로 볼셰비키를 건설하는 데 성공했다. 1912~14년 러시아 페테르부르크의 볼셰비키는 3천 명이었다. 그 당시 〈프라우다〉는 3만 부가량 판매됐다. 1917년 2월 혁명 직후 페테르부르크의 볼셰비키는 2만 3천 명이 넘었다. 대체로 신문 독자들이 볼셰비키가 됐던 것이다.

혁명 조직이 혁명을 성공하기 위해서는 매우 중앙집중적인 국가 권력과 투쟁해야 한다. 그래서 혁명 조직은 힘을 집중해야 한다. 혁명적 신문의 배포망은 전국적인 힘의 집중을 가능하게 한다.

그런데 혁명 조직에게는 중앙집중주의와 함께 민주주의도 필요하다. 다음 차례에는 혁명 조직의 원리인 민주집중제가 무엇이고 왜 필요한지 살펴볼 것이다.

혁명적 조직 건설의 ABC ③
민주집중제란 무엇이고, 왜 필요한가

민주적 중앙집중제(민주집중제)는 혁명조직에 꼭 필요한 조직원리다. 혁명조직 건설 이론을 발전시킨 러시아 혁명가 레닌은 민주집중제가 완전한 토론의 자유에 이어서 철저한 행동 통일이 뒤따르는 것이라고 했다.

'노동자연대다함께'와 같은 혁명적 조직은 바로 이 조직 원리에 따라 민주적 토론과 논쟁 과정을 거쳐 실천방향을 결정하고 그에 따라 행동을 통일하고 함께 평가한다.

많은 사람들이 종종 민주집중제를 오해한다. 리더가 자신의 방침을 일방적으로 하달하는 조직 방식이라는 것이다.

스탈린주의 공산당들이 실제로 이처럼 관료적으로 운영됐기 때문에 이런 오해가 퍼졌다. 이 당들에서는 모든 당원이 모스크바에서 결정한 노선에 복종해야 한 반면 민주주의는 사실상 존재하지 않았다.

최미진, 〈레프트21〉 86호, 2012년 7월 21일. https://wspaper.org/article/11477.

그러나 이것은 민주집중제와는 거리가 멀다. 민주집중제는 민주주의와 집중주의 모두 필요하고, 이것이 유기적으로 결합돼야 한다는 것이다.

혁명은 그 어떤 당 관료도 대신해 줄 수 없는 노동계급의 자기해방 과정이므로, 민주주의는 필수적이다.

민주주의가 없다면 그 조직은 노동계급의 현재 의식을 정확히 이해하고 그에 따른 적절한 전술을 내놓을 수 없을 것이고, 자신들의 주장이 옳았는지도 입증할 수 없을 것이다. 혁명조직에서 지도가 쌍방향이어야 하는 이유다.

또한, 진정한 마르크스주의는 교조가 아니라 나날이 변하는 현실 속에서 원칙을 적용하는 가장 적절한 방식을 새롭게 찾아 나가는 활동이다. 따라서 민주주의와 토론은 꼭 필요하다.

그러나 민주주의와 더불어 중앙집중주의도 필요하다. 만약 중앙집중주의가 없다면 우리는 고도로 집중된 자본주의 체제와 국가권력에 맞서 효과적으로 싸우기 어렵고, 우왕좌왕하거나 각자 다른 실천을 하느라 아무것도 효과적으로 해낼 수 없을 것이다. 따라서 혁명조직은 활동가들이 각자 하고 싶은 대로 하면서 서로 문제 삼지 않는 느슨한 연방적 조직이어서는 안 된다.

자본주의가 강요하는 온갖 보수성과 부문주의를 극복하기 위해서도 중앙집중주의는 필요하다. 혁명조직은 특정 부문의 관점이 아니라 전체 노동계급의 관점에서 투쟁의 과제를 제시하고, 노동자와 피억압자들이 서로 분열하지 않고 단결할 수 있도록 이끈다.

행동 통일 없는 민주주의는 진정 민주적이지도 않다.

실컷 토론을 통해 결정해 놓고 행동 통일이 따르지 않는다면 토론은 무의미할 것이다. 이런 식이라면 민주적 결정에 아무도 책임지지 않게 된다. 토론에 따른 결정을 함께 힘을 모아 실천해 보지 않으면 과연 그것이 옳았는지 입증하기도 어렵고 제대로 배울 수도 없다.

쌍방향

이런 일이 반복된다면 누가 조직 내에서 열의 있게 자신의 견해를 주장하고 지지를 얻으려 하겠는가. 그저 각자 행동하면 그만일 뿐이다. 소통과 피드백은 필요 없게 된다. 따라서 중앙집중주의는 회원들의 능동성과 자주성을 발전시키는 것과 결코 대립되지 않는다. 오히려 그 전제조건이다.

레닌이 말했듯 "혁명적 당에는 평당원이 없다. 모든 당원이 지도자다." 즉, 조직원들이 의사 결정 과정에 참여하기 때문에, 그에 따른 실천이 지도부만의 과제가 아니라 곧 자신의 과제가 되는 것이다. 그래서 혁명조직의 활동가들은 토론과 실천 모두에서 능동성과 자주성을 미덕으로 여긴다. 뿐만 아니라, 리더는 가만히 앉아서 지시만 내리는 게 아니라, 나날이 자신의 지도력을 입증받아야만 한다.

혁명적 신문은 민주집중제를 구현할 효과적인 수단이다. 독자·기고자·후원자가 분리되지 않고, 회원들이 각자의 활동과 견해를 신문에 서로 보고하고 그것을 전체 계급투쟁의 관점으로 편집함으로써 민주주의와 중앙집중주의가 함께 구현될 수 있다.

상호간의 보고도 중요하다. 어떤 운동을 건설하거나 평가하려면 집단적인 토론이 필요하다. 이것을 잘 하려면 그 문제에 대해 책임을 맡은 사람이 보고를 해야 한다. 보고를 하지 않으면 혼자서 판단하고 실행한 후 아무도 그것을 알 수 없게 된다. 이것은 민주적이지 않다.

물론, 민주집중제라는 형식이 민주주의를 저절로 보장해 주는 것은 아니다. 자본주의 체제가 가하는 압력 때문에 혁명조직에서도 수동성과 부문주의, 형식주의가 싹틀 수 있다. 따라서 혁명조직의 회원들은 민주적 토론과 그에 바탕한 활동을 활성화하려는 의식적인 노력을 나날이 해야 한다.

사회 변혁 조직은 어떻게 운영돼야 하는가

오늘날 자본주의를 바꾸려는 젊은 반란자들 중 일부는 모든 종류의 집중주의적 조직의 필요성을 부정하는 사상(자율주의, 아나키즘 등)에 매력을 느낀다. 이들은 운동을 특정 방향으로 이끌려는 노력(리더십, 한국말 옮김으로 '지도')에 대해서 거부감을 갖기도 한다. 물론, 그 극단적 형태를 수용하기보다는 부분적으로만 수용하는 경우가 대부분일 것이다.

자본주의의 비민주적 억압기구와 껍데기뿐인 의회 민주주의에 대한 반감이 이런 '연성 자율주의'의 한 배경일 것이다. 한편으로는, 민주주의는 없고 집중주의만 있는 스탈린주의에 대한 반감도 작용했을 것이다. 실제로 스탈린주의 공산당들에서는 모든 당원이 모스크바에서 결정한 노선에 복종해야 한 반면 민주주의는 사실상 존재하지 않았다.

최미진, 〈레프트21〉 93호, 2012년 11월 17일. https://wspaper.org/article/12083.

그러나 진정한 혁명은 그 어떤 엘리트도 대신할 수 없는 노동계급의 자기해방 과정이므로, 민주주의는 필수적이다. 민주주의가 없다면 그 조직은 노동계급의 현재 의식을 정확히 이해하고 그에 따른 적절한 전술을 내놓을 수 없을 것이고, 자신들의 주장이 옳았는지 입증할 수도 없을 것이다.

또한, 진정한 마르크스주의는 교조가 아니라 나날이 변하는 현실 속에서 원칙을 적용하는 가장 적절한 방식을 새롭게 찾아 나가는 활동이다. 따라서 민주주의와 토론은 꼭 필요하다.

그러나 민주주의와 더불어 집중주의도 필요하다. 노동자연대다함께와 같은 사회 변혁 조직은 민주집중제 원리에 따라 활동한다. 이것은 완전한 토론의 자유에 이어서 분명한 행동 통일이 뒤따르는 것이다.

집중주의적 조직과 리더십 그 자체가 반민주적인 것은 아니다. 무엇을 위한 조직이고, 집중이며, 리더십인가가 중요하다.

노동계급 투쟁의 본질 그 자체에 맹아적으로 민주주의와 집중주의적 요소가 결합돼 있다. 자본주의의 심장인 이윤에 타격을 미칠 수 있는 노동계급의 힘은 그 집단성에서 나온다. 노동자들이 뭉치지 않고 자신이 일하는 공정만 떼 간다고 해서 사회주의를 이룰 수는 없다.

가령, 노조가 파업과 피켓팅(대체인력 투입을 저지해 파업 파괴를 막는 행위)을 하기로 민주적 토론을 통해 결정한 후에도 일부가 그 결정을 무시한다면 파업의 효과가 무너질 수밖에 없다. 이때, '파업하지 않을 자유'는 '파업을 파괴할 자유'일 뿐이다. 따라서 투쟁이 승리하길 바라는 사람이라면 노조의 규율을 지지해야 한다.

단지 파업만이 아니라, 자본주의 체제에 도전하는 운동 전반에도 이런 집중주의는 필요하다. 우리는 자본가 권력과 노동자·피억압자의 민주주의가 사이좋게 공존할 수 없다고 본다. '정리해고·비정규직 없는 세상'은 자본가들의 이윤과 이를 수호하는 자본주의 국가권력에 도전해야만 가능하다. 착취와 억압이 없는 사회를 건설하려면 우리의 요구는 단지 "권력 반대"가 아니라, "자본가 권력을 노동자 권력으로, 자본가 민주주의를 노동자 민주주의로"여야 한다.

그리고 만약 집중주의가 없다면 우리는 고도로 집중된 자본주의 체제와 국가권력에 맞서 효과적으로 싸우기 어렵고, 우왕좌왕하거나 각자 다른 실천을 하느라 아무것도 효과적으로 해낼 수 없을 것이다. 따라서 혁명 조직은 활동가들이 각자 하고 싶은 대로 하면서 서로 문제 삼지 않는 느슨한 연방적 조직이어서는 안 된다.

반면 역사적으로 '아나키즘의 아버지' 프루동 같은 '무한 개인 자유 옹호론자'들은 노동계급의 조직된 세력을 혐오했다. 그들이 옹호한 자유는 노동자 계급이 집단적으로 새로운 사회를 건설할 자유가 아니라, 조직의 민주적 결정조차 무시하는 개인적 '자유'였다. 그들은 정치적 자유를 옹호한 게 아니라, '정치로부터의 자유'를 원했다.

이렇게 조직과 리더십에 극단적 거부감을 갖는 개인주의자들이야말로 엘리트주의적이다. 그들은 어떤 집단적인 민주적 결정에도 종속받으려 하지 않고, 흔히 노동계급 투쟁의 역사나 다른 운동 참가자들로부터 배우려 하지 않는다.

보고와 소통

행동 통일 없는 민주주의는 진정 민주적이지도 않다. 실컷 토론을 통해 결정해 놓고 행동 통일이 따르지 않는다면 토론은 무의미할 것이다. 이런 식이라면 민주적 결정에 아무도 책임지지 않게 된다. 토론에 따른 결정을 함께 힘을 모아 실천해 보지 않으면 과연 그것이 옳았는지 입증하기도 어렵고 제대로 배울 수도 없다.

또, 그저 각자 행동하면 그만일 뿐이라면, 소통과 피드백은 필요 없게 된다. 그래서 집중주의적 조직을 거부하는 사람들은 보고에 대해서도 반감을 갖곤 한다. 이들은 보고가 '아래'에서 '위'로만 일방적으로 이뤄진다고 가정한다. 그러나 혁명 조직에서 보고는 상호 소통을 위한 수단이며, 이것은 여러 방향으로 이뤄질 수 있다.

보고 없는 조직은 혈관 없는 신체나 다름없다. 자신의 활동과 운동 관련 정보들에 대한 신속하고 정확한 보고, 조직의 정치적 견해에 대해 다른 운동 참가자들은 어떻게 생각하는지 등에 대한 평가는 꼭 필요할 뿐 아니라, 민주주의의 출발점이다. 이런 일이 없다면 도대체 조직이 어떻게 돌아가는지, 조직의 견해가 올바르게 입증되고 있는 것인지 알 수 없다. 따라서 민주적 토론과 논쟁이 가능하지도 않다.

'자율' 사상은 지도가 일방적이고 관료적일 수밖에 없다고 여기지만, 지도는 충분히 쌍방향일 수 있다. 오히려 민주집중제 하에서는 조직원들이 의사 결정 과정에 참여하고, 그 결과가 자신의 실천을 규정하기 때문에, 이 모든 과정이 지도부만의 과제가 아니라 곧 자신의 과제가 된다. 그래서 혁명조직의 활동가들은 토론과 실천 모두에서 능동성과 자주성을 미덕으로 여긴다. 리더는 가만히 앉아서 지시만 내리는 게 아니라, 나날이 자신의 지도력을 입증받아야만 한다.

물론, 자본주의 체제가 가하는 압력 때문에 혁명조직에서도 수동성과 부문주의, 형식주의가 싹틀 수 있다. 따라서 혁명조직의 회원들은 민주적 토론과 그에 바탕한 활동을 활성화하려는 의식적인 노력을 나날이 해야 한다. 이를 위해서도 개인주의적 조직관에 대한 논쟁은 필요하다.

혁명적 신문 - 차티스트 운동의 신문 〈북극성〉

〈북극성〉은 사상 최초의 노동계급 대중 운동인 차티스트 운동의 신문이었다.

차티스트 운동은 인민헌장(Charter)을 쟁취하기 위한 투쟁에서 그 이름을 따왔다. 인민헌장은 투표권 확대를 요구했다.

그러나 차티스트 운동은 더 폭넓은 사회적 쟁점들을 하나의 운동으로 집중시키며 지배계급을 두려움에 떨게 했다.

〈북극성〉은 차티스트 운동의 활력소였다. 〈북극성〉은 교육자·조직자·선동가였다.

〈북극성〉은 1837년 리즈에서 차티스트 운동의 지도자 퍼거스 오코너(Feargus O'Connor)가 만들었다. 그 신문은 재빨리 노동계급 독자들을 확보했다.

1년이 채 안 돼 〈북극성〉은 일주일에 1만 부 이상 팔려나갔다.

헤이즐 크로프트. 격주간 〈다함께〉 42호, 2004년 11월 4일.

그리고 1839년에는 판매 부수가 일주일에 5만 부로 증가했다. 이것은 지배계급의 주류 신문이었던 〈타임스〉의 판매 부수와 맞먹는 것이었다.

우체국에서는 〈북극성〉 배포용 마차를 추가로 마련해야 할 정도였다.

그러나 〈북극성〉의 독자는 훨씬 더 많았다. 아마 판매 부수의 20배는 됐을 것이다. 처음부터 〈북극성〉은 노동자 단체들이 공동으로 구매했고, 글을 못 읽는 사람들을 위해 큰 소리로 낭독됐다.

레스터의 편물(編物) 공장에 관한 다음의 묘사를 통해 당시의 분위기를 알 수 있다.

"일부 사람들은 실 감는 기계의 발판에, 일부 사람들은 벽돌 위에 앉아, 그리고 자신의 편물기계가 작업장 가운데 있는 사람들은 자기 자리에 앉아, 정치·종교·도덕 등 다양한 쟁점들을 토론했다. 차를 마신 뒤에는 〈북극성〉에 실린 짤막한 기사가 낭독됐고, 이것이 생각과 대화의 주제가 됐다."

핼리팩스의 차티스트 운동가인 벤저민 윌슨은 모직물 공장 지역의 상황을 이렇게 묘사했다. "친구 집에 모여 〈북극성〉을 함께 읽고 정치 문제를 토론하는 것이 흔한 일이었다."

당시 한 노동계급 급진주의자는 이렇게 묘사했다. "우리 집 최고의 단골은 장애인 구두수선공이었다. … 래리는 매주 일요일 아침에 시계처럼 정확히 나타났다. 잉크도 채 안 마른 〈북극성〉 한 부를 들고서 말이다."

조직자

　신문은 독자들이나 신문 내용을 귀로 들어야 하는 청중이 쉽게 이해할 수 있는 언어로 노동자들의 경험을 실었다. 기사들은 노동계급의 다양한 모습을 깊이 있게 다루었다.

　노동자들은 신문을 읽었을 뿐 아니라, 기사들을 보내 주었고, 신문을 배포하기도 했다.

　신문은 영국 전역에서 투고된 기사를 실었다. 거의 모든 도시와 산업 지대에 〈북극성〉의 통신원들이 있었다. 1841년 〈북극성〉의 편집자가 썼듯이, "〈북극성〉에는 영국의 어떤 신문보다 독창적인 점이 많다."

　예컨대, 1838년 1월 13일치 신문은 이렇게 말한다.

　"우리의 지면은 다시 한 번 시위 기사들로 넘쳐난다. 어디서나 사람들은 살아 움직이는 듯하다. 이번 호에는 스테일리브리지·리즈·브래드퍼드에서 열린 집회 소식들이 있다. … 헐에서 캐나다 문제를 토론하는 공개 토론회가 열린다는 짤막한 소개도 있다. … 허더스필드에서는 사람들의 완강한 저항 때문에 빈민법 시행 관리의 임명이 저지됐다."

　이렇게 〈북극성〉은 운동의 조직자 구실을 했다. 신문은 운동의 고양기에 가장 큰 성공을 거두었다.

　그러나 운동의 주요 전환점에서 투쟁에 분명한 방향을 제시하는 데서는 그다지 성공을 거두지 못했다. 그래서 투쟁의 절정기를 지나면 판매 부수가 급격히 감소하는 경향이 있었다.

그럼에도 10년 넘게 〈북극성〉은 세계 최초의 노동자 대중 운동에서 아주 중요한 구실을 했다.

신문은 노동자들의 삶과 투쟁의 경험을 단순히 반영하는 데서 그치지 않았다. 〈북극성〉은 정치 사상과 이론을 알리기 위해 당대 최고의 급진적 저술가들을 끌어들였다.

브론테어 오브라이언(Bronterre O'Brien), 줄리언 하니(Julian Harney) 등 차티스트 운동가들이 자본주의 사회를 이론적으로 비판하는 기사들을 썼다.

예컨대, 브론테어 오브라이언은 1838년 2월 27일치 〈북극성〉에 아일랜드 문제와 관련해 이렇게 썼다.

"이 도당(즉, 정부)은 우리의 식민지에 대해 얘기한다. 이들 깡패는 거짓말을 하고 있다. 우리에게는 식민지가 없다. 우리의 귀족 나으리들, 우리의 무역 상인들만 전 세계에 식민지가 있다. 잉글랜드의 민중 — 잉글랜드의 진짜 국민 — 은 식민지는커녕 자기 나라에서조차 땅 한 뙈기 갖고 있지 못하다.

"이른바 우리의 식민지는 우리의 적들, 우리의 압제자들, 우리를 노예로 만든 자들의 것이다."

혁명적 신문 -
러시아 볼셰비키 정당의 신문 〈프라우다〉

〈프라우다〉("진실"이라는 뜻)는 제1차세계대전 직전까지 러시아를 휩쓴 대규모 격변의 핵심적인 일부였다. 그 신문은 1917년 러시아 혁명을 전진시키는 데서도 중요한 구실을 했다.

〈프라우다〉는 러시아 사회주의 운동의 혁명적 분파의 신문이었다. 볼셰비키 정당의 지도자 레닌이 이 운동의 주요 인사였다.

러시아의 독재자 차르 정권의 엄혹한 탄압 때문에 볼셰비키는 불법으로 신문과 잡지를 제작해야 했다. 상황이 이렇다 보니 신문과 잡지를 배포하기는 매우 어려웠다.

그러나 러시아의 혁명가들은 1912년 4월 합법 일간지 〈프라우다〉를 발행하기 시작했다. 그것은 사회주의자들이 고립감을 느끼던

매튜 쿡슨. 격주간 〈다함께〉 44호, 2004년 11월 24일. https://wspaper.org/article/1669.

패배의 시기에 뒤이은 진전이었다.

〈프라우다〉가 출간된 것은 군대가 시베리아에서 파업중인 광부 5백 명을 학살한 직후였다. 이에 반발하는 투쟁의 물결이 러시아 전역을 휩쓸었다. 메이데이에는 노동자 40만 명이 파업을 벌였다.

〈프라우다〉는 이 새로운 부흥기의 전투성과 분노를 반영했기 때문에 큰 성공을 거두었다. 신문의 많은 부분이 노동자들의 편지로 채워졌다.

1년에 1만 1천 개, 즉 하루 평균 35개의 기사가 노동자들의 소식 보고와 편지였다. 볼셰비키 지도자 가운데 한 명인 지노비예프는 이렇게 말했다.

"이 편지들은 공장과 작업장, 병영과 공장 지대의 일상 생활을 알려 주었다. 점증하며 끓어오르던 저항들을 이 편지들보다 더 잘 보여 준 것은 없었다. 이 저항들은 나중에 위대한 혁명으로 폭발했다. 〈프라우다〉는 근로 대중의 위대한 교사가 됐고, 신문에 주로 기고한 사람들도 노동자 자신들이었다."

이런 점 때문에 〈프라우다〉는 엄청난 인기를 누렸고, 하루에 4만 부가 팔렸다.

〈프라우다〉는 검열과 탄압에 시달렸다. 차르 당국은 〈프라우다〉의 사무실을 덮쳐서 신문을 압수하고 벌금을 물리고 편집자들을 체포하고 신문 판매원들을 협박했다.

상트 페테르부르크 이외 지역에서 신문 배포가 아주 어려웠다. 그러나 신문은 계속 발행됐다.

볼셰비키는 여전히 불법 정당이었다. 〈프라우다〉를 이용해 볼셰비키는 신문과 교신하고 신문을 배포하고 작업장에서 기부금을 모으는 사람들의 네트워크를 건설할 수 있었다.

상트페테르부르크에서 팔린 신문의 절반이 공장에서 팔렸다. 신문을 판매하는 활동가들은 불법 정당의 지지자들을 조직하는 합법적인 방법을 찾고 있었다.

노동자들이 신문을 위해 하루에 1코페이카[kopec, 러시아의 소액 화폐 단위]씩 적립했다. 이런 모금이 당에 돈을 기부하는 방식이 됐다.

〈프라우다〉에 대한 지지 수준은 1913년 신문에 돈을 기부한 노동자 단체가 2천1백81개였다는 데서도 알 수 있다. 신문은 거의 전적으로 노동자들의 재정 지원에 의지하고 있었다.

레닌은 1902년에 이렇게 썼다. 혁명적 신문은 "건설중인 건물의 비계에 비유할 수 있다. 이렇게 신문을 중심으로 결성된 조직은 심각한 혁명의 퇴조기에 당의 깃발·위신·연속성을 유지하는 것부터 전국적 무장봉기를 준비하는 일까지 모든 일에 언제나 대비할 것이다."

이 말은 〈프라우다〉에 딱 들어맞았다. 〈프라우다〉는 단순히 노동자들의 경험을 반영하는 데 그치지 않고 사회 변혁 투쟁으로 노동자들을 조직하기도 했던 것이다.

레닌은 혁명적 신문이 노동자들이 고통받는 상황을 폭로하고 더 나아가 사회 전체의 "모든 면을 폭로해야" 한다고 주장했다.

신문은 차르 국가에 반대하는 운동을 해야 했고 자본주의의 발전과 상이한 계급의 구실을 설명해야 했으며 억압과 착취에 반대하는 투쟁들을 노동자들의 투쟁과 결합시켜야 했다.

레닌은 제네바에서 러시아 인근의 크라코프 — 폴란드 영토로 당시 독일이 통치하던 지역 — 로 옮겨 갔다. 이로써 그는 신문을 직접 지도하고 수백 편의 기사를 쓸 수 있게 됐다.

이 기사들은 모두 보통의 노동자들을 겨냥해 쉽고 분명한 언어로 씌어졌다.

차르 체제에 맞선 반란은 러시아가 제1차세계대전에 참전하면서 중단됐다. 당국이 비판에 재갈을 물렸고 〈프라우다〉는 폐간됐다.

볼셰비키는 〈프라우다〉를 통해 확보한 네트워크를 이용해 전쟁을 비판하는 불법 신문을 러시아 전역에 배포했다.

전쟁 때문에 사람들의 고통은 가중됐고 러시아 국가에 반대하는 운동은 훨씬 더 커졌다.

1917년 2월 혁명으로 차르가 전복되고 임시정부가 들어서자 〈프라우다〉는 복간될 수 있었다.

소비에트로 알려진 매우 민주적인 노동자평의회들이 작업장과 군대에서 등장했다. 소비에트와 임시정부가 공존하는 "이중 권력" 상황이 형성됐다.

[대중의] 급진화 덕분에 볼셰비키 정당이 엄청나게 성장하던 7월에 〈프라우다〉는 하루 9만 부씩 팔렸다.

레닌은 혁명의 우여곡절을 겪으며 〈프라우다〉를 이용해 볼셰비키 당원들을 지도했다. 〈프라우다〉는 러시아의 남녀 노동자들이 그들 자신의 혁명을 성공시키는 데서 중요한 구실을 했다.

혁명적 신문 - 로자 룩셈부르크의 〈적기〉

여러분 주위에는 폴란드계 독일인 혁명가 로자 룩셈부르크에 관한 훌륭한 비디오를 가진 〈소셜리스트 워커〉 독자가 있을지 모른다. 만약 그렇다면 그것을 빌려 보라.

훌륭한 장면이 많은데, 그 중에는 나치 돌격대의 원조격인 자들이 로자 룩셈부르크를 잡으려고 혈안이 돼 있을 때 그녀의 동지들이 그녀에게 베를린을 떠나라고 권하는 장면이 나온다.

그녀는 이를 거부한다. 특히, 자신의 신문 〈적기〉가 제대로 배포돼 전투적인 노동자들이 반혁명 공세에 맞서 어떻게 싸울 것인지 분명히 알 수 있도록 하기 위해서였다.

며칠 뒤인 1919년 1월 15일 우익 준군사조직의 폭력배들이 그녀를 살해했다. 룩셈부르크는 노동대중의 투쟁과 혁명운동에 자신의 생명을 바쳤다.

격주간 〈다함께〉 46호, 2004년 12월 22일. https://wspaper.org/article/1713.

그녀가 편집한 신문 〈적기〉는 1918년 11월에 태어났다. 당시는 제1차세계대전이 유럽에서 4년 넘게 계속되던 시기였다.

죽음과 고통에 시달리던 독일 노동자들과 병사들의 분노가 마침내 폭발했다. 그 전 해에 러시아에서 혁명이 일어난 것과 마찬가지였다.

1918년 11월 초 독일 북부 항구도시 킬에서 수병들이 일으킨 반란이 며칠 사이에 널리 퍼져 독일 전역에서 대중파업과 탈영이 속출했다.

수많은 보통 사람들이 들고일어나자 정부가 무너졌고, 수백 년 간 계속된 군주제가 폐지됐으며, 전쟁이 끝났다.

〈적기〉는 공업도시 함부르크에서 출범했다. 로자 룩셈부르크의 동지인 파울 프뢸리히가 이끄는 일단의 무장 군인들이 〈함부르크인들의 소리〉(Hamburger Echo)라는 일간지의 인쇄소를 장악했다.

그들이 만든 신문 〈적기〉는 노동자·병사 평의회를 지지했다. 노동자·병사 평의회는 혁명의 조직적 초점이었고 권력 장악 문제를 제기하고 있었다.

〈적기〉는 처음부터 혁명과 함께 호흡했다. 반란 덕분에 출옥한 로자 룩셈부르크가 편집진에 가담했다.

룩셈부르크는 다른 좌파 신문들은 흉내내지 못하던 방식으로 〈적기〉의 지면에서 운동을 고무하면서 자유를 느꼈다.

그녀는 엄청나게 재능있는 저술가이자 선동가였으며 사상가였다. 그녀는 1871년 폴란드의 유대인 가정에서 태어났다.

그녀는 고등학교를 다니던 10대에 지하 사회주의 운동에 적극 가담했다. 그녀는 체포되지 않기 위해 18세에 폴란드를 떠나야 했다.

그녀는 독일 사회민주당(SPD) 안에서 금세 두각을 나타냈다. SPD는 당시 세계에서 가장 크고 가장 영향력 있는 사회주의 정당이었다. 그녀는 본능적으로 당의 보수적인 위계질서와 충돌했다.

1914년 8월 제1차세계대전이 발발하자 SPD는 붕괴했다. SPD를 포함해 유럽 전역의 사회민주주의 정당들이 자국 국가를 지지하며 몰락했다.

룩셈부르크와 그녀를 따르던 사람들은 소수파로 전락했다. 그러나 전쟁이 계속되자 반발도 늘어났다.

1918년 11월 혁명이 일어난 뒤 〈적기〉는 반항적인 병사들, 수병들, 투쟁적 노동자들 사이에서 준비된 청중을 발견했다.

대중파업과 시위 들을 다룬 신문기사들은 운동의 진전을 원하는 사람들의 견해와 구호 들을 부각시켰다.

룩셈부르크가 쓴 기사들은, 1914년에 운동을 배반했고 이제 혁명을 저지하기 위해 혁명의 선두에 서 있는 SPD 지도자들을 강력하게 비판했다.

그녀가 이끄는 조직이 너무 취약해서 SPD에 성공적으로 도전하지 못한 것이 비극이었다. 그녀의 조직과 신문은 SPD나 노조 지도자들의 기구와 비교할 때 그다지 알려지지 않았다.

그들은 혁명가들을 중상모략하고 무장한 우익세력들을 이용해 혁명가들을 고립시킬 수 있었다.

그러나 룩셈부르크는 여전히 노동자들이 들고일어나 다시 싸울 수 있다고 확신했다. 그녀가 남긴 〈적기〉의 마지막 사설은 이렇게 끝난다.

"'바르샤바에서 질서가 회복되다!', '파리에서 질서가 회복되다!', '베를린에서 질서가 회복되다!' 50년마다 '질서'의 수호자들은 이런저런 투쟁의 중심지에서 이렇게 선언한다. '베를린에서 질서가 회복되다!' 어리석은 자들아. 당신들의 '질서'는 사상누각이다. 혁명은 내일 다시 분출할 것이고, 당신들을 두려움에 떨게 만들며 의기양양하게 이렇게 선언할 것이다. '나는 전에도 있었고, 지금도 있으며, 앞으로도 있을 것이다!'"

혁명적 신문 – 안토니오 그람시의 〈신질서〉

"노동자들이 〈신질서〉를 좋아한 이유는 〈신질서〉에서 자신들의 이야기, 자신들의 최상의 부분을 발견했기 때문이고, 자신들의 투쟁을 느꼈기 때문이다. 우리가 어떻게 하면 자유로워질 수 있을까? 어떻게 우리는 우리 자신을 찾을 수 있는가?"

1920년 8월 이탈리아의 혁명적 사회주의자 안토니오 그람시는 28살의 나이에 이렇게 썼다.

그는 자신을 포함한 네 명의 청년 지식인들이 1919년 5월 토리노에서 창간한 주간 신문에 대해 이야기하고 있었다. 그들은 이탈리아 역사상 최대의 격변기에 〈신질서〉를 창간했다.

당시 유럽 전역에서는 제1차세계대전으로 수많은 사람들이 죽었고 하층 계급들은 엄청난 고통을 겪고 있었다. 거의 모든 곳에서 대

크리스 하먼. 격주간 〈다함께〉 45호, 2004년 12월 8일. https://wspaper.org/article/1687.

규모 파업들이 벌어졌고 노동자들과 지배계급이 충돌했다.

러시아에서는 노동자·농민 평의회(소비에트)에 기반을 둔 혁명적 사회주의 정부가 18개월 째 집권하고 있었다.

이탈리아에서는 사상 최대의 파업 물결이 전국을 휩쓸고 있을 때, 농민들은 토지를 점거했고, 병사들은 또다시 알바니아와의 전쟁에 나가 싸우기를 거부했으며, 전역 장병들은 폭동을 일으켰다.

노동자들 사이에서 사회주의 혁명에 대한 기대가 널리 퍼져 있었다.

새로운 신문은 이런 분위기를 포착했다.

〈신질서〉에는 미국인 저널리스트 존 리드와 영국인 작가 아서 랜섬이 쓴 혁명 러시아에 관한 소식이 실렸다.

레닌·트로츠키·부하린·지노비예프가 쓴 기사들뿐 아니라 프랑스·독일·영국(실비아 팽크허스트가 쓴)의 노동운동 소식들도 실렸다.

또, 신문에서는 당대회, 선거 결과, 혁명 전략과 전술을 둘러싼 토론들도 이루어졌다.

그러나 〈신질서〉의 진정한 설득력은 다른 데서 나왔다.

〈신질서〉는 도시 노동자들 사이에서 벌어진 토론의 광장이 됐다. 노동자들이 사회를 운영하기 위해 필요한 구체적 조직 형태, 지배계급과 국가에 맞서 모든 노동대중을 단결시킬 노동자 평의회를 건설하기 위한 방안 등이 그런 토론의 주제였다.

이것은 노동계급 조직의 기존 지도자들이 하지 않은 일이었다.

이탈리아에는 강력한 사회주의 운동이 존재했고, 점점 더 강해지고 있었다. 이탈리아 사회도 좌경화하고 있었다.

10년 전에 사회당 지도자들은 협소한 의회주의 방식에 몰두한 개혁가들이었지만, 이제 그들은 말로는 혁명을 이야기하고 있었다. 그러나 그런 말을 실천하려 하지는 않았다.

〈신질서〉가 성장할 수 있었던 것은 이탈리아의 가장 중요한 산업도시인 토리노에서 진정으로 혁명적인 방법을 제시했기 때문이다.

처음 몇 달 동안 신문 판매부수는 고작 한 달에 3천5백 부 정도였다. 그러나 곧 그람시와 그의 동료들은 중요한 것을 파악했다.

토리노의 공장 노동자들은 자신들의 일상 투쟁에서 상대적으로 멀리 떨어진 노동조합 상근 간부들이 아니라 현장에서 선출된 대표자들, 이른바 "공장위원들"을 점점 더 신뢰하게 됐다.

공장위원들은 먼저 토리노에서, 그 다음에는 이탈리아 전역에서 노동계급 전체를 단결시킬 조직들을 건설하는 토대라고 그람시와 그 동료들은 생각했다.

공공연하게 혁명이 논의되는 상황에서 공장에 기반을 둔 이런 조직들은 단결한 노동계급이 혁명을 수행할 수 있는 수단을 제공할 수 있었다.

그람시와 동료들은 여러 기사에서 이 점을 거듭거듭 강조했다. 이미 노동자들은 그들이 믿을 수 있는 사람들을 선출하는 방법과 그들이 그런 신뢰를 배신한 순간 선거를 무효화하는 방법을 알고 있었다.

이탈리아에서 러시아의 소비에트 비슷한 것을 만들어 낼 비결은 그런 경험을 심화하고 확대하는 데 달려 있었다.

투쟁을 건설하기 위해 온 힘을 다하고, 자본주의에 맞서 싸우는 것에서 자본주의를 전복하는 데까지 나아갈 방안을 찾기 위해 온갖 고민을 거듭해 온 노동자들 사이에서 그런 기사들이 반향을 얻었다.

1920년 11월 1일 〈신질서〉는 5만 명의 노동자들을 대표한 25개 공장 대표자들의 회의에서 그런 사상을 실천하기 위해 어떤 토론이 벌어졌는지 보도했다.

그 다음 주 신문에 토리노 공장평의회 제1차 총회 프로그램이 실리자 신문 판매부수는 1만 부까지 치솟았다.

그람시는 탁월한 대중연설가는 아니었다. 하지만 그 뒤 몇 달 동안 여러 공장에서 그람시를 계속 초청했고, 여러 활동가 그룹들이 그람시를 초청해 이탈리아에서 소비에트 건설 방안에 대한 주장을 들었다.

종종 그는 하루에 세 번씩 모임에 나갔을 뿐 아니라, 신문을 편집하고 여러 기사들을 쓰기도 했다.

낡은 의회주의 방식이 이탈리아 사회주의에 미치는 영향력은 약화되고 있었지만, 〈신질서〉의 노력으로도 그것을 완전히 분쇄할 수는 없었다.

1920년 여름 거의 모든 이탈리아 공장들을 점거한 결정적 전투가 벌어졌을 때, 노동조합 지도자들은 그것을 여느 노동쟁의와 마찬가지로 취급했다. 즉, 고용주들과 대충 타협해 투쟁을 끝내버린 것이다.

그리고 사회당 지도부는 온갖 혁명적 미사여구에도 불구하고 아무 일도 하지 않았다.

쓰라린 패배가 뒤따랐다. 실업률이 증가해 노동자들의 사기가 떨어졌고, 2년 뒤 국왕[비토리오 에마누엘레 3세]은 파시스트인 무솔리니에게 권력을 넘겼다.

그 직후에 과거를 돌이켜 본 사람들은 〈신질서〉 주변에 건설된 운동이 대안을 제시했음을 깨달았다. 즉, 이탈리아 전체로 확산됐다면 승리를 가져왔을 대안 말이다.

파시스트 독재자 무솔리니는 자신의 가장 강력한 적이 그람시라는 사실을 분명히 알고 있었다. 그래서 그람시의 "두뇌 활동을 중단시키기" 위해 그를 감옥에 가두라고 명령했다.

국제주의 전통 자료집
Ⅷ. 사회주의적 전략·전술

지은이 | 알렉스 캘리니코스, 크리스 하먼 외 지음
엮은이 | 이정구

펴낸곳 | 도서출판 책갈피
등록 | 1992년 2월 14일(제2014-000019호)
주소 | 서울 성동구 무학봉15길 12 2층
전화 | 02) 2265-6354
팩스 | 02) 2265-6395
이메일 | bookmarx@naver.com
홈페이지 | http://chaekgalpi.com

첫 번째 찍은 날 2018년 8월 27일
다섯 번째 찍은 날 2019년 9월 20일

값 11,000원
ISBN 978-89-7966-154-5 04300
ISBN 978-89-7966-155-2 (세트)

잘못된 책은 바꿔 드립니다.